海南省社科联2010年研究基地项目：
“周末流动师资培训学院”理论探讨（编号：JD08-02）研究成果

ZHOUMO LIUDONG SHIZI PEIXUN XUEYUAN

周末流动师资培训学院

——农村教师专业成长的学习共同体

关文信 主

GUANGXI NORMAL UNIVERSITY PRESS
广西师范大学出版社
·桂林·

图书在版编目（CIP）数据

周末流动师资培训学院：农村教师专业成长的学习共同体／关文信主编．—桂林：广西师范大学出版社，2011.9

ISBN 978-7-5495-0823-5

Ⅰ．周…　Ⅱ．关…　Ⅲ．农村学校：中小学—师资培训—研究　Ⅳ．G635.12

中国版本图书馆 CIP 数据核字（2011）第 183170 号

广西师范大学出版社出版发行

（广西桂林市中华路 22 号　邮政编码：541001
网址：http://www.bbtpress.com）

出版人：何林夏

全国新华书店经销

佛山市浩文彩色印刷有限公司

（广东省佛山市南海区狮山科技工业园 A 区　邮政编码：528225）

开本：890 mm × 1 240 mm　1/32

印张：10　　字数：260 千字

2011 年 9 月第 1 版　　2011 年 9 月第 1 次印刷

印数：0 001~2 000 册　　定价：35.00 元

前　言

为农村教师专业成长找出一条新路

关文信

今天，人们在审视这个社会时，越来越多地把目光集中到教育上，教师自然也就成了关注的焦点。中国教育已经站在了一个新的历史起点上，而这个新的历史起点的标志是教育的主要矛盾已经由"上学难"转变为"上好学难"。"好学"就是好学校，而好老师就是好学校。好老师已经是教育的稀有资源。

走进海南省少数民族和贫困地区的学校，看到的是活泼可爱的孩子，可是我们想不到的是，几年后他们中间有相当一部分人不能合格地完成学业。我们听到某地教育局的领导忧心忡忡地介绍他们用当地初中生英语阶段考试题考任课教师，竟有40%的老师不及格，这种现象在海南并非孤例。为了提高海南省中小学教师队伍，尤其是农村教师队伍的整体素质，海南省教育行政部门一直在千方百计抓教师培训。远的不说，从基础教育新课程改革算起，十年课改就是十年培训。但是实事求是地讲收效与人们的期待相比，距离还是不小，尤其是农村教师。每次培训，特别是省外培训都会使老师激动不已，然后是慢慢地归于平静。心动并没有转变为行动。农村教师专业成长之路在何方？海南师范大学在服务基础教育的实践中，一直在努力地为农村教师专业成长找出一条新路。这条新路就是“周末流动师资培训学院”。

“周末流动师资培训学院”是海南师范大学创造的一个专有名词。它坚持“立足课堂，服务学科，培养骨干，辐射全员”的培训定位，整合全省优质资源，利用周末时间送教上门，开展课堂教学临床诊断研究，并利用现代信息技术手段实现指导教师与学员交流的常态化。从2005年试点，至今已历时6年。6年的实践，已使它成为海南人民特别是海南农村教师心中的品牌。回首周末流动师资培训学院6年历程，往事并非如烟，故事已然是歌，它已成为我们每一位参与者心中的情结。

从实践的角度讲，“周末流动师资培训学院”践行了一种理念，培育了一种精神，创生了一种模式。

“周末流动师资培训学院”就是在践行海南师范大学“走进基础教育、研究基础教育、服务基础教育、引领基础教育”的教师教育理念，以服务基础教育、促进海南基础教育均衡发展为己任，把触角延伸到了海南基础教育的终端，充分体现了海南师大服务社会的责任感和担当精神。

“周末流动师资培训学院”培育了一种无私奉献的精神。“周末”就意味着一种牺牲，所有的参与者放弃了休息，放弃了娱乐，放弃了与家人共享时光，为了一个相同的目标，聚集到一起。“流动”就意味着艰辛，6年来“周末流动师资培训学院”的脚步走遍了海南省中西部的每一个少数民族和贫困县市，走进了许许多多的乡镇。6年来，8个学科在11个县市累计组织活动890多次，参与的专兼职指导教师1780人次，上对比课1500节，专题讲座180次，培养研究型骨干教师近700名，培训农村初中教师近1万人。

"周末流动师资培训学院"构建了"对比课＋现场交流＋专业引领＋行为改进"的培训模式。把课堂变为农村教师专业成长的平台,把教学变为农村教师专业成长的资源,实现了参与者相互促进、共同发展的目标。

从理论的角度讲,"周末流动师资培训学院"为教师学习共同体提供了一种新的架构与新的诠释。"周末流动师资培训学院"既是一种农村教师培训的实践活动,也是对农村教师培训的理论探索。我们的基本理论假设是:学习是一种实践,学习是一种参与。学习共同体是农村教师专业成长的最佳场域。"周末流动师资培训学院"是农村教师的学习共同体。

本书的上篇理论探索包括第一章到第四章。其中第一章介绍了"周末流动师资培训学院"的理论基础与实践背景;第二章阐述了"周末流动师资培训学院"的价值追求,分析了其构成要素;第三章描述了"周末流动师资培训学院"的活动样态,揭示了其内在的运行机制;第四章指出了"周末流动师资培训学院"的发展效应与推广价值。下篇实践积淀包括第五章、第六章。介绍了"周末流动师资培训学院"的相关文件,收录了部分学科的活动纪实,从中可以看出这个项目是如何由理想设计、政策规定到最终转化为教师的行为改进的发展轨迹。往事并非如烟,是因为其中包含了沉甸甸的付出,沉甸甸的记忆,沉甸甸的感情。故事已然如歌,是因为其中包含了坚定的责任,无限的爱心,创新的智慧。

本书的作者都是"周末流动师资培训学院"的策划者、参与者。本书的理论假设与框架大纲由关文信提出并确定,李伟诗为框架大纲的细化做了大量工作。各章执笔人:第一章第一部分陈坚,第二部分丘名实;第二章第一部分唐少霞、第二部分陈建花、赵京波、苏建伟;第三章第一部分、第二部分(一)杨学前,第二部分(二)辜燕飞;第四章第一部分、第二部分(二)张所帅,第二部分(一)李晶晶。"周末流动师资培训学院"学科活动纪实由各学科提供，丘名实辑录。关文信负责全书统稿。冯燕华在书稿校对上作出了重要贡献。

值此本书付梓之际，我们要特别感谢为本书出版给予帮助和支持的领导与同仁。同时，本书作者在写作过程中参阅了大量国内外专家学者的研究成果，在此对专家学者们一并表示敬意。

2010年海南省委、省政府已将“周末流动师资培训学院”项目列为《海南省中西部市县人才智力扶持行动计划》十大重点工程之一。“周末流动师资培训学院”项目新一轮的周期仍然是5年，已经启动。回首6年，实际上我们只做了一件事，就是为农村教师专业成长找到一条新路。这条路在延续、延伸……

关文信

2011年6月1日于海口

目　录

上篇：理论探索

下篇:实践积淀

上篇:理论探索

“周末流动师资培训学院”为教师学习共同体提供了一种新的架构与新的诠释。我们的基本理论假设是:学习是一种实践,学习是一种参与。学习共同体是农村教师专业成长的最佳场域。“周末流动师资培训学院”是农村教师的学习共同体。

第1章
周末流动师资培训学院的理论基础与实践背景

一、周末流动师资培训学院的理论基础

周末流动师资培训学院是围绕海南省农村中学教师专业发展而形成的一种学习共同体，服务于农村中学教师专业发展。支撑这一形式的理论基础主要是建构主义学习理论、情境认知与学习理论和学习共同体理论。

(一)建构主义学习理论

1. 建构主义学习理论的由来

建构主义学习理论是学习理论继行为主义发展到信息加工认知心理后的进一步发展，是认知心理学向前延伸的一个重要分支。

建构主义学习理论最早要追溯到瑞士的心理学家皮亚杰(Piaget,J. 1896－1980)，他的理论是基于儿童的心理发展之上而提出的发展认知论，他认为儿童对世界的认识是儿童在与周围环境相互作用的过程中，逐步建立起对外部世界的认识，从而形成自身认识结构的发展。他认为知识既不是客观的，也不是主观的，而是个体与周围环境交互作用的结果，是通过“活动和图式”、“顺应和同

化”、“平衡与不平衡”的认知模式来完成的。图式是认知的组织或结构。当个体在认知活动中以现有的图式去同化新的信息，会达到一个平衡，人们就会获得心理上的满足感。当个体以现有的图式无法同化新的信息时，就会激发人们的求知欲望，从而促使原来的认知失去平衡，人们的认知就会在不断地修正或创造新的图式（即顺应）的过程中寻求新的平衡。“平衡——不平衡——新的平衡”不断地循环往复。同化和顺应是双向的认知模式，在建构主义学习理论中具有重要地位。皮亚杰认知发展论中的“相互作用论”和“建构论”为现代建构主义学习理论提出了直接的基本思想基础。

维果茨基(Vygotsky，L，S. 1896－1934)是苏联的心理学家，他的理论认为思维与智力是外部语言的内化，人是通过语言传递思维，而语言的发展与社会的互动有着密不可分的关联性。人的心理发展源泉和决定因素来自人类历史过程中不断发展的文化，所以他强调，个体的学习是在一定的历史、社会文化背景下进行的，社会可以为个体的学习发展起到重要的支持和促进作用。他把个体的发展区分为两个水平：现实的发展水平和潜在的发展水平。现实的发展水平是个体可达到的水平，潜在的发展水平是指个体在外力的帮助下可达到的一种水平，在两种水平之间的区域为最近发展区。维果茨基比较重视学习者在学习中原有的经验与新知识的相互作用，他把学习者在日常中的经验称为“自下而上的知识”，把在学校学习的知识称为“自上而下的知识”，在学习中只有把这两种知识联系起来，并创设在学习者的最近发展区，才能很好地成为系统的知识而获得成长。

杜威(John Dewey，1859－1952)是美国著名的哲学家、心理学家和教育家，是实用主义思想的创始人，他的经验性学习理论认为教育必须建立在经验的基础上，教育就是经验的生长和经验的改造，学生从经验中产生问题，而问题又激发学生去探索知识生成新的概念。他认为实践既是教育的手段也是教育的目的，“从做中学”是他提出的教学方法，这种思想对教育有着极大的影响。

现代建构主义学习理论就是在诸位学者的研究中逐渐发展起

来的，并由于研究的角度的不同和认知的侧重点不同而形成了个人建构主义、社会建构主义、激进建构主义等观点。

2. 建构主义学习理论的内涵

(1)建构主义的知识观

建构主义理论认为科学知识不是纯客观的，它的存在也不是一成不变的，随着人类社会的进步，它们处在不断的发展中，而且在不同的情境中，受到来自不同方面的影响，它们需要被重新地变革、上升和改写(社会建构主义观点)，也就是说，没有一种知识是能准确无误地概括世界的法则，提供统一的解决问题的方法。针对不同的问题情境，我们对知识方法的解决需要进行加工和创新，同时知识是基于学习者的认知经验背景之下的建构。对知识的理解，个人的背景不同对相同的客体会形成不同的认知，个人的知识对认知有一定的影响(个人建构主义观点)。所以，建构主义理论认为知识不是对现实的准确表征，它只是一种较为可靠的解释、假设，它是情境化和个体化的产物。

(2)建构主义的学习观

建构主义认为知识是建构的，那么主体的学习就不能简单地看成知识由外到内的转移和传递，而是学习者主动地建构自己的知识经验的过程，即通过新知识与原有的知识经验反复的、双向的相互作用，这种作用不是简单的信息刺激和积累，而是新旧知识经验发生了冲突，由此而引发的自我的认知结构的重组。整个过程是学习者积极的、主动的、有意识的，同时也是任何人都无法替代的过程。它强调学习者与学习环境的互动，认为建构学习理论的学习环境包括四个要素[①]：①情境：所创设的情境是有利于学习者学习的内容。②协作：贯穿学习活动的始终，包括学习资料的收集、假设、验证和和学习成果的评价意义的形成都离不开同伴间的帮助和互动。③会话：是协作过程必不可少的环节。社会建构主义认为学习不全是个人的行为，为了完成一定的学习任务，人与人之间的交互认知、思

① 陈威. 建构主义学习理论综述[J]学术交流，2007，(3)：175－177.

维成果应为整个学习群体分享，因此会话是达成意义建构的重要手段之一。④意义建构：即对所学习的内容包括概念、规律以及内在的联系之间的深刻理解，所以意义建构取决于学习者利用自身的经验建构有关意义知识的能力，而不是取决于对知识的背诵和记忆的能力。

(3)建构主义的教学观

基于建构主义的知识观和学习观，教学不得忽视学习者的经验，把所谓外在的知识强加灌输，应发挥学习者的主动性和互动性，把学习者的知识经验作为学习新知识的增长点，引导他们从原有的知识中生出新的知识。建构主义没有固定的教学方法和模式，它只是认知和学习的理念，所以建构主义理论用在教学中可作为一种反省的工具而不是一种教学模式，在教学活动中教学者随着教学情境的变化也在不断改变自己的知识结构和教学方法，与学习者一样在活动中不断建构自己的知识，可见教与学之间的关系是彼此相融互换的，与我国传统教育中的“教学相长”的思想不谋而合。

3. 建构主义学习理论对农村教师培训的启示

(1)培训要从农村教师原有的知识与经验出发，鼓励农村教师自我反思。传统的教师培训都是专家把一些理论知识集中地传授给教师，对于这些理论知识具体如何在实际教学中运用，很多教师感到困惑。农村教师在多年的教学工作中已形成自己一套对教学的看法和认识，培训中专家所讲的理论与农村教师自己的看法与认识往往是不一致的。因此，农村教师难免会产生一定的抵触心理，认为你们所说的理论大家都明白，这些理论只是适合城市学校，我们农村中学啥都没有，这些理论不适合我们。农村教师产生这样的困惑，一个重要原因是培训没有找到新的理论与教师原有知识的结合点。根据建构主义学习理论，培训前应认真考虑农村教师的先前的知识背景，尊重他们原有的认知结构，从他们的教学经验出发，引导生成出新的教学观念从而改变教学行为，并注意呈现的培训内容是在他们能力所能建构的范围之内。由于学习中个体的差异性和建构主义教学观的取向，培训学习中要鼓励农村教师对一直以来根深蒂固并又视为理所当然的知识经验，进行不断的自我反思，逐渐内化和建构出新的自我认知结构。

(2)创设良好的互动学习情景、调整培训角色，注重合作式的学习方式。社会建构主义学习理论认为个体知识的建构是离不开社会因素的，它们彼此之间是相互作用的。传统的培训中我们通常把培训者与培训对象看成两个不同的层面，培训者是一种主动的知识传授者，而培训对象是一种被动的接受者，从培训者主体出发是“我与他”的关系。依据建构主义教学理念，培训也可看成一种学习的过程，在学习的过程中每个人都是主体，学习是主体自我的事情，其他人是无法替代的，因此传统的培训者与培训对象的关系就会演变为一种学习的伙伴关系，所以在培训学习过程中培训者要创设出一个气氛融洽的互动学习平台。这其间有来自培训者与培训对象的对话，也有培训对象与培训对象之间、培训者与培训者之间的对话，这种对话产生的智慧火花在这个学习群体中是可以共享的。因为我们培训者没有农村一线教师的教学体会，对教学问题的解决和诠释多多少少会有一些偏差，农村教师与农村教师之间由于都存在着共同的教学背景所以就会带有相同的教学体会，再加上培训专家理论的指导，一个人解决不了的问题放在一个群体中，通过来自不同背景下的不同群体对知识认识不同的影响并达成共识，每个参与培训活动的人员都会在不同程度上又重新再建构出自己的新知，各有所获。

(二)情境认知与学习理论

1. 情境认知与学习理论的由来

情境认知与学习理论也是学习理论由行为主义经认知理论发展而来的，有些学者把它看成建构主义的一个分支，也有的把它作为三大学习理论的一个范式。[①] 1987 年瑞兹尼克(Resniek)在美国

① 贺中元.情境学习理论研究的最新进展[J]上海教育科研，2004，(11)：18－22.

的教育研究协会发表她的就职演说《学校内外的学习》中最早提及这个概念。她认为学校内的学习是个体的、抽象的理论和技能的学习，是有目的的、有计划的知识获得的学习，而学校外的学习却是一种合作性的、具体性的，并偏重于运用工具去解决实际问题的学习。随后在1989年，Brown、Collins及Duguid在《情境认知与学习文化》一文中对情境学习进行了深入和系统的阐述。他研究了一些从事职业性工作的行业如厨师、裁缝、海军舵手、助产士等，他们从来都没有像专家一样受过系统、完整的教育和训练，并且他们的思考和行为模式也没有什么专业理论的依据，而是从学徒开始，在在观察师傅的过程中不断地尝试，并在参与实践操作活动中逐渐获取了专业的技能和技巧，在遇到问题时却能与专家一样灵活而快速地解决。可见真实的活动情境也是人们获得一定的经验和技能的一种途径，由此产生了情境认知与学习理论。

情境认知与学习理论主要来自以莱夫、温格(Lave & Wenger)为代表的人类学视角和以布朗、柯林斯、杜基德(Brown、Cillins & Duguid)为代表的心理学视角的两个观点的整合。① 情境认知与学习理论是有关人类知识本质的一种理论。

2.情境认知与学习理论的内涵

(1)情境认知与学习理论的知识观

情境认知与学习理论认为知识是蕴含在情境当中的，是通过活动发展的，它存在于我们生活中的每个角落；知识是人与环境的相互作用的产物，它是不能与环境相脱离而孤立存在的；它如同我们使用的一种工具一样，只有通过运用才能充分理解其内在的含义，孤立而单独存在的知识是一种惰性的知识、死的知识。比如国人对外语的重视程度应该说是相当高的，从孩子出生不久就开始有意识地着手这方面的培养，从小学到大学我们花在外语方面的学习不论是时间还是精力都是最多的，但到头来很多人学的却是“哑巴式”的

---

① 梁影，倪其育.基于情境学习理论的学习环境设计原则[J]扬州大学学报(高教研究版)，2009，(1)：83－86.

外语。外语是一种语言学习，它必须在一种语言的环境下不断地使用、修正，提升自身对语言的理解和运用，这也就是所谓的情境认知与学习。情境认知与学习理论认为知识的含义不是由知识概念本身所决定，而是由这一概念的使用者在使用的过程中与环境中存在的群体文化活动相互作用所决定的，不同的群体对同一概念也会有不同的理解，所以情境认知与学习理论认为知识只有放在真实的情境当中才能产生真正的意义。

(2)情境认知与学习理论的学习观

知识是蕴含在活动情境当中的，并为环境中的群体文化活动和个体的心理等因素所决定，那么学习者要想获取蕴含在情境当中的知识，就必须参与到真实的活动当中，只有把学习镶嵌于它所维系的情境之中，并积极主动地应用所学到的知识和技能，才能深入理解知识的真正含义和价值，明白知识与真实问题情境的关系，使之成为解决问题的工具。同时学习也并非仅仅是习得一些事实性的知识，一些潜隐在学习者个人自身上的行为模式和深处的默会知识，也将在其与情境环境的互动中发挥出来，培养了学习者的主体意识的思维和行动。可见情境认知与学习理论的学习观点强调"参与"是学习的核心。在参与中，团队成员间相互的对话、互动都是在真实的学习的情境中并与环境相互作用完成的，并以促进学习者实践能力的形成、加速个体社会化作为学习的核心目标。

(3)情境认知与学习理论的教学观

基于以上的知识观和学习观，教学中教师首先要营造一个真实的学习环境，激发学习者的学习动机和学习兴趣，重视学习者参与活动的过程和体验。其次要以问题为基础，善于借助问题与日常现实生活的结合，在问题的学习中教师扮演的是促进者、引导者、协助者的角色，为学习者提供一个学习的构架支持与协助，并鼓励他们先从一些简单的、力所能及的学习着手，由最初开始的参与、观察、模仿、尝试到练习，在教师鼓励和引导下逐渐培养学习者自我支持的能力，最后逐渐脱离教师构架的支持与协助。情境认知与学习理论的教学观认为学习是一种内化的历程，教师在教学中要提供一套完备的范例与在真实情境中使用相应专业知识的机会，以满足学习者对知识的深入了解，鼓励学习者从边缘的、参与的生手，边学边做，边做边学，最后成为能独当一面的专家。

3.情境认知与学习理论对农村教师培训的启示

(1)培训要在真实的“任务”情景中进行。教师培训是一种实践性、情境性较强的学习活动，作为农村教师的培训最主要的目的就是改变农村教师的教学行为，提高课堂教学的有效性，从而提高学生的学业水平。我们的一些培训活动之所以效果不是很理想，原因之一在于我们的培训是在脱离真实的教学情境下进行的，教师无法把所学的知识很好地与实际结合，解决实际的教学问题。情境认知与学习理论认为脱离个体的真实的生活环境来谈学习和能力的培养是毫无意义的，个体与环境的相互作用是形成社会化能力的必由之路，所以农村教师的培训成长要在真实的“任务”情景中进行。不仅是在真实的教学情境中，同时还要根据教学所存在的问题来设计“任务”情境。任务情境是由具体的任务、问题及期望学习者完成具体任务或解决问题的限定条件构成。这个“任务”不是培训专家凭空想象的，它应该是培训学习前对培训对象的前期调查了解所获得，是具体的、有针对性的，是农村教师在教学工作中客观存在的问题和困难，同时它的种类也是多样化的，从而满足不同层次的教师需求。教师就带着这个学习“任务”，可以是独立的，也可以是同行协助的，并借助真实的教学情境以达到农村教师教学能力的培养，在运用的过程中去感悟教学的真谛。

(2)倡导合法的边缘参与式培训，鼓励教师从边缘参与向核心位置扩展。Barab 和 Duffy(2000)指出，人们在实践活动的过程中不仅获得了知识与技能，同时在学习的过程中还形成了某一共同体成员的身份(identity)，Lave 和 Wenger(1991)把这种情况称为“实践共同体”。实践共同体指的是一群追求共同事业，一起从事着通过协商的实践活动，分享着共同信念和理解的个体的集合。空间上聚集在一起的群体不一定是实践共同体，它强调要有共同的任务，使用工具、利用资源并通过实践活动完成任务，有共同的历史、知识基础与假设以及各自担负责任(Driscoll,2000)。情境认知与学习理论认为学习实质是文化适应与获得学习实践共同体成员身份的过程。"合法的边缘性参与"式(Legitimate Peripheral Participation)培训所要表达的是,农村教师在真实情境中,由开始对专家和其他教师教学、评价的观察,逐渐尝试对问题发表一些只言片语,随着时间的推移与农村教师学习经验和掌握的信息量的增加,到最后敢于提出自己的观点和看法。农村教师在实践共同体中开始由边缘或外围开始,之后逐渐进入核心地带,进而不断深入主动地参与实践活动,从边缘向中心、核心地带学习地位的迁移,相对于农村教师来说也是一种学习提高的过程,这种变化也从另一侧面说明了农村教师内心随着学习的提高更为自信,并敢于争夺话语权,所以在培训过程中要为每一个参与培训的农村教师创设表达和交流的机会,比如通过扮演多种角色,让他们融入学习情境当中去主动观察模仿情境中所隐含的知识与技能,鼓励教师从边缘的参与至核心位置的扩展,进而培养他们独立思索的能力,以达到独立解决实际教学问题。

(三)学习共同体理论

1. 学习共同体的内涵

(1)关于学习

学习伴随人的一生,儿童期学习写字、阅读,成年期学习劳动、工作、生活等,直到我们年老时的享受、休闲等,仍离不开不断的学习活动。可什么是学习?所谓的"学"就是指获取知识,所谓"习"就是指反复练习。在中国的古代,学习这一词,就是把"学"和"习"复合而组成的词,最先把这两个字联在一起讲的,是孔子的名句"学而时习之,不亦乐乎",当时"学习"二字的主要内涵指的是获取知识,形成技能。

学习活动不仅存在于人类,在动物世界中也广泛出现,比如在动物的杂技表演中,经过饲养员不断的训练,猴子可以做骑自行车表演,山羊可以进行走钢丝的表演。动物这种经过大量的训练后出现动作行为的改变，称为学习。人类也适用于动作改变的学习。还有一种学习情况是有机体为了生存和适应环境，通过生活经验的累积而引起行为倾向的改变也被称为学习的过程。动作行为的改变必须达到可观察、可测量的情况下才能称之为学习的过程，比如一组学生通过做题的练习达到学习成绩的提高，而另一组学生通过做题的练习后前后成绩没有出现显著变化，从学习的定义来看，前者有学习，后者有训练没有学习。学习所指的行为的变化，不仅是外显可观测到的，也包括内隐心态和行为倾向的变化。比如数学能力的培养，一组学生通过数学培训后不仅解题能力提高了，从中还体会到数学的魅力和兴趣；另一组学生通过数学培训后虽然在解题能力方面得到了提高，但在整个过程中由于一些困难等原因引起对数学的反感和厌倦。这些在外部是难于观测到的，这种心灵深处的变化比外显的变化更为重要。由于学习的内涵的复杂性，目前不同的专家学者对学习的解释不同，众说纷纭。在心理学方面的解释认为学习是指学习者因实践经验而引起的行为、能力和心理倾向的比较持久的变化，这种行为动作的变化是不能根据主体的先天反应倾向（如疲劳、酒醉、内驱力等引起的暂时和不成熟的状态）来解释的。在教育心理学中大多数认可的一种解释是：学习是个体在特别情境下，由于练习或反复经验而产生的行为、能力或倾向上的比较持久的变化及其过程。①

关于人类学习所具有的特点，定义中强调以下几点：

第一，主体：学习的主体是人。

第二，性质：学习不仅是人类生存必需的行为，而且具有个体性行为、社会性行为的双重属性。

第三，内容：学习的内容是获取知识和经验，掌握客观规律来指导自身发展。

第四，目的：学习的目的和结果是使个体身心获得发展，不断实现自我意识与自我超越，这不仅是人类学习活动最本质的特征，而

① 学习 baike. baidu. com/view/8261. htm — 75k — 2010—05—15.

且是人类创造力的最根本的源泉。

(2)关于共同体

"共同体"(Community)一词在英文字典里有两个注解:①为在一个地区内共同生活的有组织的人群;②为有共同目标和共同利害关系的人组成的社会团体,它属于社会学范畴的概念。"共同体"一词最早源于德国学者藤尼斯(F. J. Tonnies)采用的德文"gemenschaft",他在《共同体与社会》一书中使用"gemenschaft",目的是强调人与人之间的紧密关系,强调共同的精神意识以及认同感和团队归属感,强调具有共同归属感的社会团体。

"学习共同体"为国内学者的译文,英文为 learning community,除了学习共同体的译法外,还有"学习社区"、"学习合作小组"、"学习联合体"、"专业共同体"等提法,自从 1995 年博耶尔首次提出学习共同体概念后,不少学者对学习共同体定义做出界定,存在不同的解释。在教学中我们常用下面两种说法:

学习共同体就是指参与学习活动的学习者(包括专家、教师和学生),围绕共同的主题内容,在相同的学习环境中,通过参与、活动、反思、会话、协作、问题的解决等形式构成的一个具有独特文化氛围的动态结构。[①]

学习共同体就是指学习者、助学者(包括教师、专家、辅导者等)共同构成的团体,他们彼此之间经常在学习过程中进行沟通、交流,分享各种学习资源,共同完成一定的学习任务,因而在成员之间形成了相互影响、相互促进的人际关系。[②]

可见,学习共同体因不同的属性而有不同的陈述,下面以表 1 1 进一步说明学习共同体的属性。

① 张桥银,蒋泽林.浅谈学习共同体[J]贵阳学院学报,2009,(4):115－118.

② 张桥银,蒋泽林.浅谈学习共同体[J]贵阳学院学报,2009,(4):115－118.

表 1-1　学习共同体属性简析表 ①

属性	内容	陈述
主体	学习者与助学者 (the staff within leadership)	构成学习共同体的主体包括学习者和助学者 学习者:学生、成人(包括在校学生、继续教育的成人、终身学习的成人……) 助学者:学伴、教师、专家、家长、社会成员……
特征	共同目标 (shared values and vision)	学习主体之间要对学习目标具有认同感和特殊的心理归属感;正是这种认同感和归属感使得共同体各成员之间形成一种互助关系,并使他们积极负责地参与到学习活动中,完成智力与非智力的发展,尤其是非智力的发展
条件	学习支撑环境 (supportive condition)	包括物化设备、人力支持、信息资源等
方式	活动 (shared personal practice)	学习是一个活动的过程;在这个过程中,学习者与学习者、学习者与助学者、助学者与助学者之间通过争执、讨论解决问题,通过赞扬或批评强化动机,通过互相支持和帮助来认识与解决问题,实现共同进步
表现形式	人际关系 (supportive and shared relationships)	在学习共同体中形成的有序的(可能通过某种组织机构来表现)、相互影响、相互促进的人际关系。他们竞争并协作,他们的价值及人格得到尊重,他们具有良好的自我效能感,他们在相对民主的氛围中各司其职,总之,这种人际关系是和谐的
作用范围	交流群体 (related groups)	小组、团体、班级、学校、家庭、社会

① 张桥银,蒋泽林.浅谈学习共同体[J]贵阳学院学报,2009,(4):115—118.

通俗地说,教师的学习共同体是由有限数量的人组成的一个社会的群体,这个群体成员之间存在着合作性的社会关系,有着共同的背景和历史的传承,相互之间互相依赖,同时也肩负着如何教好学生、提高学生的学习成绩的共同使命,为了共同的目标,共同体成员经常集聚在一起相互沟通、交流教学问题、分享学习资源,共同完成一定的学习任务。三种参与者(教师、专家、学习者)从彼此组成的依赖关系中都能在这个教学领域里得到不同程度的成长。学习共同体与我们上面所提及的实践共同体有一定的区别,一个实践共同体不能完全等同于一个以学习为目的而聚集在一起的教师松散群体。温格(wenger,1998)在描述实践共同体时界定说:"一个实践共同体是一个诸多个体的集合,这些个体长时间地共享共同确定的实践、信念和理解,追求一个共同的事业。"可见学习共同体与实践共同体的构成要素是一致的,只不过当教师的学习共同体特指为教师的学习实践活动所组成的群体时也可称为实践活动共同体。农村教师的专业成长需要这样的教师学习共同体。

2.学习共同体的特征

学习共同体既然指的是这样一个拥有一个共同的关注点,共同致力于解决一组问题或者为了一个主题共同投入热情,在共同追求的领域中通过持续不断的相互作用而发展自己的知识和专长的成员组成的群体,它应具有如下几个特征:

(1)自愿性。学习共同体是教师在教学学习过程中由于共同的关注点、共同的理想自然而然走在一起的,它是人们自愿参与的一个群体,不同于一个正式的社会群体,没有硬性的指令和强制性的要求,成员可根据自己的意愿自由出入这个群体,它只能通过良好的学习氛围与彼此之间的情感作为维系共同体成员的纽带。所以,学习共同体成员首先要有强烈的学习愿望;其次,这个学习共同体,要有足够的吸引力才能引发学员的自愿。

(2)共同性。学习共同体成员为了共同的事业,拥有共同的历史、知识基础,为了完成共同的任务,一起利用工具、分享学习资料,共享共同确定的实践、信念和理解。在学习共同体成员中,正因为拥有太多的共同性才能深深地把他们吸引。

(3)发展性。学习共同体聚集在一起交流、探讨、解决学习中存在的问题,最终的目的就是为了在这共同领域中各自能向更高的层次发展。没有发展,学习共同体就没有存在的意义,所以学习共同体以创造与传承知识为主要路径,以促进成员的专业发展为最终目标,使其在寻求各自的发展同时也更积极主动地投入学习,解决在工作中存在的困惑。

3.学习共同体的功能

(1)社会强化的功能

建立学习共同体是满足学习者的自尊和归属需要的重要途径。比如农村的教师常年在乡镇中学工作,工作的条件比较艰辛又不被人们重视,长此以往,他们的专业自我发展的积极性就会受到大大的挫伤。建立教师学习共同体,让农村教师有机会与其他教师交流互动,从而有了团队集体的归属感。在这个学习共同体中,大家都在进行共同的学习活动,遵守共同的规则,具有一致的价值取向和偏好。正是由于农村教师在教师学习共同体的其他教师的身上找到了认同和尊重,这种认同和尊重不断地激励他们参与共同体学习,并让他们不断地去维持这个提高自身教学水平的学习活动行为。

(2)信息交流的功能

在学习共同体中,教师、专家、学习者三者之间就一个问题或一个主题,不断地交流、探讨、合作,这些交流、探讨和合作都带有各自的文化背景。农村教师由于生活在乡镇,信息相对比较闭塞,加入教师学习共同体中,就有了与专家、其他教师沟通交流,共同建构知识、分享知识的机会,不仅大大拓宽自己的信息面,同时也可以从不同教师的身上,从多个角度看到问题的理解,从而能进一步促使自我教学的反思和想法,重新建构自己对问题的理解和思路。所以,学习共同体可以拓宽各个学习者的信息交流面,开阔他们的视野,促进他们从不同的侧面对问题有更深的理解。

二、周末流动师资培训学院的实践背景

(一)海南省基础教育的发展诉求

由于历史的原因,海南经济和社会发展水平与国内发达省市有较大差距,根本原因就在于教育基础的薄弱和人才的匮乏。据统计,2002 年,海南省每 1 万人口中,有幼儿园在园幼儿 141.15 人(全国平均为 159.53 人),小学在校生 1283.54 人(全国平均为952.52 人),初中在校生 499.98 人(全国平均为 517.45 人),普通高中在校生 98.38 人(全国平均为 131.93 人),职业中学在校生 10.72 人(全国平均为 40.08 人),中专在校生 27.91 人(全国平均为 31.05 人),普通高校在校生 71.51 人(全国平均为 111.36 人)。虽然海南建省后,基础教育已取得很大进步,但各个层面的受教育尺度均低于全国平均水平,教育仍不能适应经济和社会发展的需要。

就海南自身基础教育而言,还存在着不少突出的矛盾和问题。主要表现为城乡教育发展不平衡,教师队伍整体素质低,学生学业水平低,等等。虽然海南是全国最大的经济特区,但同时也是老少边穷地区,有 5 个国家级和 6 个省级贫困县,720 个贫困村,主要分布在海南中西部 11 个少数民族地区和贫困市县。这些市县与海口、琼海、文昌等市县比较,基础教育发展存在较大的差距,这些差距表现在:教育经费供给矛盾十分突出,教师队伍整体素质亟待提高,资源配置不尽合理,办学条件比较落后,农村初中生厌学、辍学现象较严重,教师整体素质偏低,农村义务教育办学长期在较低水平徘徊,这些地区与发达地区之间的差距呈继续扩大趋势。

海南省基础教育发展现状写生:

1. 海南省少数民族与贫困地区校长对本校师生的描述

(1)海南省保亭县思源实验学校

本校教师队伍的整体素质:

我校教师谈不上敬业爱岗,多数教师都有职业倦怠感,工作积极性不高。海南少数民族的风俗习惯叫"浓",追求休闲安逸生活的教师较多,教育及教学理论知识较匮乏。非本科毕业的教师接近

40%,教师年龄偏大。

本校学生的学业水平:

由于思源实验学校是2009年成立的新学校,所以还不能对学生学业水平做出较科学的评估。但从期中、期末考试成绩来看,很令人担忧。多数学科平均分在30分左右,数学、英语甚至只有20分左右。分析原因虽然有本校教师的教学方法不当、教师能力有限外,更重要的是小学教学抓得不紧,学生基础极差。

(2)海南省保亭县什玲中学

本校教师队伍的整体素质:

我校教师共52人,其中本科20人,大专32人;中学副高级职称1人,中学一级职称14人,中学二级职称30人,未评职称7人,从教师的学历和职称上看,尚未达标。教师的总体情况可分为三类:第一类教师是热爱教育事业,遵纪守法,爱岗敬业,关爱学生,工作责任心较强,有无私奉献的精神,并有良好的教育教学理论和专业知识功底,占教师总数65%。第二类教师是明哲保身,但求无过,做一天和尚就敲一天钟,占教师总数20%。第三类教师是师德败坏,工作责任心差,心态扭曲,无心教学,集体观念淡化,崇尚个人主义,工作业绩低。这些人在工作期间喝酒或喝酒后上课,课余时间主要是喝茶、聊天、打牌、打麻将等,上课迟到、早退,甚至不上课等情况时有发生。这部分教师占教师总数的15%。

本校学生的学业水平:

我校学生基础差,底子薄,学业成绩不佳。这几年来,我校小学升初中考试,语文、数学、英语3科的总平均分徘徊在30—48分,几乎是全县倒数第1或第2名。

作为新任的校长,深感学校工作任重道远。

(3)海南省琼中县湾岭中学

我校是一所离县城很近的乡镇中学,这里的教职员工多年来养成了懒散、不敬业的习惯,没有一丝危机感。教师结构极不合理,专业不齐全,有好多教师教非所学,有受挫心理,教师专业素质有待提高,面对新课程课堂教学,教学方法较传统。我校被当地人称为教师与学生的“收容所”。学生的素质也不理想，成绩好一些的学生已被县城的中学层层筛选录取完了，留给我们的几乎都是问题学生。比如：前年我校共录取初一学生144人，其中语文、数学两科成绩总分在100—139分的，只有7人；80—99分的13人；60—79分的33人，59分以下的91人。

（4）海南省白沙县七坊中学

我校教师共33人，但大部分教师责任感与使命感不强，有些教师心情好就上课，心情不好就到教室站着不上课；只教书不育人，做事拖拉，学校强迫的事才做；教师人文知识缺乏，教育教学理论不高，专业知识、专业技能水平低。

全校学生235人，绝大部分对学习不感兴趣，主要表现：上课迟到，交作业不按时，考试成绩不理想，中段考试各科都及格的学生一个都没有，各科平均分很低，低分的同学占大多数。但大部分学生身体素质很好，生活自理能力和劳动技能都很强，喜欢接受新鲜事物，待人接物还可以。

2. 对当地教非所学教师的访谈

（1）陵水县黄老师

地理学科虽然不是自己所学的专业，但作为教师应服从学校的工作安排。经过几年的地理教学，感觉有不少苦恼：一是身处边远山区，信息较闭塞，对地理新知识、新技术不了解，与优秀地理教师的交流较少，不了解目前地理教学的发展动态；二是自己地理教学水平不断提高的同时，自己原来所学的专业知识也在逐渐遗失，所任教的地理学科与专业文凭、职称聘任不相符，今后教学不知往哪个方向发展；三是学校地理教学资源匮乏，社会也缺少供学生开展课外实践活动的场所。

（2）东方市陈老师

我校是农村初级中学，学生学习基础较差，不想学习的学生很多，虽然历史不是我的专业，但感觉教学压力不大。随着学校对教学要求的提高，我总觉得自己的历史学知识和历史学科素养缺乏，对某些历史典故、历史背景材料还是模糊不清，希望有更多的学习交流机会。

3.一次令人感叹的参训农村教师学科知识考试

2007年,我校举办的少数民族与贫困地区初中物理教师脱产提高班进行了入学学科知识考试,目的是对学员的学科知识情况进行摸底,以便对学员进行有针对性的学科知识培训。考试方式为开卷考试,考试内容为初中物理知识,试卷难度与海南省初中物理会考相当。然而,对他们来说却是一次艰难的考试,原本是60分钟的考试,结果多数学员用了90分钟才交卷,考试结果令人感叹!全班24人,80分以上2人,79—70分10人,69—60分10人,60分以下2人。得分点主要在一些代公式计算上,而失分点主要在学员对学科知识理解不深、学科知识和技能严重缺失上。这些教师的学科专业知识这样差,怎么能提高学生的学业成绩,更谈不上培养高水平学生了。

(二)海南省农村教师专业发展的诉求

面对海南基础教育的现状和问题,我们认为其中一个重要原因是师资队伍水平太低。那么如何有效地提高当地教师的专业素质?海南省各级教育行政部门组织了各种各样的培训,包括省级培训、市县级培训、校本培训,培训形式有专家讲座、现场教学研讨等。培训现状如何?我们来听听培训机构和教师们的描述:

描述一,教师外出参加学习交流的机会很少,即使是小范围的交流学习也很少组织。我认为主要原因是没有经费,各学科没有培训骨干,本地培训教师水平有限。

描述二,经费有限,当地农村教师基本没有什么机会去参加培训,教师每次外出培训所花的差旅费都是教师自付,除非是硬性规定,教师一般都不愿意参加培训活动。

描述三,培训讲座形式较多,内容以理论为主,与自身的教学联系不紧,收获不大。

描述四,有时县里组织外出学习和开展一些学科培训活动,但由于学校就两个物理教师,一人教一个年级,外出学习对教学影响较大，只好放弃学习机会。另外，小学科教师人数较少，不容易开展教研活动，主要靠自学。

描述五，我县教师培训主要依靠省级培训机构，由他们选派专家，我们主要做组织、管理工作。总的感觉，培训内容、形式单一，对实际教学工作影响甚微。

……

显然，当地教师培训机构对培训实际效果并不满意，教师对培训活动有一些怨言。仔细分析，不难发现，制约教师培训的主要因素来自三个方面：一是经费短缺，上不起；二是工学矛盾突出，离不开；三是本地培训力量不足。以往的集中培训模式，或现有的缺乏专业力量引导的所谓校本培训模式都不能解决上述矛盾。因此，分析和研究海南省在农村教师培训方面存在的问题，思考和总结当地教师培训的方法和思路，创新适合农村教师的培养模式及其实施策略，成为我们亟待解决的问题。

（三）海南师大完善办学功能的诉求

《中华人民共和国高等教育法》第三十一条明确规定："高等学校应当以培养人才为中心，开展教学、科学研究和社会服务，保证教育教学质量达到国家规定的标准。"因此，高等学校办学功能应体现教学、科学研究和社会服务三大社会职能。相对而言，教学、科学研究两个职能的内涵比较清晰，容易受到人们的重视和理解，社会服务职能的内涵则要复杂、模糊得多。为此，海南师范大学组织全校教职员工开展了学校办学思想大讨论，通过讨论，我们认识到要办成人民满意的海南师范大学，促进海南师范大学又好又快地发展，实现教师培养培训一体化，我们的办学思路不能局限在高校内部自身，还要看到社会发展的客观要求，与本地的基础教育和经济社会发展相结合，从国家、本地区和我校发展的实际来认识高师院校的办学体制和办学思想，从更高的角度认识教师教育。

1.社会主义新农村建设的重大历史任务呼唤我们的使命感

2005年12月31日，中共中央、国务院出台了《关于推进社会主义新农村建设的若干意见》，明确指出“建设社会主义新农村是我国现代化进程中的重大历史任务”，“构建社会主义和谐社会，必须促进农村经济社会全面进步”。社会主义新农村建设是全党全民的任务，高师院校服务社会主义新农村建设是党和国家赋予我们的使命。加强农村教师队伍建设，促进城乡义务教育均衡发展，是我们高师院校服务社会主义新农村建设的着力点。这就要求我们要把教师培养培训一体化的效应延展到农村。

2.海南省基础教育的现状激发我们的责任感

由于历史的原因，海南省基础教育发展水平与内地省份相比存在着较大的差距，这是制约海南经济与社会快速发展的重要因素之一。而影响海南省基础教育发展的瓶颈因素是中小学教师队伍整体素质偏低，尤其是占全省中小学教师人数61%的11个少数民族和贫困县市的教师队伍，不论是数量还是质量更是存在着不小的差距。一个地方的基础教育发展水平在一定意义上折射了当地高师院校的办学质量。加强农村教师队伍建设，是海南师范大学义不容辞的责任与义务。这就要求我们的教师教育一体化必须与基础教育对接。

3.由师范学院向师范大学的转变需要我们进一步优化办学功能

2004年5月，教育部高校设置委员会批准我校在海南师范学院基础上筹建海南师范大学。2006年1月底，我校经高校委员会评议、教育部批准，已正式升格为大学。由师范学院向师范大学的转变不仅仅是校园面积的扩大和校舍的增加，最主要的应该是办学功能的进一步优化。人才培养、科学研究、社会服务是高等教育的三大基本职能。一所师范大学不仅要育人、科研，更要服务社会，在服务社会中真正体现出一所省属师范大学的不可替代性，在服务的过程中形成自己的特色，提高办学水平和教育质量，依托地方而生，随着地方发展而发展。

上述三个问题实际上是一所高师院校与当地社会发展，尤其是与基础教育发展的关系问题。这一关系问题的具体解决有赖于教师教育一体化的深层推进，因为教师教育一体化是联结高师院校与当地基础教育、社会发展的纽带和桥梁，其本质是以大学为本的教师教育资源整合。这就要求我们必须走出大学的围墙，与基础教育相通相融，与社会建立更广泛的联系。走教师教育一体化之路，才能进一步优化办学功能。

我校党委书记林北平同志曾经在海南省教育厅工作 20 多年，几乎走遍海南所有的中小学校，对海南的基础教育非常了解。面对新华网记者，他很感慨地说："前些年，海南每年从小学进入初中的人数为 12 万左右，但是毕业的不到 9 万人。流失的学生多，合格的学生少。""国家普及 9 年义务教育，基础教育发展壮大很快，教师队伍不断得到充实，但是民办教师、代课教师比较多。"作为师范院校的领导，林北平特别强调教育的公益性理念，他说："我们学校与普通大学不同，我们要坚持以服务基础教育为己任的理念。""我们希望通过我们的努力，提高我省农村教师队伍的整体素质，让更多的农村学生受益，从师资队伍上彰显教育的公平。"

与此同时，海南省委、省政府高度重视少数民族和贫困地区发展问题，在《中共海南省委、海南省人民政府关于推进社会主义新农村建设的实施意见》中提出："推进科教兴琼和人才强省战略实施，进一步加强少数民族和贫困地区师资队伍建设，促进我省基础教育的均衡发展。"显然，海南师大办学功能的完善诉求与海南省社会经济发展的需求得到了契合。为此，海南师范大学领导和老师在深入调研和思考的基础上，按照教师教育一体化的办学理念和"立足海南、服务海南"的办学宗旨，以"构建平台、整合资源、点面结合、重点扶持、提升素质、协调发展"为基本工作思路，以提高我省少数民族和贫困地区教师队伍整体素质，推进素质教育，形成高师院校与基础教育良性互动机制为目标，向海南省委组织部提交了《关于开展支教实习顶岗培训工作的报告》。时任海南省委副书记罗保铭同志对此项工作十分重视和关注，专门作了批示，认为这个项目既提高了师范生的实践能力，又发挥了对少数民族和贫困地区的支教作用，还能让少数民族和贫困地区教师回炉深造，一举多得。海南师范大学领导和老师深受鼓舞，在上述《报告》的基础上，进一步提出了《海南师范大学面向少数民族和贫困地区的“播种希望”行动计划(2006 年—2010 年)》，项目得到了海南省委组织部、省财税厅、省扶贫办、省教育厅等部门政策上、经费上的大力支持，于 2006 年 10 月开始实施，“周末流动师资培训学院”活动作为“播种希望行动计划”的子项目之一，也同时开始实施。其活动内容为：从 2006 年起至 2010 年，面向保亭等 11 个少数民族和贫困县市，举办“周末流动师资培训学院”活动，坚持“立足课堂、服务学科、培养骨干、辐射全员”的培训定位，整合全省优质教育资源，利用周末时间送教上门，开展课堂教学临床诊断研究，并且利用现代信息技术手段实现指导教师与学员交流的常态化。通过开展全员全学科培训活动，为当地培训 1 万名初中教师，同时计划培养 700 名左右研究型的骨干教师。

第2章 周末流动师资培训学院的价值追求与构成要素

一、农村教师专业成长：周末流动师资培训学院的价值追求

通常在哲学意义上所说的价值，是指客体的一定属性满足主体某种需要的效用关系。作为主体的人是价值的主动追求者，客体则是价值的客观承担者。主体在有目的地接触和作用于客体时，客体满足了主体的一定需要，就是对主体具有价值。可见，主体与客体的价值关系在本质上是需要与满足需要的效用关系。

一般而言，价值追求是指主体在自觉的实践活动中施加作用于客体时，力求使客体对自己有效用、有意义，能够满足自己的一定需要。周末流动师资培训学院以促进农村教师专业发展为价值追求，农村教师专业发展既是周末流动师资培训学院项目的出发点，也是落脚点。

教师专业发展是教师专业化的核心内容，具体包括专业情意、专业知识、专业能力。教师专业发展是一个持续不断的过程，在不同的时期，其内涵是不尽相同的。教师专业发展问题既涉及整个社会对教师专业的认可和其成员社会地位和经济待遇的提高；也涉及

社会对教师行业制订较高的入职、任职和专业制裁等标准，以获取教师集体素质的提高；更涉及教师个人如何主动地在日常的教学生活中具有自我专业发展的意识和需要，能不断自觉地发掘专业发展的机会与条件，获得自我专业的发展，成为自己专业发展的主人。这三个方面是互相联系，互为因果，缺一不可，共同指向教师的专业发展。在促进教师专业发展的过程中，在社会为教师专业提供良好的发展环境中，教师自我专业发展意识的觉醒及努力在专业发展中起着不可忽视的作用。

（一）价值1：唤醒农村教师自我专业发展意识

随着国家新一轮基础教育课程改革的全面铺开，我国中小学教师正在经历着一次前所未有的重要改变。这种通过课程改革以提升教育质量的措施，不仅合乎世界潮流，适合国家当前的需要，而且对教师专业素质的提升也具有重要意义。从教师教育的观点看，教育质量是教师素质的反映，没有好的教师，便不会有好的教育质量，唯有教师专业素质的提高，教育才会有真正的进步。因此，教师专业素质的高低也成为新一轮基础教育课程改革成败的关键。

教师专业发展的动因，既有外因，又有内因。外因与内因相互影响，相互作用。海南省政府近年来不断加强对教育的扶持力度，先后采取了“海南省中小学教师阳光工资”，加大对中小学教师特别是农村教师培训的力度，加大投入，强力推进，开展教师资格注册试验等举措。这些对中小学教师专业发展无疑是外因，但正是通过这种“要我学”，中小学教师在继续教育中逐渐认识到了教师专业发展的必要性与紧迫性，明确了教师专业发展不仅关系到学生的发展，也关系到教师自身的利益。特别是在参与周末流动师资培训学院的过程中，从大学学科专家和优秀中学兼职教师身上，实实在在地感受到了高尚的专业精神与深厚的专业素养，一些教师从开始的靠边靠后坐，到坐到前边听，从只是出个耳朵听，到认真做笔记，积极参与讨论。“要我学”一点点地变成了“我要学”。沉睡已久的自我专业发展意识被唤醒。周末流动师资培训学院在唤醒农村教师自我专业发展意识方面主要做了以下两方面的工作：

1. 关注农村教师人文精神的培养，注重农村教师人格的发展和完善

“以人为本”的现代教育理念强调，教师也是自然的人，教师也有自己的情感和兴趣爱好，教师在照亮别人的同时，自己也要光彩照人。周末流动师资培训学院在开展“同课异构”[①]的活动中，通过各种鲜活的实例让教师明白：“教师在成就别人的同时也在成就自己，不是舍己为人，更不是牺牲，是既为人也为己，是为己利他的统一；不是只眼望别人的成长，而是永远和他的学生们共同成长。教师应努力成为自觉创造自身职业生命的主体，成为充满生命活力的自我主体。”下面是一次培训活动过程的片断：

培训教师：你们认为优秀教师与普通教师有何差异？

农村参训学员(下面简称学员)：优秀教师的课堂教学质量高；优秀教师关心学生；优秀教师的专业基础扎实；优秀教师的教学条理清晰，对问题的分析能深入浅出；优秀教师在教学上倾注的心血比较多……

教师：你们认为优秀教师的待遇如何？

学员：有社会地位，容易得到校领导的重视，晋升的机会比较多；容易得到学生家长和学生的尊重；到省外进修和学习的机会比较多；工资待遇比普通教师高……

教师：你们认为通过哪些途径可以成为优秀教师？

学员：参加培训；不断加强自身专业知识和专业背景知识的学习；研究教学中存在的问题，根据存在问题寻找解决措施；采用问题式教学方法，增强课堂教学的目的性，通过课堂教学质量的提高来

① 同课异构是指选用同一教学内容，根据学生实际、现有教学条件以及教师自身特点，进行不同的教学设计，然后由设计者施教。“同课”即同一教学内容，“异构”体现两位或多位教师的不同呈现。同课异构属于比较研究法，是近年来常用的一种教育教学研究方法。

改变学生对学习的态度;通过提高教学质量来收获学生、同事及校领导对自己的价值认同。

教师;你们如何看待因参加培训学习而需要多付出时间和心血?

学员:有所得必有所失;只要自己意识到培训和学习对提高自身的专业素养有价值,辛苦一点也是值得的。

为了了解农村教师对参加培训的认识,我们设计了“农村教师职业心态问卷调查统计表”,向海南10个县的农村教师发放,共发放200份,收回200份,有效问卷184份,有效率为92%。问卷调查中“如何看待培训”,认为在教学的过程中有必要继续参加的占90.2%。对“能否根据自己所掌握的学科专业知识和学科背景知识来顺利组织开展课堂教学”一问,结果显示大部分的教师对自己运用目前所掌握的知识顺利组织课堂教学信心不足(见图2-1)。由此可见送教下乡,基于各学科的重点和难点问题,通过同课异构,诠释学科教学方法,剖析教学中存在的问题,并在专家的引领下促进农村各学科教师专业教学水平的提升,很有必要。

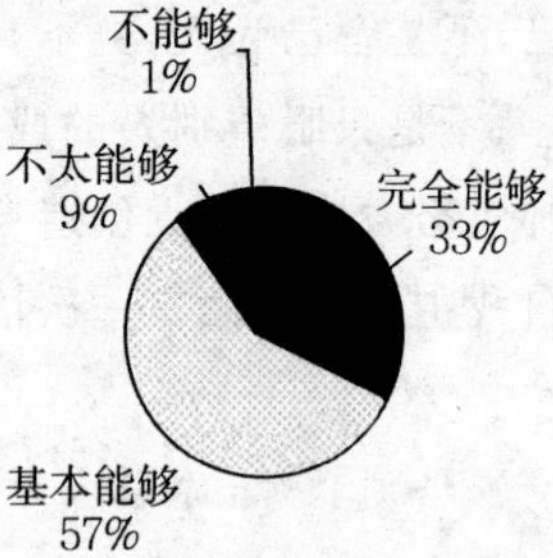

图2-1 农村教师对自身教育教学能力的认识

2.建立“一对一”帮扶机制,关注农村教师成长过程

教师的自我专业发展需要和意识,能使教师本人在专业发展中的能动作用得到极大的发挥。为了让身处偏僻环境,信息相对比较闭塞的乡镇骨干学员教师能坚持不懈地自我强化学习,周末流动师资培训学院为各乡镇教师构建了“一对一”的帮扶机制。“一对一”帮扶机制的交流平台方式可以是普通的通讯工具,也可以是周末流动师资培训学院创建的网络平台。下面是昌江县一位骨干学员教师对“一对一”帮扶机制的感受:

培训教师:"一对一"帮扶机制对你的专业素质提高有何作用?

参训学员:作用很大。

培训教师:请具体谈谈。

受训学员:周末流动师资培训学院安排给我的帮扶导师是海南中学的何老师和海南师大的唐老师。何老师不仅给我分享海南重点中学地理教学的优质资源,而且对我上课中存在的问题都能逐一耐心解答;通过网络平台,唐老师不仅耐心细致地给我讲解中学教师开展教育研究的思路和途径,而且能认真批阅我所写的教研论文、教学反思,让我明白作为一名中学地理教师应该如何提升自己的专业素养。通过参加周末流动师资培训学院开展的骨干学员培训和"一对一"的导师帮扶活动,我不仅成长为昌江县的县级骨干教师,而且在2009年参加的海南省两年一次的地理调教课竞赛中获省级三等奖。

(二)价值2:充实农村教师的实践性知识

1.实践知识内涵解读

我国学者陈向明在总结实践性知识的重要性时,指出实践性知识影响着教师对理论知识的学习和运用。它支配着教师的日常教育教学行为,它是教师从事教育教学工作不可或缺的重要保障。[①]弗里曼认为,教师的实践性知识不是抽象的、不是理论取向的、也不是真空的。他将实践性知识分成三个层次,分别为:实践的规则(rules of practice),实践的原理(practice principle)和意象(image)。[②] 关于教师实践性知识的研究方法,弗里曼认为,既然实践性知识的理念是为了联系"理论知识"与"实践知识"、"认知领域知识"与"情感领域知识"、"结果的知识"与"过程的知识",因此方法

① 陈向明.实践性知识:教师专业发展的知识基础[J]北京大学教育评论.2003,(1):104—105.

② Freema Elbaz (l983). Teacher Thinking: A study of practical knowledge. New york: Nichols Publishing ComPany. P22.

上也要采用介于理论与实践的方法、认知与情感理解的模式、经验分析与现象学研究方法之间。弗里曼比较推崇的方法是课堂观察和深度访谈（in-depth interview）或开放式访谈（0pen-ended interview），并在此基础上进行分析和概念化的案例研究。[①]

东京大学的佐藤学在多部著作中都突出了教育研究向"实践"发展的主题，并就"实践性知识"关键问题做了重要论述。佐藤学在其专著《教师这一难题——走向反省的实践》中，指出教师工作与医生、律师一样具有明显的专业特征，教师拥有不同于"理论知识"的"实践性"知识，并且还指出实践性知识的五点特征：①实践性知识是在一定的情境下的经验性知识，与理论知识相比，缺乏严密性和普遍性；②教师的实践性知识是特定的教师根据特定的班级、特定的教材和特定的学生为对象而形成的"事例知识"；③教师的实践性知识具有综合性特征，难以还原回个别的专门领域，是有目的的统合性知识；④教师的知识不仅是意识化的、显在的知识，而且还包括无意识的活用的"默会知识"；⑤教师的"实践性知识"具有个人化的性格，是以教师个人的经验和反思为基础形成的，实践知识的传承是以授受方的实践经验的成熟为基础的。[②] 佐藤学还根据实践知识的特点和教学工作的特征，提出了增加教师实践知识和智慧的教育研究方法——教学的临床研究，更简单地说是"事例研究"。教学事例中包含着复杂的情境，以问题解决为中心的事例为教师实践知识的使用提供了条件，也使教师在解决问题和反思的过程中，形成多元化的见解，丰富实践性知识，生成实践智慧，从而提高教师工作的创造性和专业性。

在国内，研究者通常把实践知识定义为"教师在面临实际的课堂情境时所具有的课堂背景知识以及与之相关的知识。它更多地来自教师的教学实践，具有明显的经验性成分，是教师教学经验的

① Freema Elbaz (l983). Teacher Thinking: A study of practical knowledge. New york: Nichols PublishingComPany. P223

② 佐藤学.教师的难题——走向反省的实践[M]东京:世织书房，1997:173.

积累，对于教师的专业发展具有决定性的作用”[①]。笔者认为教师的“实践知识”是指教师在长期的教学实践中形成并内化了具有个性化的复合性知识，它包括教师对学科专业知识和背景知识的领悟、对教学的态度、信念、价值观等，它能影响教师在实践中所做出的决策和行动。

2. 海南农村教师急需实践性知识

为了提高周末流动师资培训学院培训的有效性，2004 年在实施该计划初期，海南师范大学就有计划有目的地对海南 10 个贫困县进行培训内容调研，调研发现海南省少数民族地区农村中小学教师工作数十年也很少有机会外出参加专业培训。即使能够参加一些上级教育部门安排的培训活动，培训也大多以专家讲座方式进行，偏重于理论描述，培训形式单一，教师基本上处于被动状态，缺乏兴趣和主动参与意识。调查中就有教师反映，以往参加的培训对其专业发展帮助不大。下面是就“教师集中培训”访谈时的片断：

教师 1："通识"培训时讲的东西不符合我们的实际，回来用不上。

教师 2：培训配发的教材太深，看不明白；专家的报告理论性太强，听不懂。

教师 3：即便是学科的专业培训，大多是专家在讲解一些理论性的知识，缺乏实例，感觉与我们平时的教学对不上号。

……

由此可以看出，脱离农村教师实际的培训不但无益于教师专业提升，反而增加了农村教师的疑虑和负担，不能有效地帮助农村教师解决教育教学中的困难和问题，更难以帮助农村教师改变教育教学观念。

① 夏惠贤. 论教师的专业发展[J]外国教育资料，2000，(3)：44.

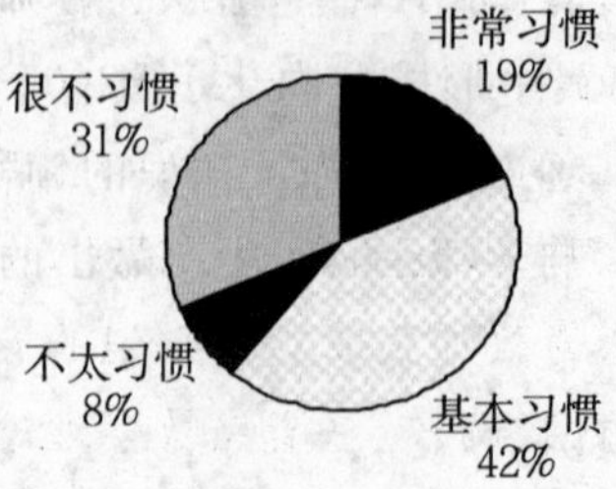

图 2-2　教师观察、记录、分析和反思教学行为习惯

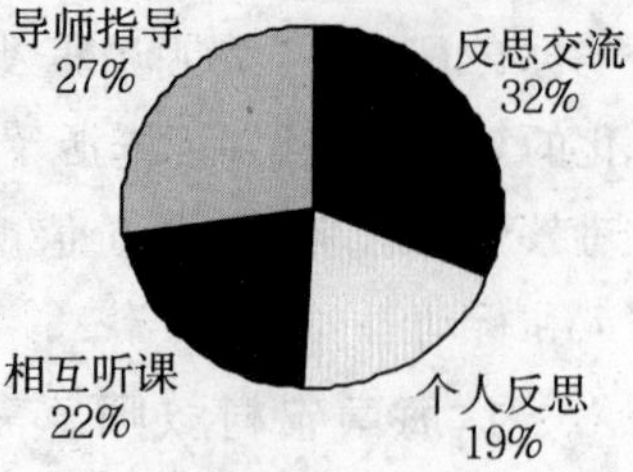

图 2-3　教师认为提高教学水平的最有效方式

在调研中教师们普遍认为急需掌握的知识有：

①对学科课程标准辅以实例的具体解读；

②对学科教学内容的准确把握；

③对学科核心知识脉络的把握；

④学科重、难点知识的教学策略；

⑤处理课堂应急事件的方法和技巧；

⑥与学生沟通互动的方法和技巧；

⑦课件制作，多媒体辅助教学手段的使用；

⑧获得对教学新思考的角度；

⑨如何撰写反思日记，如何拟定行动研究的主题。

对课堂教学行动研究能力的调查资料显示，乡村教师在“观察、记录、分析和反思自己或其他教师的教学行为”时选择“非常习惯”的仅占19%（见图2-2），但值得欣慰的是教师们已开始意识到反思交流方式是提高自己教学水平的最有效方式（见图2-3）。

由此可见，在新课程改革的背景下，海南农村教师在实践的教学中已经开始思考，但由于受环境和自身知识层面的影响而无法根据实际教育教学情境的变化做出相应改变，他们迫切希望得到专家的指导和引领。

3. 农村教师的实践知识来源于卓有成效的培训

关于教师实践知识的来源，郑彩国（2005）认为有三个方面：理论知识的转化、教师教育教学实践的积累和教师培训工作。他认为获取实践知识的方法有：专题讲座的实践性，教学观摩的示范性，教育考察的启迪性，学员开展公开教学时的互动性。[①] 陈大伟(2005)认为，教师的实践知识来源于情境认知、实际活动和反思对话，三者是有机的统一体：实践必然在一定的情境中，反思首先基于情境，反思又贯穿于教师专业发展的始终。他认为教师获取实践知识的方法有：增加教学观摩，采集教学案例，开展案例教学，增强教育理论教学的故事性。[②]

农村教师的实践知识来源于卓有成效的培训及教师个人不懈的努力。周末流动师资培训学院地理学科的培训模式是：基于地理教学中的重点、难点，拟定培训主题，通过同课异构，诠释学科教学方法，剖析问题，并在专家的诊断和引领下帮助学员明确教学研究问题和研究方法，进而提升学员学科专业教学水平。具体的实施过程见教师实践知识提炼过程图(图 2-4)。

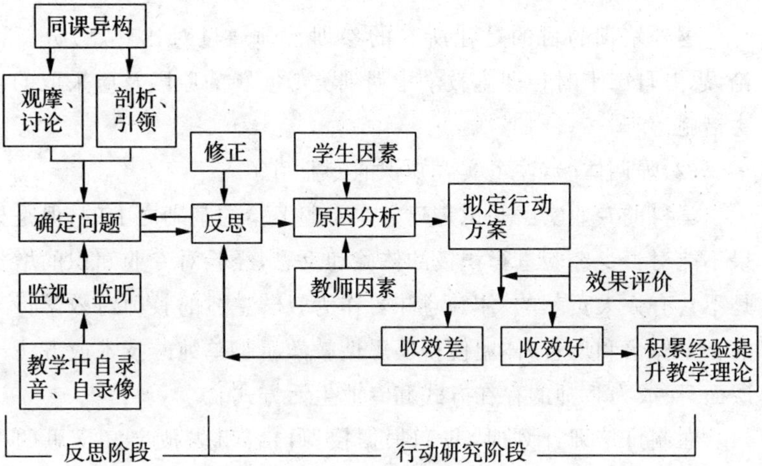

图 2-4　教师实践知识提炼过程图

① 郑彩国.教师的实践性知识及其培训策略[J]中小学教师培训，2005，(6)：18—19.

② 陈大伟.教师的专业生活与教师的实践性知识[J]成都教育学院学报，2005(5)：1—10.

(1)立足课堂,在真实教学情境中获取实践性知识

为了使农村教师在有限的培训时间里,尽快接受新课程理念,并转化为课堂教学行为,在培训方式上,我们坚持立足课堂,决战课堂。培训活动开展之前,根据初中教学领域中的重点、难点问题及周末流动师资培训学院的培训计划拟定了针对性很强的培训专题,每个专题不仅考虑了初中课程内容的结构,而且还考虑了专题所承载的教育反思问题及行动研究主题。每次培训之前,学科负责人要求乡镇骨干学员教师必须认真准备一份教学设计,上研究课的教师还得提交详细的教案,同时要求兼职教师(既有一线教学经验又懂教育理论的特级教师或省级骨干教师)也准备同样内容的研究课;每次的培训保证 6 小时以上。培训程序是:①同课异构的两节对比课;②点评、讨论、分析两节课的教学效果;③专家进行点评或学科领域专题知识讲座;④根据培训主题及讨论结果安排教学反思日记作业。

这样培训的目的是让所有的参训教师通过对比观摩、分析讨论,思考自己平时在课堂教学中遇到类似问题的原因及应采取的解决措施。

(2)强调体验,注重实践知识的专业引领

学科的专业实践知识是建立在专业经验的基础之上的,但是如果不能对自身经验进行积极的体验和反思,经验对专业知识的增长是不会有太大贡献的,体验意味着作为教学主体的教师对教学行为的自觉体悟和反省,体验使得反思性教学超越单纯的技术或方法论层面,而成为教师的存在方式和专业生活方式。

在制订培训计划时,我们根据授课内容事先拟定好反思的主题,在教学反思训练阶段,要先辅以"反思性教学的意义和实施步骤"和"反思日记的撰写"讲座,每次培训结束时都要布置反思日记,反思日记的撰写主要是将教学过程中或观摩、讨论过程中的一些感触、思考或困惑记录下来,以帮助自己重新审视和认识自己的教学行为。例如,通过同课异构的对比分析、专家的诊断,思考自己平时在讲授同样一节课时遇到这些问题时是如何设计解决方案的。解

决问题方案设计好后，在具体的解决问题的过程中又会遇到什么障碍。问题真的被解决了；如果问题没有被解决或没有很好地被解决，经过这一次的参训，你又计划采取哪些新的策略；是否取得预期的效果。对骨干学员的反思日记，指导教师不仅要逐字逐句地批改，而且还要侧重引导参训教师对地理教学问题根源的剖析，目的是使教师由被迫到主动，并通过教学反思日记的叙述来揭示灵魂深处的感动与对教育的认识。教学反思日记有助于教师有意识地提高自身的反思能力，对于促成教师的人生观、价值观和教学观的转变是行之有效的。

(3)注重细节，在行动研究中获取实践性知识

在参训教师基本习惯于教学反思日记的叙述后，培训的重点即转入行动研究方案的实施阶段，通过行动研究来获取实践性知识。

行动研究的关键是问题的选择，行动研究问题的来源可以从以下几方面思考：①教学目标是否具体；②教学方法的选择是否正确；③课堂教学内容的设计是否合理；④所设计的问题类型和难度是否能有效激发学生的思维；⑤课堂的活动形式是否适合课堂教学；⑥活动的难度是否符合学生的水平。至于教学的效果可以邀请互助组的听课教师参与评议或对学生进行访谈、问卷等调查，以了解学生对教学活动的感受和意见。

而事实上课堂教学中不可避免地会出现诸多问题，关键是在平常的教学中如何去确定进一步研究的问题。行动研究强调解决教师自己的问题、真实的问题、实际的问题。不过，并非任何教学“问题”都构成研究“课题”，只有当教师持续地关注或跟踪一些有意义的教学问题，并细心地“设计”解决问题的思路之后，日常的教学“问题”才可能转化为研究“课题”。[1] 中学教师行动研究“课题”的产生过程是：教师在大量地、随意地解决问题的过程中发现了某个值得“追究”和“设计”的“关键的问题”，并计划在后续的教学中进一步想方设法去解决这个“关键的问题”，这个问题就可能转化为研究课

① 刘良华.行动研究、叙事研究与校本教研[J]教师之友，2005，(1)：12—15.

题。例如，有些教师总抱怨：我设计好的活动课为什么实施起来总是达不到预期效果。要么是在固定时间内完不成预计教学任务；要么是课堂变得很乱，热热闹闹，学生却觉得没什么收获；要么只是部分学生参与，无法让每个人都得到发展；等等。诸如此类的现象出现之后，我们可以考虑将“设计有效课堂活动应考虑的问题”作为专题来研究。

行动研究的问题确定之后，接着就要分析和假设问题存在的各种可能因素，影响课堂教学效果的原因可能有很多，但主要集中在学生和教师两个维度上。例如，地理活动课中，学生方面的原因可能有：①学生对开展活动的相关知识储备不足，课堂上无法参与。②不知道活动设计的目的是什么。将活动课当成游戏，“玩”过后，没有收获。教师方面的原因可能有：①活动课的环节不详细；②各环节的目的要求不明确，活动成为一种形式，没有为实现教学目的服务；③活动课前材料准备不充分；④分组过粗，导致参与活动的学生人数过少；⑤活动环节过多，太复杂，在课堂教学中难以逐一实现。

分析了可能的原因之后，教师要设法验证这样的分析是否正确，然后根据条件假设，去着手设计新的有效地理活动课方案，为后面的教学调整提供依据。

实施新的行动方案时，还要做好观察和记录，判断新的方案是否奏效，问题是否得到了解决，这需要继续进行教学反思。反思过程中一般会出现两种结果：①教学效果得到了明显改善，说明问题基本得到解决，这时可以对教学经验进行总结以提升为教学理论。②实施新的方案后，教学活动没有得到明显改善，说明问题的根源可能还没有找到。课堂教学效果仍然不理想，或是又出现了新的问题，这时需要就同样的课题开始第二轮的行动研究，重新分析问题、诊断原因、收集资料、计划、行动。行动研究往往并不是一两次调整就能达到满意的效果，但每做一步肯定会对教学有一定的改进，所以行动研究的过程是一个不断反复完善发展的过程。

(三)价值3:改善教学行为,提高学生学业水平

课堂教学行为问题是教育研究中的一个永恒的课题,自从人类有了教学活动的存在,就未停止过对它的探寻,尽管教师在课堂教学中的具体行为表现千差万别,但都指向同一个目标——教学的有效性。然而,对于教学是否有效的问题,衡量标准却存在很大的差异,以致教师们常常为此而不知所措,或者忙于应付衡量标准的变化;或者根据有效教学的标准变化,频繁地调整自己在课堂教学中的行为表现;或者干脆以不变应万变,死守习惯的行为传统。

1. 农村常见的课堂教学形式及师生互动行为观

(1)农村常见的课堂教学形式

一类是具有表演性质的公开课教学。为了应付上级主管部门的检查或同行的听课,授课教师课前反复演练,对教学步骤、问题的提出、问题的解决、学生的反应等都作了精心的安排,提问对象固定为几名学习成绩好的学生,课堂自主活动(如讨论、协作等)表面热闹但不切实际,追求形式的新奇和轰动效应。这类课的特点是:讲得很热闹,课堂设计很周全,既有老师讲,又有学生讨论、表演,学生表面上被调动起来了,但实际上应涉及的知识点,却没有多少落到实处,学生学不到什么东西,只是好看、好玩,形式上很轰动。另一类是照本宣科的"应付教学"。教案照抄照搬教材内容,讲课照背教案内容,缺乏学生的主动回应,缺乏师生间的双向交流与沟通,只有教师机械的"独角戏"表演。下面是访谈时一些老师的心声:

不少老师感慨,农村小孩很调皮,成绩很差,学习成绩好的都上县城中学或省城重点中学了,我再认真,学生也不想学。

一些教师说,由于乡镇中学的学生不想学习,老师备课显得很多余,只需要上课提前几分钟到教室,抓紧上课前几分钟时间看看教材,就可以自如地应付课堂了。个别想学的学生,下课后,会自己看书的。

一些教非所学的教师说:我是学体育的,但学校没有专业地理

教师，领导便让我来教。唉！说实在的，对那些人文地理知识，我还能凭借自己对社会和经济的理解来讲解，但自然地理知识的原理和规律，我自己都不是太明白，上课时只能照本宣科。

……

上述现象，既折射了部分乡镇教师的无奈，也反映了长期在乡镇地区从教的一部分教师的课堂教学观念。

(2)农村教师对课堂教学互动的行为观

在调研访谈中，当谈及课堂教学中互动行为时，教师们既表达了对互动的理解，也表达了他们对互动行为的不同看法。

老师1:师生之间就是靠问答来联系的，通过问答，教师可以了解学生的知识掌握情况。我在课堂上就主要是提问，要么让学生举手回答，要么是集体回答，一个学生回答错了就另请一个学生回答，要是连着三四个人都答不对，我就自己回答了，免得耽误时间。

老师2:检查作业也可以帮助教师了解学生的情况，我上地理课时就经常抽查学生的同步练习册，对存在的类似问题，就集中讲解。抽查讲解作业，不仅可以从中了解了学生对所学知识的掌握情况，也让学生知道了正确的方法和答案，我还省事，一举多得。

老师3:还互动呢，学生能答上问题就不错啦！这些学生，你敲一下，他才动一下。我上过初一和初二的课，年级越高的学生越不爱发言，表现欲也越弱。老师讲、学生记的效果较好，也是较普遍的一种形式。

老师4:农村学校的学生，你推都推不动；学生缺乏学习动机，家长也不管；许多学生想的都是混毕业，脑子木得很；上课时我的提问很少，问了他们也答不出来。现在要求如何让学生合作、开展活动自主学习，在农村学校根本行不通。我觉得现在要求搞的什么探究式和讨论什么的，重点中学可以搞一搞，像我们这样的学校就不应该搞。长期以来学生都习惯了老师讲、学生听这种模式，探究、讨论，做了也就是摆个样子，大多数是得不到结论的。

老师5：对农村学校的学生管理，校长要求的是学生不要闹事、不要辍学，老师如果要求过严，一些学生便不来上学。上课时没有必要讲过于专业的知识，学生喜欢的是有趣的事情和事物，如果我们能将学科知识趣味化，学生还是喜欢听课的。只是很遗憾，我们农村教师教学水平有限，很难做到这一点，很希望有一流的教师给我们上一些针对性强的示范课。

……

(3)农村教师对课堂教学行为问题的归因

通过调研访谈，我们了解到教师对课堂教学行为的看法，其主要观点如下：

①课堂教学行为就是教师行为。

②课堂教学行为主要表现为教师的讲课和师生间的单向问答，问答是课堂教学中师生互动的主要形式。

③当前的课堂讨论是一种应付形式。

④教育目标、家长期望和态度、评价制度的压力、教学理念、教师素质、学生的课堂学习态度和行为反应等是影响教师课堂教学行为的主要原因。

⑤课堂教学行为问题存在的原因主要在学生身上，教师也有一定的责任。

⑥希望能有一些针对性强的示范课，以便学习。

⑦当前课堂教学行为的主要问题是：第一，教师“照本宣科”现象严重；第二，课堂教学中师生互动行为形式化；第三，教学理念未有效转化；第四，只注重教学任务的完成，教师个人素质不高；第五，课堂气氛不活跃，师生关系不和谐；第六，学生态度不端正，学习能力较差。

基于农村教师存在的课堂教学行为问题，笔者认为新课程改革的理念主要通过课堂教学来实现，课堂教学行为实践是课堂教学过程的具体展开，新课程的理念和方式最终要在课堂教学行为中落实；新课程的设计和标准也要通过课堂教学行为来完成和实现。只有当教师对自己的课堂教学行为进行积极的反思，并以新课程理念为基础进行课程设计，实施教学中的传授、启发、指导和对话等行为时，新课程才开始走向现实；只有当教师对新课程中学生学习行为的特点、规律有了清楚的了解和认识，课堂教学行为的矫正才有现实的依据，课堂教学行为的自律性和调控性才会增强，新课程的实施才会有效。因此周末流动师资培训学院在进行同课异构培训的过程中，不仅要帮助农村教师建构学科专业知识和学科背景知识，而且还希望通过优质课例的示范作用来改变农村教师的课堂教学行为，以提高学生学业成绩。

2.从同课异构教学片断中看教师教学行为

课堂是教学的环境，也是教师和学生的一种心理氛围，它对课堂内的主体具有烘托、暗示和引导的作用。课堂氛围是班级内部所形成的，对其成员的价值观、态度、信念、道德规范和行为产生潜移默化影响的心理环境。[①] 课堂文化氛围由师生之间、生生之间的情感交流，学生在课堂上的参与程度，教师和学生的互动程度，教师和学生的身心愉悦状况等主观因素组成，它体现了教师课堂的独特风格，也体现了身处其中的教育主体的精神面貌，对学生的学习和成长有着深刻的影响。周末流动师资培训学院的同课异构就是试图让农村教师体验优质课堂教学的课堂文化氛围。

以下是一节“经线与纬线”同课异构的教学片断：

农村教师课堂写真(一)(10:00—10:40)

10:00—10:05

生：起立，老—师—好！

师：同学们好！今天上课前先给大家播放一段视频。(导入“台风预报”视频)

① 赵昌木.教师成长论〔M〕兰州：甘肃教育出版社，2004：80.

师:播音员播报台风的位置在哪里?

生:南海。

师:怎么描述台风在南海的具体位置?

生:通过经纬度。

师:很好。

10:05—10:15

师:为了让大家能在地图上寻找到任意地点的位置,今天我们要讲解“纬线和经线”,请同学们打开课本第5页,看图,简化地球仪上的点和线。

师:请大家认真阅读图中小方框的介绍,掌握:地轴、经线、纬线、南极和北极。

10:15—10:20

师:什么是地轴?

生:地球自转的轴。

师:北极在哪?

生:地轴北段与地球表面的交点。

师:南极在哪?

生:地轴南段与地球表面的交点。

师:什么是纬线?

生:与地轴垂直并且环绕地球一周的圆圈。赤道是最大的纬线圈。

师:什么是经线?

生:连接南北两极并且与纬线垂直相交的半圆。

10:20—10:30

师:经线有什么特点?请同学们打开课本第6页看图地球仪上的经线。

板书:一、经线的特点

师:图中每一条经线呈什么形状?

生:(由于没有辅助图形,学生想象不出,没人回答)

师:从图中我们应该很容易看出,经线是一个半圆。

师：请找出0°（本初子午线）和180°经线。

生：老师，图中只有本初子午线，没有180°经线。

师：一个球是360°，180°经线就在本初子午线的正背面。

师：什么是东经？用哪个字母表示？

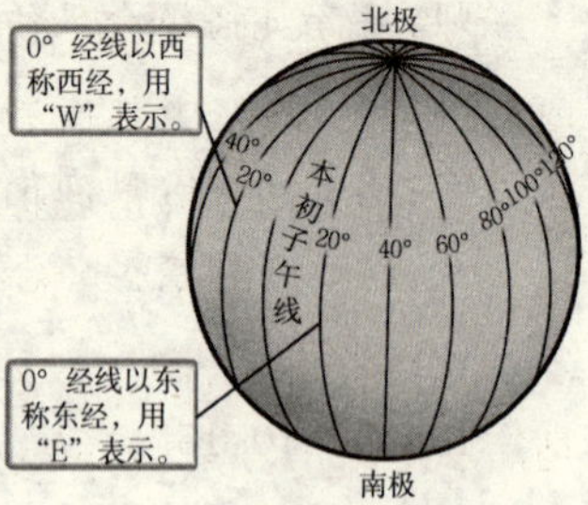

图 2-5 地球仪上的经线

生：0°经线以东称东经，用“E”表示。

师：什么是西经？用哪个字母表示？

生：0°经线以西称西经，用“W”表示。

师：东、西经各有多少度？

生：（无言）

师：东、西经各有180度。

师：经线指示什么方向？

生：（无言）

老师边板书边解释：

1. 经线指示南北方向。

2. 0°经线以西称西经，用“W”表示。

3. 0°经线以东称东经，用“E”表示。

师：希望同学们记住经线的这三个特点。

10:30—10:45

师：纬线有什么特点？请同学们再看课本第6页图1.11地球仪上的纬线。

……

本节课中农村教师的教学行为具有如下特点：

1. 教师对教材所承载的知识点没有进行深入研究，对东、西经度划分的标准及指示方向没有其他辅助教学图片，不利于学生对抽象知识的理解，本节课是典型的“教教材”。

2. 教师绝对控制课堂教学行为，师生行为缺乏互动。这主要表现为：所有问答行为都由教师提问、学生反应性回答组成。问题是教师的，学生没有自主地提出问题，而且教师所提的问题过于简单单一，不利于培养学生的综合思考能力，课堂讨论形式化。

3. 当学生无言时，教师没有及时反思学生无法回答的原因，只是简单地给出答案，不利于学生对知识点的理解和掌握。

省级优秀教师课堂写真(二)(10:55—11:40)

10:55—11:00

生：起立，老—师—好！

师：同学们好！上课前，老师给大家讲一则故事：在一个狂风暴雨的夜晚，波涛汹涌的海面被阵阵闪电撕碎。在狂风巨浪中喘息的豪华巨轮被翻天巨浪吞噬。倾斜不定的船舱内一片狼藉。船长拼命地呼救："帝国号遇险，我是帝国号，请求支援，我们的位置是……"国际救援总部内一片忙碌的身影，墙上喇叭里传来船长嘶哑的声音："东经 102°，南纬 38°，请求支援！请求支援！"救援工作人员迅速围在一个大型地球仪前，通过一番熟练地描点画线后果断地说："它们位于南半球 A 国附近的海域，命令 A 国救援分部立即行动！"

师：救援工作人员是凭借什么迅速地判断出"帝国号"的位置？

生齐声答：地球仪。

师：那么为什么在地球仪上能迅速判断出"帝国号"的位置呢？今天我们大家一起来探讨这一部分的知识。

板书：一、经线和纬线的特点

11:00—11:15

老师将事先准备好的小地球仪和学案发给学生(每两人一个地球仪，每人一份学案)。

师：现在每两位同学手里都有一个地球仪了，请同学们打开课本第 5 页，看图，简化地球仪上的点和线。结合手中的地球仪，完成下列活动：

板书：

1. 在地球仪上找出地轴、两极、赤道、极圈、回归线、经线、纬线；

2. 讨论并完成手中学案表 2-1。

表 2-1　经线与纬线的特点

性质	经线(子午线)	纬线
圆弧状况	半圆，两条相对应的经线组成经线圈(后填)	圆，每一条纬线自成纬线圈(后填)
长度	每一条经线长度都相等(后填)	就半球而言，每一条纬线长度不等；就全球而言，纬线度数相同的纬线长度相等。(后填)
指示方向	南北方向(后填)	东西方向(后填)

学生在观察、完成任务的同时，教师巡视每一位同学，并及时给予帮助。

11:15—11:20

老师将事先准备好的“表 2-1”挂在黑板上

师：哪位同学起来将自己的结果呈现给大家？

有 2/3 的同学举手。

老师请 6 位同学分别完成“表 2-1”中的 6 个空格。并对学生的回答加以点评，正确的加以肯定，错误的加以更正。

师补充：地轴只是一个假想的轴，和地球仪上的经线和纬线一样在地球上是不存在的，只是人们为了方便了解地球而设定的。

11:20—11:25

(知识拓展)师：请同学们观察手中的地球仪，思考下列问题：

1. 沿着地球上任何一条纬线一直向东，能否回到原地？一直向西呢？

2. 沿着地球上任何一条经线一直向南，能否回到原地？一直向北呢？

学生很认真地看地球仪，并不断地比画着，片刻后大家抢着回答：沿着地球仪上任何一条纬线一直向东或向西，都能回到原地；沿着经线一直向南，最远只能到南极，向北，最远只能到北极，而都不能回到原地。

师：大家观察得很仔细，回答得也很正确。

11:25—11:35

师：地球上的经线和纬线都有无数条，我们怎么来区分这一条条的线呢？

生：给它们命名。

师：对，我们给这些线都标上相应的经度和纬度，这样就能一一加以对应了。下面我们来介绍经度和纬度。

板书：二、经度和纬度

老师简单补充有关 0°经线和 0°纬线的趣味知识后，拿出大地球仪。

师：现在请大家继续仔细观察老师手上的地球仪和老师缠绕在地球仪赤道一周的纸条，还有连接南北两极的纸条，请一位同学上来帮老师看一看，纸条上的刻度是否与地球仪上的刻度一致。（有一位学生很高兴地走上讲台帮忙）

师：纸条上的刻度是老师按着地球仪上的刻度标上的，现在老师将这张缠绕地球仪赤道一周的纸条和连接南北两极的纸条展开，并粘贴在黑板上，大家再仔细观察，思考纸条上的刻度有什么变化规律？结合手中的“学案”完成“表 2-2”的内容。

学生在观察完成任务的同时，老师巡视每一位同学，并及时给予帮助。

11:35—11:40

老师将事先准备好的“表 2-2”挂在黑板上

师：哪位同学起来将自己的结果呈现给大家？

有 2/3 的同学举手。

老师请 5 位同学分别完成表 2-2 中的 5 个问题。并对学生的回答加以点评，正确的加以肯定，错误的加以更正。

表 2-2 经度和纬度的划分及度数变化规律

性质	经度	纬线
度数起点数	本初子午线(0°经线)(后填)	赤道(0°纬线)(后填)
度数划分	向东向西各分做 180 度,本初子午线以东为东经,以西为西经(后填)	向南向北各分 90 度,赤道以北为北纬,赤道以南为南纬(后填)
代号	东经为"E",西经为"W"(后填)	南纬为"S",北纬为"N"(后填)
半球划分	160°E 和 20°W(后填)	0°(后填)
度数的变化规律	东经度向东度数越来越大,西经度向西度数越来越大(后填)	北纬向北度数越来越大,南纬向南度数越来越大(后填)

这节课中省级优秀教师教学行为具有如下特点:

①教师对教材所承载的知识点进行了深入的研究,体现了课标"运用地球仪,说出经线与纬线,经度与纬度的划分"的要求,在教学的过程中能充分利用地球仪这个传统的教具;

②教师在教学的过程中体现了学生主体地位的同时,充分发挥了教师的主导作用,利用自制的经线和纬线纸条,将球状的经纬网展开,有助于学生的空间想象,便于学生掌握经度和纬度变化规律;

③老师在课前做了充分的准备,从课堂的教学组织来看,教师对教材进行了认真的钻研,能准确把握知识的内在联系,讲解时思路清晰、通俗易懂、深入浅出、透彻明了,为了让学生听得懂,听得明白,适时地让学生参与知识的构建活动,避免"满堂灌"。

④老师能认真做好课堂教学设计,特别是学生活动的设计,对思考的问题,不仅给出思考题,而且留足时间给学生思考,为帮助学生思考,教师还提供相应的教具和学案。教学过程中讲练结合,很注重培养学生的动手能力,师生行为互动较好。

3. 改善教师课堂教学行为的策略

(1)课堂教学行为实施中需注意的问题

课堂教学行为的具体实施是由一系列过程性行为组成的，为实现有效课堂教学，课堂教学行为实施中需注意如下问题：

①课堂教学行为实施策略的主体是教师。虽然课堂教学行为既有教师行为又有学生行为，还有由师生相互作用产生的具有新质的互动行为，但对于“怎样行为”的问题，学生最初是出于类似“游戏”的心理而解决的，即使与教师的互动行为也多为反应性行为，多属于下意识的和非理性的；教师由于肩负责任，其行为相应更多了一些理性的成分，虽然具体行为也时常表现出下意识性，但对“怎样行为”的问题却有理性的思考，行为方式方法的选择和使用，实际上都是由教师决定。[①]

②课堂教学行为实施策略具有目的性、计划性和实施性。从最初的“策略”定义(大规模军事行动的计划和指挥[②])可以看出，策略不仅是一种计划，用于一定目的，而且还要具体操作。

③课堂教学行为实施策略的研究核心是“如何展开教学”。课堂教学行为策略，从计划到实施方式方法的确定以及具体的展开，目的都是为了实现有效的教学，因此，整个策略制定和实施都围绕“如何展开教学”进行。

④教师课堂教学行为要透出热情。教师对课堂教学要富有热情，教师在教学中对学生以及教学内容所表现出来的兴奋和兴趣，会激起学生的好奇心，而且，热情是一个人行为的原初动力，教师行为的热情还可以感染学生，使学生对教学也产生同样的热情，并由此激发相应的学习行为。

⑤教学行为要符合学科知识教学的需要。不同的教学内容需要不同的行为方式予以呈现，适宜的方式不仅有利于学习和掌握，

① 张建琼. 课堂教学行为优化研究[D]. 西北师范大学，2005：122.

② 中央教育科学研究所比较教育研究室编译. 简明国际教育百科全书——教学(下)[M]北京：教育科学出版社，1997：261.

更能引导学生把精力投入学习之中。

⑥教学行为过程的安排要缜密，准备要充分。教学行为的基本过程概貌、行为目标的拟定、检查计划等都是过程安排和准备的表现，它能增加师生行为的透明度，给学生行为以目标导向的动机激发作用，有利于促进师生的交往，有利于提供学生进入学习的切入点。

(2)改善教师课堂教学对话行为策略

对话是人与人之间通过语言中介进行相互交往的主要形式。课堂教学对话行为是师生以语言为中介，围绕课堂教学内容展开的相互交往的行为。在对话过程中，师生双方都在倾听和言说，他们“相互敞开了自己的精神世界，接纳着对方，同时又把自己投向对方，获得理解和沟通”[①]，其精神核心是双方彼此的“敞开”和“接纳”。这是课堂教学对话行为与其他一般话语行为的根本区别，强调师生双方在具体“教学内容”这一共同话题下互通往来的彼此理解和沟通。在课堂教学对话行为中，教师们经常运用到的有：问答行为和讨论行为。

①问答行为策略。

问答行为是课堂教学中基础的交往行为，是教学中的具体对话形式。作为一种基本的课堂交往方式，问答行为在教学中可以促进师生的交流与沟通，具体表现为：第一，解决具体的教学问题。课堂问答行为是由教师引发的对话行为，现实中的教师提问一般目的性很强，即为了解决问题，是有“疑”才“问”的，这个“疑”并非是教师对教学内容感到的疑惑，而是教师认为学生会疑惑，通过提问，让学生深入思考，解决问题，即使学生不能解决，教师也能通过诱导性提问使学生最终找到问题的答案。第二，反馈教学效果。在课堂上，教师获得教学效果的一个重要途径就是问答，通过对自己想了解的问题的提问，从学生的回答中了解学生的掌握情况：或记住，或理解，

① 金生鈜著.理解与教育——走向哲学解释学的教育哲学导论[M].北京：教育科学出版社，2001.131.

或运用。第三，启发学生的思维。教师的课堂提问，若是设计巧妙，能起到启发学生思维的作用，通过提问为学生设置情境，引导学生找到题眼，发现条件与问题的关系，赢得问题的解决；同时还可打开学生的思路，引发学生对问题的另类思考。第四，引起学生的注意。由于学生的有效注意时间只占课堂教学时间的三分之一，时间一长就容易出现注意力分散的情况，教师常常把提问并要求学生回答作为引起学生注意的策略，让学生在回答问题的思考中引起注意力的高度集中。

一般来说，影响问答行为效度的因素有：

第一，提问的方式。考察课堂提问实践，可以看到，教师采用的提问方式主要有一般问、反问和设问。

一般问是采用一般疑问句的形式对问题加以呈现，其格式如："是……吗？""对不对？""你认为应该"等，需要学生直接给出答案。这种提问方式提出的问题层次不一，答案有要求是非判断的，也有要求分析理解的，还有要求给出对策方案的；目的有的是要了解学生的识记情况，有的意欲弄清问题的历史缘由或因果关系，了解学生对问题的理解程度，有的是要了解学生对知识的运用能力；整个问答过程注重学生提供答案的质量，其作用是多方面的，既能解决实际问题，又能获得教学质量的信息反馈，还能从分析理解和问题解决方案的思考等层面对学生思维的发展有所帮助。

反问是使用反问句式提问，格式如："难道你（不）认为是这样吗？"这种方式的提问，不需要学生作答，答案本身就蕴含在问题之中。其作用：一是引起注意，强调所要表达的内容；二是从反方向启发学生思考问题。

设问是用设问句式提问，格式如："应该是什么呢？应该是……"这种提问不需要学生回答，是教师的自问自答，在问题与回答之间留有短暂的停歇，以便于学生稍做思考，整个问答是为了创设教学顺利过渡的情境，作用仅限于对正常教学进程的推动。

提问方式的不同，其目的效果也不同，如本应用"一般问"方式的提问，由于教师担心学生答错而耽误时间，改用设问方式，结果就会使学生失去独立思考和回答问题的机会，师生沟通和交流的目的就无法达到。

第二，问题的难度。问题的难度是指“回答问题”所需要的智力努力程度。是非判断类的问题需要的智力努力相对较少；理解类问题需要学生在判断的基础上，经过分析、综合比较等智力活动之后，对问题加以解释、说明甚至形式转化；应用类问题不仅需要学生进行判断和理解，还要在充分理解的基础上将理论用于解释现象、解决具体问题。一般来说，相对难度较小的问题，学生回答的准确度就高，对思维的启发作用小，甚至没有；难度较大的问题，学生回答的准确度相对较小，但对学生思维的启发作用较大。

第三，学生的参与程度。学生在问答过程中的参与情况既能反映教师对问答行为的意识，又能反映师生间的实际沟通程度，影响问答行为的效果。课堂观察中不难发现课堂问答中普遍存在的现象：无人举手要求回答问题时，教师指定学生回答问题；有学生举手争取发言时，教师指定学生发言；全班学生踊跃争取发言时，教师指定学生发言。而且上述几种情况下，教师对学生的指定主要都集中于几个成绩好的学生。通过访谈得知，教师之所以这样做，是为了不影响教学进程，好学生回答问题的正确率高，不耽误时间。仔细分析，这些情况下，参与课堂问答的仅是少数学生，多数学生没有真正加入对问题的积极思考中，少数好学生回答问题的情况不能真实反映全班的学习结果情况，难以真正达成问答行为的目的，发挥真实反馈教学结果信息、启发学生思维、引起学生注意的作用。

第四，问题的回答方式。课堂问题回答的传统习惯是，学生举手、教师指定发言，这种做法一是使发言的学生局限于几个好学生，不能达到普遍沟通的目的；二是迁就了个别学生的懒惰；三是剥夺了学生彼此评判、彼此磨合、相互补充纠正的机会。相反，针对教师提问的自由发言，一是能使学生自由地表达对问题的看法；二是能使学生的认识在相互沟通中自我完善；三是通过学生踊跃的发言气氛带动全班学生积极思考。

从以上的分析可以看出，教师在一定理念下对问答行为的处理，学生在问答行为中的参与情况，都对问答行为的效果产生影响。为此，教师在课堂问答行为中对其正面影响的利用，将是教师思考问答行为运用策略的基本依据。

基于上述分析，教师在运用问答行为中需要考虑：

一是明确问答行为的目的，形成全班学生参与问答的整体意识。教师要树立整体意识，把促进全体师生的相互沟通作为根本目的，把问答行为作为促进对话交流的方法手段。只有这样，问答行为的具体运用才会百变不离其宗。

二是根据具体教学的需要和启发学生思维的目的，合理选择和利用提问方式。如教学内容需要学生回忆学习所需的知识准备，就应该用一般问的方式——“是什么……”若不需学生回答，问答仅作教学过渡之用，原则上可采用设问式提问方式；如需要启发学生的逻辑思维时，可采用一般问中的“为什么……”格式。

三是正确把握问题的难度，以利于学生积极思考后的问题解决。赞科夫早就提出过教学的“高难度原则”，其难度并非越高越好，而是要把难度控制在学生的“最近发展区”上。这一思想给我们的启示是，问答行为中的问题难度不能随心所欲，只有设置在“最近发展区”上的问题难度，才能既激发学生思考的积极性，又不让学生产生畏难情绪而不敢回答问题。

四是创造条件，鼓励学生畅所欲言。教师在课堂问答中对学生答问方式的偏向，影响学生说什么和怎么说。因此，教师应在促进全体师生积极对话的思想指导下，创造条件，让学生敢说、愿意说，使其能畅所欲言地发表自己对问题的真实看法，促进学生之间、师生之间的有效互动。

②讨论行为策略。

讨论行为也是课堂对话行为中具有代表意义的一种，它是师生围绕一个既定话题进行意见和观点交流的对话。但是，一些教师自己却不知道该如何正确地组织和利用“讨论”。

如何组织和运用讨论，使讨论行为能够为学生多方面发展起到积极的作用？结合周末流动师资培训学院在开展培训过程中所遇到的实际状况，我们认为：教师开展讨论时，要以讨论的目的为指导，兼顾影响讨论效果的因素，具体如下：

一是相信学生。讨论中要让学生自由地畅谈关于某一问题的观点和看法。在目前的课堂上，教师对学生的讨论能力一般持怀疑态度，这会形成思维定势，影响讨论的实际效果。实际上，教师应该相信学生具有独立思考的能力、自我调控的能力，相信学生能够通过一定的帮助在讨论中获得发展。只有这样，教师在讨论中的指导才会更积极和更到位，学生的讨论才能真正放开。

二是适时采用讨论。课堂观察发现，许多教师不知道何时该讨论，随意性很强，严重影响讨论的效果。确定讨论时机的一般原则是讨论的部分目的与教学的目标一致时，就该采用讨论。

三是做好讨论准备。讨论需要以教师和学生的充分准备为前提。就教师而言，需要做好讨论目的和计划、组织讨论的技能等方面的准备，如要组织学生讨论海南岛西部地区滨海沙漠化的原因时，教师就得事先准备关于海南岛西部地区自然条件资料及海南岛西部地区经济发展的历史及现状资料，并复印好发给学生，以便让学生带着讨论问题，通过阅读手中的资料，做好发言准备；就学生而言，需要做好讨论中的角色要求准备。只有这样，讨论才是有的放矢，才能做到既热烈又有条不紊。

四是鼓励学生积极参与。有一些学生是比较腼腆的，教师只有通过积极的正面鼓励，使其踊跃投入讨论，才能使每个学生得到公平参与的机会，才能使每个学生都能得到锻炼。

五是通过过程评价进行有效调控。在学生讲述和讨论的过程中，教师要对讨论的过程进行适当调控，其间尤其需要把握好“度”，以不干预为原则。为此，教师通过对讨论作用的评价来加以导控，保证讨论的一致方向。

在教学的过程中学生是主体，教师教学行为的改变，直接受益的是学生。经过一年的培训后，我们回访调研时明显感受到每个县的农村教师在进步。下面是我们访谈时，部分教师的感言：

保亭县的卓老师说,教师创设民主的课堂教学环境可以让学生提高积极性。

昌江县的柯老师说,备课时找到与学生经验相接近的知识点,可以使教学的导入产生吸引作用。

昌江县的陈老师介绍说,要让学生在课堂讨论时大胆发言,除了要给予积极鼓励之外,关键是平时要让学生牢记基本的地理原理和规律性知识。为了锻炼学生的语言表达能力,早读时,我除了让学生阅读语文和英语外,还组织学生朗诵地理事件,通过有计划的训练,我发现我的学生在地理课堂上,对一些地理现象的分析很到位。

白沙县的符老师说,教学过程中应以一种教学方法为主,综合运用几种教学方法,目的是充分调动学生的学习积极性。

昌江县的赵老师深有感触地说,参加周末流动师资培训学院一年的学习,我的教学观念及教学行为发生了很大的变化,原来上课总是“满堂灌”,现在能根据课程内容的不同,适时地采用一些实验法、探讨法等方法来组织教学。另外为了提高学生学习地理的兴趣,举行主题班会时,有时也会穿插一些地理知识竞赛活动。去年接手的初二(3)班,原来是一个普通班,学生的平均成绩基本上是年级倒数第一或第二的,经过一年的努力,在今年的地理会考中,全班平均成绩提升到年级第三名,我很有成就感。

二、周末流动师资培训学院的构成要素及其实质

(一)构成要素

1. 主体

周末流动师资培训学院的主体主要包括大学教师、我省部分优秀中学教师和我省中西部地区农村初中教师等三个部分。

大学教师是指在海南师大从事教学和研究工作的专职教师,特别是学科教学论教师。他们在教育教学研究方面有着良好的专业教育背景和深厚的理论基础,并把教育的研究工作当做自己的事

业。大学教师对教育问题有着自己的独立思考方向,对教育现象背后的本质问题有着深入的思考。大学教师的参与为活动的开展提供了强大的理论支持和方向引领。

优秀中学教师是指为活动开展专门聘请的兼职指导教师,他们长期在教学一线,积累了丰富的教育教学经验,并且对教育教学进行过深入的研究,是科研型的教师群体。优秀中学教师在活动中为培训学员提供良好的学习榜样,引导学员树立正确的发展目标。

农村教师是周末流动师资培训学院的培训对象,是周末流动师资培训学院的重要主体。其中的骨干学员是各个市县通过选拔的方式确定的,他们有着一定的教学经验,在工作中表现优秀,有着较好的发展前景,有着成为教研型教师的内在潜力。

2.目标

周末流动师资培训学院的目标是:满足不同需求,实现共同发展。周末流动师资培训学院为各类主体提供了互相学习和交流的平台,主体间的不同需求能够在相互交融中得到满足。大学教师需要立足课堂研究教育问题,需要将理论与实践密切联系起来的契机,需要与广大一线教师的密切联系。周末流动师资培训学院为大学教师创设了条件,走进中学课堂,密切接触中小学一线教师,深厚的教育理论与课堂教学实践的有机融合就此形成。大学教师可以将在活动过程中遇见的实际问题,结合自己的理论研究,给出合理的解释和较好的解决方案,并能够及时地给予中学教师可行的指导。优秀中学教师在成长为名师的道路上,同样需要将丰富的教学实践经验提升为一种实践智慧。周末流动师资培训学院为优秀中学教师的进一步提升创设了条件。参与周末流动师资培训学院的优秀中学教师有机会与大学教师和广大农村中学教师交流,从这两方面汲取营养,促使他们朝着更高的目标发展。广大农村教师在长期的教学实践中,缺乏教育理论的密切指导,特别是在新课程改革实施以来,一些教师的知识和观念更新未能跟上时代的步伐,教学行为亟待改善。周末流动师资培训学院为广大农村教师提供了立足课堂的训练场,提供了激发他们思索的现实场景,同课异构的研修模式使他们在对比中看到不足，发现真理。广大农村教师在与大学教师和中学优秀教师的交流互动中，形成对教学的新认识，不断完善自我教学行为，从而促进学生学业水平的提高。

3.资源

周末流动师资培训学院实现了大学资源与中学资源、城市资源与农村资源、理论资源与实践资源的优化整合，为活动开展提供了优质资源。

大学教师的参与为活动带来了丰富的大学资源，特别是先进的理论知识和严谨的治学风格，其他还有大学其他方面的信息资源，这些资源也正是中学所需要和缺少的。中学教学本身就是教育研究的对象，中学教学课堂呈现出的问题，也为大学教师的研究提供了思考方向。农村教育中的生成问题，有着重要的研究价值，解决好农村课堂教学中的问题，对海南教育水平提升将起到很大的作用。城市优秀教师与农村教师的交流，也将形成城市资源与农村资源的有机整合，特别是长期交流所积累的人脉资源和形成的友谊情感，更有利于两种资源的优势互补。周末流动师资培训学院将理论与实践进行了资源整合，使两者能够互相促进，理论研究从实践中来，进而指导课堂教学实践。

4.规则

规则是指管理和完善学习者个体与学习者共同体之间交往活动的程序，是规范和约束学习活动的外部规定、法则、政策和惯例，以及共同体成员之间形成的内隐的社会规范、标准和关系等。[①] 周末流动师资培训学院的规则主要表现为主体的参与。活动主体广泛参与到活动中来，对问题进行探索和交流，建立平等的交流关系。在活动的平台上，每个参与者都可以发表自己的看法，活动中有固定的交流环节，确保信息交流实现与畅通。同时，各学科利用各自的学科博客实现与学员的日常的信息交流。这种交流关系表现为

① 郑葳.学习共同体——文化生态学习环境的理想架构[M].北京：教育科学出版社，2007:153.

两个方面：一是大学教师、优秀中学教师和农村教师的交流，它表现为一种协作式交流，其中更多的是大学教师、优秀中学教师对农村教师的专业引领；二是农村教师间的交流，这种交流体现为一种互助式交流，更多的是农村教师间的同伴互助。主体参与到活动中来，更能激发参与者的活动热情，也能反应出每位参与者内心的真实感受和自己的见解。通过彼此之间的交流，主体发现问题，既有专业方向的引领，又有针对具体细节问题的排忧解难。活动主体在交流的过程中发现问题，针对问题进行探讨，然后解决问题，整个交流过程的保持促进了主体之间的情感交流和信任度提升，也就提升了活动的效果和价值。整个交流过程，主体保持平等关系，共同在构建的平台上合作、交流，互相学习，共同提高。

5. 文化

任何共同体都表现为一种忠诚的关系和稳定的结构。这种忠诚的关系是由共同的愿景、价值观所凝聚而成的，可以说文化是共同体的灵魂。周末流动师资培训学院活动从根本上说是不同教学文化的碰撞、交流、融合的过程。长期的文化积累与习惯力量使得处于不同环境之下的教学形成了自己的文化体系，而外来文化的影响，同样可以引起自身文化的自检与思索，最终走向新的和谐、平稳状态。周末流动师资培训学院的参与主体分别来自不同的文化环境，有着不同的教学文化，主体本身在活动中的互相交流，既是不同教学文化的交流过程，通过不同教学文化感知，也将促进教学文化主体的反思。不同教学文化的碰撞过程，也将形成新的教育教学研究问题，也为活动的开展提供了持久的发展动力。我们的具体目标是引导农村教师从个人主义教师文化走向合作主义教师文化。

(二)实质

周末流动师资培训学院的实质是一种教师学习共同体。

周末流动师资培训学院实质上是大学教师、中学优秀教师、农村教师共同构成的教师学习共同体，他们彼此之间经常在教学过程中进行沟通、交流，分享各种学习资源，共同完成一定的教学任务，因而在成员之间形成了相互影响、相互促进的人际关系。通俗来讲，周末流动师资培训学院是一个社会的群体，这个群体成员肩负着如何教好学生，提高学生的学业水平的共同使命；为了共同的目标，利用周末时间聚集在一起相互沟通、交流教育教学问题、分享学习资源，群体成员彼此间相互依存，相互作用，相互影响，从而促进各自的专业发展。这种学习共同体具有如下特征。

(1)自愿性

周末流动师资培训学院是海南师范大学"播种希望"行动计划的一项内容，目的是提高海南的基础教育水平。在这个指导思想下，由各个学科组织承办，大学教师、优秀中学教师积极报名参加。参加活动的农村教师足不出户就能学习新知识、新的教学思想，所以积极性特别高，每次活动都能有较大的收获。正如白沙县七坊中学陈德平老师所说："海师的老师、海口的优秀教师能在休息时间给我们传经送宝，送教下乡，我们没理由不来参加活动。"

(2)共同性

①共同的目标。

如何教好学生，提高学生的学业水平，是本项活动的共同使命。围绕着这一目标，大学教师专业引领，优秀教师现场示范，农村教师授课、观课、议课，进行集体教学反思，达到共同提高的目的。

②共同的环境。

本次活动是周末流动师资培训学院利用周末时间来到海南省少数民族地区和贫困县市，面对的是同样的学生，使用的是同样的教具，讲授的是同一节课的内容，在同样的环境里为农村教师提供鲜明的对比，使其在对比中发现差距，在对比中提高自己。

(3)发展性

教师学习共同体是以发展为目标，这个发展主要体现在以下两个方面：一是教师的专业发展，另一个是学生的发展。周末流动师资培训学院正是为这两个方面的发展而搭建的平台。

在教育教学实践中出现或遇到问题，在合作的氛围中进行探讨和研究，找出解决问题的策略，这对于教师来说是一个经验积累的过程。长久以来，教师的工作就是教书育人，这种思想在我国是根深蒂固的。教师把有限的时间和精力都给了学生和工作，他们根本没有充足的时间和精力去做自己的事情。他们已有的知识正在老化，眼界也变得越来越窄。在周末流动师资培训学院的活动中，主体间进行知识和信息交流，分享彼此的认识成果，更新了知识，开阔了眼界。此外，教师之间相互观摩教学是周末流动师资培训学院的一种主要活动形式，在观摩其他教师的真实教学时，发现其他教师教学优势和问题，然后彼此交流，对自己和其他的教师来说，都是一个改善提高的过程，都会促进彼此教学实践能力的提升。

学校教育是培养人的活动，学校一切工作都是为了促进学生的发展。教师培训的终极目标就是要促进学生的发展，周末流动师资培训学院帮助教师解决教育教学实践问题，提升教师的教学能力，从而促进学生更好、更快地发展。

周末流动师资培训学院作为一种培训方式，符合了学习共同体的基本要素和特征，其实质就是学习共同体。以下三个案例从不同方面说明了这一点。

案例一：

2010年3月27日，海南师范大学周末流动师资培训学院数学学科琼中点第六次活动在琼中县思源学校举行，参加活动的有海南师范大学数学与统计学院数学教育教研室陈建花老师、文昌龙楼中学黄良师老师、琼中县教育局研培中心范老师、思源学校陈副校长以及琼中县大部分中学数学教师共60多人。

本次活动主题是：教学情境的创设。活动分为两部分：对比课和评课议课。

对比课采用同课异构形式，分别由黄良师老师和参训学员思源学校林云妃老师授课，课题是七年级数学第六章第一节《有序数对》。学生分别是平行班级初一（5）班和初一（7）班的学生。黄老师的教学程序是：创设情境——探究新知——尝试反馈——应用新知——拓展练习——评价小结。林老师的教学程序是：创设情境，引入新课——分析问题，渗透概念——联系生活，加深理解——做一做——小结。

接下来的评课议课活动由陈建花老师主持。首先由两位老师介绍自己的设计思路。

林老师说:我设计的教学目标有四个:①通过丰富的实例认识有序数对,感受它在确定点的位置中的作用;②了解有序数对的概念,学会用有序数对表示点的位置;③通过对实际问题的分析,经历建立数学模型解决实际问题的过程;④体验有序数对在现实生活中应用的广泛性。重点是用有序数对表示位置,难点是对有序的理解。我的教学思路是:通过现实情境激发学生的好奇心、求知欲,从中发现问题后回到教室,利用座位引入有序数对的概念。通过找自己的位置,观察数对的特点,让学生举出生活中利用有序数对的例子,体会数学与生活的联系,最后练习小结。

黄老师介绍说:我确定了三方面的目标。(1)知识目标:①通过丰富的实例认识有序数对,感受它在确定点的位置中的作用;②理解有序数对的概念,学会用有序数对表示点的位置。(2)能力目标:①经历建立数学模型解决实际问题的过程,发展抽象概括能力;②综合运用所学的知识和技能解决问题。(3)情感目标:①经历实验、发现、确认等数学活动,感受数学活动充满了探索性与创造性;②培养良好的情感、合作交流、主动参与的意识,在独立思考的同时能够认同他人。重点是理解有序数对的概念,用有序数对来表示位置。难点是理解有序数对是"有序的"并用它解决实际问题。我的教学思路是:首先是对有序的理解,第一列、第二列等的确认需要有序,(2,3)与(3,2)有序,即有序有两层含义,突破难点。接着通过问题1和问题2学会用有序数对表示位置,通过问题3——一个纯数学问题练习如何用有序数对表示位置,突出重点。通过问题4对有序数对的问题进行拓展。然后让学生举例说明生活中应用有序数对表示位置的例子,讨论交流后回答。让学生自主设计图形,给学生创设一个充分展现创造力的空间,通过这个活动来把控时间。最后师生小结。

数学教研员范老师率先发言:教研活动思源学校走在了前面,

各个学校要向思源学校学习，加大教研力度。要想提高教学质量，必须抓课堂教学，精讲多练，提问要提到点子上，要有效教学。我们要学习黄老师如何激发学生的学习兴趣，如何讲透各知识点，突出重点、突破难点、培养学生思维。

思源学校陈校长：两位老师在重点、难点的把握，目标渗透上都是到位的。从教学流程上看，林老师有点抢进度，黄老师调控自如；从情境创设上看，黄老师让学生身临其境；两位老师都能注意师生互动，但黄老师的师生互动更有效些；练习设计上，林老师虽然有一定梯度，但某些地方不到位，黄老师的梯度很明显；林老师在难点的突破上要学习黄老师；学生课堂参与度方面，林老师教的是普通班，黄老师教的是少数民族学生寄宿班，林老师留给学生独立思考的时间和空间少了点；效果方面，林老师着重学生对知识的掌握，强调“会”，黄老师不仅强调“会”，还让学生体会数学是有趣的，培养学生的数学素养，激发学习数学的兴趣；两位老师的设计都力图体现新课程的教学理念；林老师的语速稍快，黄老师的语言精练、准确。思源学校正在尝试“学教案”①模式，希望能得到大家的指导。

肖老师：黄老师的课有如下优点：①教学素材的选择上，让学生感觉到数学源于生活、用于生活，激发学习兴趣；②教学环节的设计上，思路清晰，数对——有序数对——用数对表示位置——已知数对找位置；③对多媒体辅助教学的技术掌握得相当熟练。

王主任：两位老师的目标和重难点都把握得很好。林老师的题目很多，有点乱；黄老师的梯度很好。

老师1：黄老师的课就是快乐教学，发挥了学生的主动性。他的课堂驾驭能力非常强。

老师2：本节课要渗透数形结合的思想，用数学来解决生活中的实际问题。要注意位置与坐标的对应关系，与平面直角坐标系的

① “学教案”源于南京市溧水县东庐中学的讲学稿，但与之有所区别。它首先是学案，要充分体现先学后教的思想，以学生有效学习为出发点编写，同时，也是老师的教案，老师要在自用的学教案上批注，进行二次备课，从而有效地指导教学。

关系，例如给出点(2,3)能否画出列和排。

老师3：林老师的教学语言要注意抑扬顿挫，语速要慢一些。

老师4：林老师开始展示的场景的目的不是很明显。她的课学生参与度高。黄老师的引入非常好，提问很有效。

张明丽老师：教学经验需要时间来积累，林老师是很有发展前途的。

……

最后陈建花老师从四个方面做了点评。一是教学情境的设置如何体现数学与生活的联系。数学源于生活、高于生活、应用于生活如何体现？两位老师用的实例有部分是相同的，但组织这些实例的顺序不一样。黄老师的更好些，先从学生身边熟悉的例子引入课题，经历直观感知、抽象概括出有序数对的定义和作用，然后应用到生活，此时的例子大大拓展了学生的视野。二是对学生思维的深度、广度的培养。林老师的课重在数学式的用有序数对表示位置，这个知识并不难，不需要做过多的纯数学练习。林老师的课堂提问很多，学生单独作答也很多，达22人次，但都停留在如何用数对表示位置上，学生的思维得不到拓展。黄老师不仅让学生懂得有序数对可以由纵横直线确定，也可以用距离和角度确定，为九年级学习图形变换与坐标和高中学习极坐标作铺垫；让学生了解有序数对不仅可以表示平面上点的位置，也可以表示球面上点的位置，且多次通过问题引导学生深入思考并发挥学生的创造能力，如学生的自由设计。三是对教学内容的拓展。黄老师不拘泥于教材的内容，将学生的视野拓展到雷达、地球等。四是对学生的情感教育。情感教育要落到实处，需要我们做有心人。两位老师都能够激发学生的自信心。黄老师更善于表扬鼓励学生。黄老师重视学生的交流讨论，把时间交给学生并对学生的学法进行指导。在做出以上点评后，陈建花老师提出两个问题，请老师们回去之后思考：一是如何研究人教版教材，例如七年级六、七、八章之间有什么样的联系？二是如何培养学生发现和提出问题的能力？

案例二：

2007 年 7 月 14 日上午，海南师范大学周末流动师资培训学院数学学科培训活动在五指山市开展第九次活动。此次活动在五指山中学进行。参加此次活动的有海南师范大学数学系副主任蔡亲鹏副教授，数学教育教研室主任陈建花老师、苏建伟老师、赵京波老师，周末流动师资培训学院数学学科兼职教师、海南省农垦中学教研科科长肖世琥老师，五指山市教科局曾思英副局长，培训股林德智主任、阮华莲副主任，教研室数学教研员林明宝老师，四位骨干学员以及五指山市中学部分数学教师参加了本次活动。

本次培训的主题是中学数学课堂教学技能——语言技能和讲解技能。活动分为三个环节：学员自述、评价研讨和中期总结。首先是学员结合课例依次展示自己的语言和讲解技能：学员马仁焕老师以《全等三角形的判定》为例进行讲解，首先明确本例题的目的：①熟悉证明三角形的方法；②让学生领悟数学思想，培养学生的逻辑思维。然后分析题目的条件，最后给出了解决本例题的网络图。学员杜玉珍老师以《平均数、中位数和众数的选用》为例进行讲解，她用三个例题分别介绍了平均数、中位数和众数的求解方法。她介绍说，在课堂教学中用亲切和蔼的语言对学生进行教学，激起学生的学习兴趣。张琨老师以《等腰三角形的特征》为例进行讲解，首先提问：在$\triangle ABC$中$AB=AC$，$AD\perp BC$于D，为什么AD具有三线合一的性质？其次回忆线段垂直平分线的性质，通过讲解得出结论：①$AO=OB\Rightarrow O$是AB的中点，MO是$\triangle MAB$的中线；②$\angle 1=\angle 2\Rightarrow MO$是$\angle AMB$的角平分线；③$\angle 3=\angle 4=90^\circ\Rightarrow MO\perp AB$，所以三线合一。学员陈正明老师以《最短距离问题》为例进行讲解，介绍了蚂蚁在圆锥表面行走路线的最短距离，他用模型对问题进行了分析。

随后进入研讨阶段，海南师大数学系副主任蔡亲鹏副教授首先作点评。他认为几位老师的授课过程，没有体现出本次培训的主题：语言技能和讲解技能。四堂课中只有一堂基本符合要求。本次课堂教学是要求学员把自己的语言和讲解技能表现出来，而不是随便拿几个例题来说明，更不是说明在真实教学中怎样给学生上课，用了多么和蔼的语气、亲切的教态等。教师要根据学生的知识水平，认真准备，深刻思考，用自己组织的简练的语言、自己找到的方法来讲解。教师要严格要求自己，主动提高自己，要学会反思，由新教师向经验型教师、专家型教师转变。

海南省农垦中学教研科长肖世琥老师分别对学员的课进行了示范讲解：

1.《全等三角形的判定》

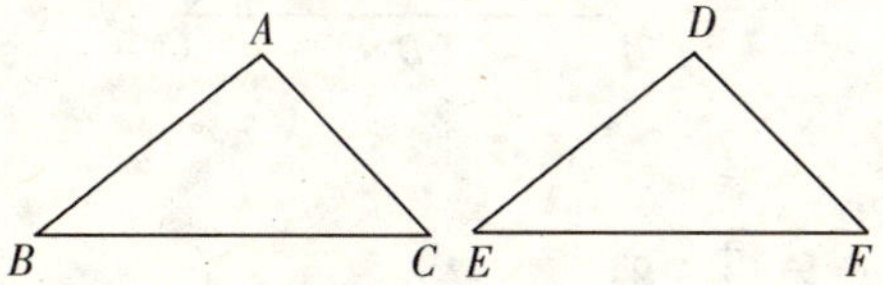

图 2-4

要精心设计引入：反思一下这样的引入是不是自然？

建立一个开放性的问题：

如图 2-4：$AB=DE$，$AC=DF$，请补充一个条件________可以得到$\triangle ABC \cong \triangle DEF$。然后提问学生，并加以适当的引导，就可以在不知不觉中复习了前面的知识，并且题目的条件可以发生变化，如改为：$\angle A=\angle D$，$\angle B=\angle E$，又会得到什么样的结论呢？然后把两个图进行平移就可以得到本例题，这样的设计有以下几个好处：①符合学生认知规律；②问题新颖、典型。

2.《平均数、中位数和众数的选用》

新课程改革提倡用学生身边的例子，建立数学模型，使学生理解数学、应用数学的能力得到提高。本次课堂教学如果作为新课，可以这样引入：在全班同学中找一组同学写出他们的年龄，问：大家会不会算一组同学的平均年龄？答：会。再问：能不能算全班的？……问：哪个年龄的同学比较多？……这样很自然地引出平均数、众数和中位数的概念。

在课堂教学中要激起学生的学习兴趣，利用学生熟悉的例子进行讲解，帮助他们理解记忆抽象的数学概念、法则。

3.《等腰三角形的特征》

肖老师首先肯定了张琨老师本次课的效果，认为本次课知识串连得比较好，然后提出了自己的看法，本次课如果作为复习课一定要把知识网络图搞清楚。

如图 2-5 中的三角形：

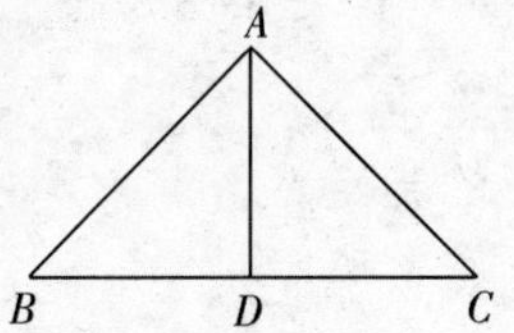

图 2-5

得出如下网络图 2-6：

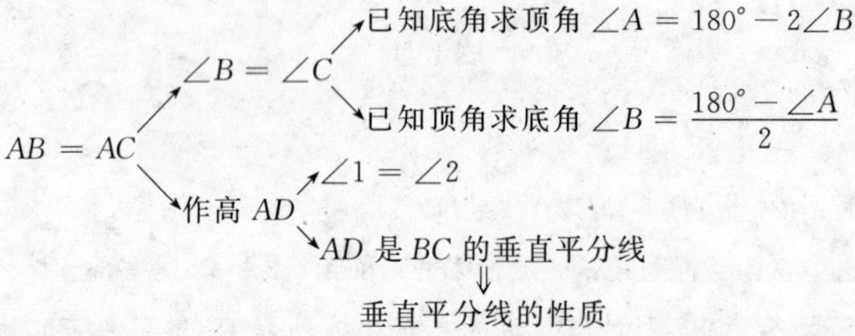

图 2-6

陈建花老师作出点评：

1. 作为语言技能，数学语言包括自然语言、符号语言和图形语言，具有以下特征：一是准确性。但是在本次课堂教学中有些老师的语言不够准确，如把线段看成 180 度的平角，线段 AB 作为直线 L 的垂直平分线等。二是精练性。三是启发性。四是生动性。

2. 作为讲解技能，其优点在于：易发挥教师的主导作用，授课密度比较高。其局限是：容易忽略学生的主动性，不能够让学生充分探索，不利于培养学生的创新能力。

讲解时首先要注意语速，语速不要过快，语句不要过长；其次讲解的目的性要强。一般来说，讲解的时间不宜超过 15 分钟。要将讲解与提问、练习等结合，注意从学生的神态、动作、语言等判断学生对讲解的反应，根据反应对课堂作相应的调整。就这几堂课来说，分析的过程比较好，但是解答的过程没有完整地写出来，在今后的教学中要注意这个问题。

到会的听课教师也积极发言，说明自己的看法，希望指导教师能够研究一下当地学生的特点，有针对性地对五指山的数学教师进行培训。

最后，蔡亲鹏老师对前面八次的活动作了总结，指出前六次活动以同课异构的形式，通过指导教师和学员上同一内容的课，形成对比，使指导教师和学员相互了解，指导更有针对性。同时也为紧接着开展的研讨交流提供课例。根据学员的表现，结合课堂教学中出现的一系列问题和学员的要求，为了使培训更有针对性，在后面的两次培训中我们改变了方式，以具体的课堂教学技能的培训为活动主题。学员们的总体表现不错，尤其是非五指山中学的三位老师，尽管路途遥远，仍然按时参加培训活动，值得我们大家学习，对我们也是一种鞭策。我们要尽最大努力把活动搞好，搞出成效，学员都能顺利成长为研究型的骨干教师，其他中学数学教师都能取得一定的进步，五指山市的数学教学质量得到提高。最后蔡老师希望大家继续努力，克服生活、工作中的种种困难，保质保量地完成每次的培训任务。同时明确下次活动的主题：板书技能和演示技能。

案例三：

2007 年 9 月 22 日上午，海南师范大学周末流动师资培训学院数学学科培训活动在五指山市开展第十三次活动。海南师范大学数学系副主任沈有建教授、数学教育教研室主任陈建花、五指山市教科局阮华莲主任、林明宝教研员、学员以及五指山市中学部分数学教师参加了本次活动。

本次活动的主题是论文写作和行动研究。活动在五指山市青少年活动中心电脑室进行。首先是沈有建老师介绍中学数学教育论文的写作。他从为什么要写论文、中小学教师写论文的优势、论文选题的类别、选题策略、论文的结构等五个方面论述数学教育论文的撰写。沈老师结合第八次基础教育课程改革对论文选题进行分类：第一种类型是教学研究，主要包括经验总结型、文献资料型、教学实验型、教学调查型、个案研究型等；第二种类型是解题研究，主要包括理论性的方法研究、规律性的解题探索、技巧性的解题总结、教学性的解题分析等。沈老师的讲解纵横捭阖、旁征博引，古今中外的例子信手拈来，恰到好处地揭示了论文写作的要点，听者无不被其精彩的讲解所吸引、因其渊博的知识而折服。理论讲解结束后，沈老师结合具体的中学优秀教育论文说明论文的结构：标题、署名、开头、正文、结尾、参考文献，重点说明了开头的注意事项和参考文献的书写格式。他强调要想写出好的论文，平时要注意积累素材，掌握第一手资料，从自己的教育教学实际出发，选择一个实际的小问题进行研究、写作，要"小题大做"。讲授结束后用 20 分钟时间给学员提问，沈老师答疑。接下来就由陈建花老师介绍行动研究，由于在第四次活动时已经向学员介绍了行动研究的基本概念、意义、研究步骤、与学者进行理论研究的区别，并将有关资料复印后交予每个学员，所以这次讲座主要介绍行动研究报告的写作。陈老师先说明一般格式和注意的要点，然后以美国和北京某中学的行动研究为例，说明应该如何进行研究才有意义。接着以五个行动研究报告为例，介绍如何写作行动研究报告，并把相关材料分发给各个学员。最后她特别强调要从自己教育教学中的实际问题出发，思考问题，提出引发问题的合理假设（可以与其他人员探讨），通过访谈、问卷、查阅资料等形式确认假设，找到主要原因后，为解决问题制订行动方案，按照方案付诸实践（执行方案的过程中可以从实际出发对方案进行适当的调整）。在此过程中要注意收集各种资料，可以通过多种方式，如课堂观察、教师日记、问卷调查等，最后对资料进行整理分析，得出结论或者发现新的问题，形成行动研究报告，注意保存原始材料。讲座完毕后是答疑时间，学员不知道数学式子如何编辑，沈老师就在电脑上给他们展示操作，学员对于几何画板的使用还是一知半解，希望得到进一步的指导。

通过周末流动师资培训学院的培训，骨干学员基本上掌握了行动研究的要领，学会了行动研究。以下是学员张琨的行动研究报告：

八年级数学学科自主学习课题

行动研究报告

一、研究背景

《全日制九年义务教育数学课程标准》明确指出：有效的学习活动不能单纯依赖模仿与记忆，动手实践、自主探究、合作交流是学生学习数学的重要方式。在这种背景下，我们尝试着去寻求与其相适应的教学模式，以促进教学工作。

2006年11月，我参加了与以五指山中学为基地的海南师范大学周末流动师资培训学院的培训，希望通过我们的学习与实践找到较为合理的、科学的、易于学生接受的自主学习模式，以促进学生的智力发展、能力提高以及情感态度价值观的主动、健康、和谐的发展，同时，在研究与实践的过程中，使自身的修养、科研能力都得到提高，推进教育教学工作。

二、研究目的

《全日制九年义务教育数学课程标准》指出："数学教学活动必须建立在学生的认知发展水平和已有的知识经验基础之上。教师应激发学生的学习积极性，向学生提供充分从事数学活动的机会，帮助他们在自主探索和合作交流的过程中真正理解和掌握基本的数学知识与技能、数学思想和方法，获得广泛的数学活动经验。学生是数学学习的主人，教师是数学学习的组织者、引导者与合作者。"因此教师要在继承传统的基础上，把主要精力用于为学生创设学习情境，提供信息交流平台，引导学生积极思维，增强学生的自主意识，提高学生的自主学习能力。

我确立此课题进行研究和实践，其要达到的目的如下：

1. 在学习和探索中，从思想上、理念上认识自主教育的重要意义；

2. 通过一系列的实践活动，摸索出数学学科自主学习的方法和途径；

3.在自主学习模式的研究和实践中，使学生获得在智力、能力以及情感态度价值观方面的主动、健康、和谐的发展；

4.经过理论、经验的学习与研究、调查、实践和总结，使自己在教育科学研究的过程中，达到教科研水平与能力的提高。

三、研究过程

第一阶段　2007年9月—2007年10月，研究内容：学生自主学习现状的分析。研究对象：八年级学生。研究方法：调查法、观察法。汇报形式：调查问卷，分析小结。

第二阶段　2007年10月—2007年12月，研究内容：结合八年级数学教学内容和学生特点，按建构性学习环境的要素和特征，选择自主学习的教学模式，并设计教学方案和实验方案，加以实施。研究对象：八年级(7)、(8)班学生。研究方法：行动研究法、个案研究法。

总结阶段　2007年12月初—2007年12月底，以总结形式对研究课题实施情况进行总结，归纳在八年级数学教学中的自我教育。方法：归纳法、总结法。

四、研究措施

1.进行学习，提高认识。我学习了有关建构主义自主学习等理论，查阅了国内的相关论文和文章，搜集了网络上的大量资料和信息，充实自己的理论基础。

2.以班为单位对学生进行了问卷调查，了解了各班学生的自主学习现状，然后再进行了研究与分析。

3.用一个多月的时间，进行自主学习的课堂教学实践活动，从中探讨自主学习的方法、途径，在成功与失败的课例个案中整理、摸索出更为有效的自主学习模式。

五、研究成果

通过几月来的调查、学习、实践、研讨，依据理论，聚焦课堂，扎实推进，重在落实，取得了初步的成果，达到了预期的目的，促进了师生的发展。

自主学习的重要性。学生的数学学习内容应当是现实的、有意义的、富有挑战性的，这些内容要有利于学生主动地进行观察、实验、猜测、验证、推理与交流等数学活动。内容的呈现应采用不同的表达方式，以满足多样化的学习需求。有效的数学学习活动不能单纯地依赖模仿与记忆，动手实践、自主探索与合作交流是学生学习数学的重要方式。

自主学习的思考与实践。我通过调查问卷的形式对学生的自主学习状态做了前测，以八年级 90 名学生的情况统计为例，在回答"数学课前，你自己做什么准备"时，这个问题时，选择"不做的"为 5 人；选择"简单看书、了解要学的新知识"这一项的为 53 人；其余人选择"通过预习、带着疑问来学习"。再如回答"老师留的作业，你会怎样做"时，选择"先复习当天所学知识，再完成作业"的为 36 人，占总人数的 40%；选择"抓紧时间写作业"的有 21 人；"先玩后写"的有 20 人；"偶尔有忘记写的时候"为 13 人。由此可见，学生在学习上的自主状况不容乐观，有待引导和指导。

教学方式的改变。在数学课堂教学中，教师改变旧有教学模式，从教师教为主改变为发挥学生主体作用，力求通过创设建构性学习环境（包括课前、课中、课后），最大限度地注重学生参与意识、合作意识与创新意识的培养，促使学生主体参与教学全过程，主动学习，获取知识，发展智力，培养能力，加强实践，全面提高素质。这就要求教师精心设计教学结构，有意识地创设教学环境，展示知识的形成过程，使学生真正成为学习的主体，自始至终参与教学全过程，把握知识的来龙去脉，受到恰当的思维训练，掌握正确的思维方法。

学习方式的改变。一是变被动接受为自主探究。传统的数学课堂教学通常以例题、示范、讲解为主要方式，这样就形成了学生只能被动接受，课堂中几乎看不到猜想、实验、观察、推断等学生亲身体验的实践探究活动。教师要尽可能多给学生提供自主探究的机会，引导学生自主学习，成为课堂学习的主人。

二是变教师讲述为学生操作。结合教学内容，课堂中人人动手，人人操作，通过自己摆一摆、拼一拼、量一量的活动去发现规律，通过动手、动脑、动口多种感官参与学习活动，不但掌握学习数学的方法，而且能加深理解，学以致用，有很大益处。如教学“用正多边形拼地板”时，一开始教师就用事先准备好的正多边形拼出一些优美的图案，然后提问：这些图案由哪些基本图形组成的？它们的边与边之间有什么关系？待学生思考回答后再进行总结。最后让学生自由合作进行制作，也拼出一些优美的图案。这样，把问题设置于适当的情境下，从而营造了一个生动有趣的学习环境。相信在这样轻松的环境下，学生会兴趣盎然、积极主动地投入到学习中。学生真正动手去操作，由教师枯燥的讲述或简单的演示，转化为学生的亲身体验，这种动手、动脑的完全自我的参与学习过程，有利于他们增加对数学学习的兴趣，加深对知识的理解。

三是变个人学习为合作交流。在数学教学中，教师不仅仅是要让学生做对数学题，更重要的是要为学生提供更多的机会去发展自己的数学思想，去倾听别人的想法，学会进行数学交流，以增强整体合作意识。合作研讨，即课堂中学生以小组形式为学习群体，突出学生间的协作与讨论，充分调动学生积极性，共同发现问题，培养其主动学习能力。

组织学生合作学习，我以为必须把握下列契机：①在处理教材的重难点时，开展学生合作，从而把握主要特征；②在学习既有联系又有区别的重要概念时，开展学生合作，从而掌握异同；③在概括内容、总结规律、建构知识网络时，开展学生合作，从而体验成功的喜悦；④在运用新知识解决实际问题时，开展学生合作，从而增加浓厚兴趣，达到学以致用的目的。

课后延伸的思考。数学知识的学习，其根本目的不是应试，而是学习有价值的数学，应用它来解决生活中的实际问题，体现数学的应用价值。以往上完数学课，留些练习题作为作业的方式已不适应现在教育的需要，我们要将数学延伸到课后，延伸到生活中去。教师应注意课后练习增强实用性，加强实践，使学生多了解实际应用，以提高学生应用知识解决问题的能力。教师布置课后实践题时，可提供一些素材，例如中国运动员在近三届奥运会上获奖牌情况等，由学生选择一两种，去收集数据，整理后制成含有百分数的统计表。再如，可以组织住平房的学生搞水费的统计等实践活动，将平均数与统计综合应用。

通过自主学习模式的摸索与实践，收到了预期的成效，学生在自主学习的状态上比以前有较大变化，我们依照前测做了后测调查，情况如下：在回答"数学课前，你自己做什么"的问题时，选择"通过预习，带着疑问来学习"的有 58 人，占总人数的 64%，提高了近 30%；再如回答"老师留的作业，你会怎样做?"这一问题时，选择"先复习当天所学知识，再完成作业"的为 65 人，占总人数的 72%，提高了近 33%。

以上是我在学习新课程标准、领会素质教育的精神后，根据数学教材内容、学生特点以及教育需要，探索八年级数学自主学习的实践活动。实施方法有待完善，再加以总结，请专家、老师指正。

第3章 周末流动师资培训学院的活动样态及运行机制

一、周末流动师资培训学院的活动样态

周末流动师资培训学院是在海南省区域性教育发展不均衡、少数民族和贫困地区教师水平急需提高但又存在工学矛盾的情况下，由海南师范大学推出的一种新型师资培训模式。从大学传统的封闭办学到开放办学，海南师范大学进一步突破藩篱，提出了流动办学的崭新概念，将师训工作送到农村教师的工作岗位上。从概念的提出到各种措施的配套，从经验的积累到理论总结，周末流动师资培训学院逐步形成了其独特的活动模式和特定的属性。

(一)基本模式

周末流动师资培训学院活动的基本模式是“对比课＋现场交流＋专业引领”。活动通常安排在星期六或者星期日，每一次活动的时长约为5个小时，其中对比课教学观摩约2个小时，现场交流约1.5—2个小时，专业引领约1个小时。

1. 对比课

对比课指的是周末流动师资培训学院兼职指导教师和学员各

上一堂内容相同、学生基本水平和准备也相同，但教师教法和教学设计结构不同，旨在为全体学员提供两堂课堂教学分析素材的研究课。

研究课的内容和主题按周末流动师资培训学院各学科既定的计划进行，如英语学科一整轮教师培训的主题包括语言操练、听的教学、说的教学、读的教学、写的教学、复习课等。一次活动只能限定在某一个固定的主题，比如说读的教学。兼职指导教师和学员提前两周左右协商主题授课内容（往往是这一次活动末尾时决定下一次活动的授课人员和授课内容）。

对比课的学生由基地学校根据教学主题内容安排两个平行班级，或将一个大班随机分成两个小班。农村中学班级往往较大，加上场地限制，也为了观摩方便，周末流动师资培训学院在实际操作上通常采用后一种方式。

如果说在对比课教学内容和学生的准备方面，周末流动师资培训学院强调“求同”，那么，在教师教学方法方面则强调“存异”。兼职教师在准备授课时通常要和学科指导教师通气交流，必要时要安排试讲，以确保对比课在既定主题的教学上有新意，有观摩和研讨的内容，对学员培训有“营养”。有时候，学科指导教师为了突破某种既定模式，激发学员的创新思维，也要求兼职教师大胆采用一些新的教学方法。至于上对比课的学员的教学准备，学科指导教师也要了解，以便准备组织观摩交流和之后的专业主题引领讲座。

对比课一般由学员先上，更换学生后兼职指导教师接着上，中间不安排任何活动。事先，学科指导教师会向学员交代一些观摩的角度和重点。为了进一步后续研究使用，对比课都进行全程录像。

数学学科一位学员的学习日记：

第一次活动说每一个骨干学员都要上对比课的时候我就害怕极了。对比课不就是明摆着让人丢丑吗？人家是从海口地区重点中学来的，学历比我们高，经验比我们丰富，跟师大的指导老师又靠得近。我们哪一样比得上啊？点评的时候不一边倒才怪！这种心理让我感觉很压抑，几度想放弃当骨干学员的念头。

好在我不敢吃螃蟹有人敢，邱老师自告奋勇第一个和海口来的老师 PK。我高兴极了，反复看了几遍她们要讲的内容，自己也默默地准备了一下，好去观战。

我原来觉得评课的阶段应该像看戏，但实际上我错了。上课的邱老师老师好像很轻松，说完反思就没有事了，倒是我们这些听课的学员被指导老师带得团团转，又是这个角度又是那个方面的，有些观察到了还好说，有些根本就顾不上观察，发言的时候很有压力。原来以为上对比课的邱老师会被批得体无完肤丢死人，但不是，指导教师根本不注重谁好谁不好，而是抓住教学中出现的现象引导我们怎么观察、怎么分析、怎么解释。

现在才记得指导老师好像说过上对比课就是给大家一个活生生的事例，供分析学习罢了。这样一来，我也有了上对比课的念头。

2.现场交流

现场交流指的是对比课教学观摩之后，由学科指导教师组织、兼职教师和授课学员以及其他观摩学员踊跃参与的，聚焦于授课主题的交流活动。现场交流的目的是将学员在对比课观摩中获得的感性知识通过梳理、比较、争鸣，提升为课堂教学的理论认知能力。

现场交流在学科指导教师的引导下，紧扣主题进行。有些学科指导教师在对比课观摩之前就已经将教学主题和观摩的角度、分析的方法跟学员做了交代，以便突出主题。交流的深度和广度取决于学科指导教师的准备和引导，也取决于学员的参与能力。

学科指导教师在组织现场交流时往往从两位授课教师的反思开始，让授课学员和兼职指导教师先进行一番课后反思，交代自己教学设计的意图和依据，反思这堂课教学设计意图实现的程度以及未能实现的原因等，当然也可以通过对比谈谈对另一位授课教师的课的认识和自己的观摩收获。在聆听两位授课教师的反思之后，学员开始踊跃参与，就自己观察到的现象和感受发表评论，就观摩课前指导教师布置的任务“提交作业”。

现场交流给学员提供了踊跃发表自己观点的机会。由于已经事先知道了授课主题和内容，做了一定准备（特别是骨干学员，一些学科要求骨干学员听课前都对每一次授课的内容准备自己的教学设计，并在观摩时与授课教师的教学进行对比），加上观摩前指导教师布置的功课，学员们在对比课观摩过程中角度比较正确，眼光比较"犀利"，所获得的认识自然也比较深刻，在交流阶段往往也有很强的表达欲望。

现场交流的过程也是学员对自己获得的学科教学感性知识进一步梳理、提升的过程。学员在对比课观摩过程中获得的认识是零碎的、散落的，因未经过确认而信心不足的。在交流阶段，经过与其他学员的交流、辩论，以及指导教师的点评和修正，这些感性的知识提升为初步的理性认知。

现场交流为学科指导教师下一步进行专业引领奠定了基础。

英语学科一位学员的学习日记：

……以前我也参加过很多听课评课的活动，但没有人会在听课之前发一些观察表给我们，告诉我们从哪些角度去观摩这两堂课，要求我们对哪些现象进行观察、记录以及评价。组织者总是泛泛地让我们发表意见，结果是有些人从语音语速课堂语言表达去评，有些从课文内容分析去评，东说东的西说西的，没有可比性，大多是说一些不着边际的模糊的漂亮话。

周末流动师资培训学院的评课活动（编者注：现场交流）让我感觉与以往的评课有很大不同，指导老师在听课观摩之前就给我们做了详细的准备，表格制定的内容很细，要求观察的内容也不太多（编者注：不要求全面，要求有侧重），是我们在听课的时候完全能做到的。这样，像一个检测员在依据既定的标准去检测一堂课，有条理，有深度。我们观摩起来也有信心，感觉像个专家。

因为观摩得到位，也就有说出来的冲动。今天发表意见的时候我由于担心自己的想法招批，不敢说出来。但是后来跟我有相似想法的另一个老师说了，指导老师给予了鼓励。我觉得以后应该大胆发言。

附:周末流动师资培训学院英语学科课堂观察表

课堂教学观察表(2)　初中操练课的目标

执教人__________　所在学校、班级__________　所教课题__________

一、本课的主要教学活动(请用简略的语言描述):

1

2

3

4

5

6

7

8

9

10

二、初中英语教学目标常常包括以下四种。以本课为例：

(1)词汇、词组目标，如：Learn & practice the new words (*e. g.*, *haircut*, *waitress*, *bring—brought*, *buy—bought*, *and annoying*) and use them to make complaints.

(2) 句型及交际目标，如：Learn & practice the sentence patterns & expressions (a. Would you mind +doing…? *and the responses*: *Not at all.* / *Sorry, I'll do it right away.* / *Sure, that's no problem.* b. *Will* for intentions) and use them to make complaints, requests and offer solutions in daily life.

(3) 技能与策略目标，如：Practice talking (i. e. making complaints and polite requests, offering solutions in school life) in pairs, listening to the conversations and writing about the problems and solutions with the expressions & sentences learnt in this unit.

(4) 态度与意义目标，如：Be aware that making complaints and polite requests, offering solutions to problems is important in daily life.

三、请按以上教学目标的分类，将你所观察到的活动序号填入下列不同的目标栏内：

1. 词汇、词组目标	2. 句型及交际目标	3. 技能与策略目标	4. 态度与意义目标

四、该教师强调或忽略了哪类目标，为什么？________________________

____

____

____

观察者__________ 所在单位__________ 观察日期__________

3. 专业引领

专业引领环节放在对比课观摩和现场交流活动之后，由学科指导教师根据既定主题，从学科教学理论的深度，也结合前面两个环节中出现的课堂教学现象，做主题讲座和辅导。主题讲座面向所有的听课学员进行，是第一部分；个别辅导则只针对骨干学员进行，主要是解疑，放在其他学员离开之后进行，是第二部分。专业引领的目的在于全面、深刻地剖析有关主题的课堂教学现象，引导学员从感性认识到理性掌握，提高教学分析能力。

专业引领部分的主角是学科指导教师，学科指导教师是师范大学学科教学论专家担任的。由于长期研究学科教学理论并常在教育实习、教师培训中大量接触中学课堂教学实践，这些学科指导教师掌握着相关理论发展的前沿，并能够把握实践课堂教学问题本质和根源所在，剖析起来理论联系实际，条理清晰，概括精练。

专业引领既要注重内容的“专业”，话题要紧扣本次活动既定的主题进行深挖，同时也要注重“引领”，要根据学员实际的基础和学习能力，确保学员听得懂跟得上。形式上分为两个部分，是为了确保“引领”成功而设置的，骨干学员有机会在听完讲座之后和指导教师一对一地接受辅导释疑，是骨干学员获得提高进步的保障。

专业引领的形式不仅仅局限于5～6个小时的活动时间内，还延伸到活动时间之外。为了弥补周末流动师资培训学院因为“流动”而产生的师生隔阂的弱点，更好地关注骨干学员的专业成长，周末流动师资培训学院要求指导教师通过博客、QQ群等方式和骨干学员保持联系，实施远程指导。骨干学员在活动时间外需要与指导老师进行交流的，同样可以进行。指导老师也常常通过这些远程交流的方式布置学习任务、批阅学员的反思作业等，构建虚拟社区里的学习共同体，实施远程培训。

英语学科一位学员给指导教师的来信

尊敬的杨老师：

……在这次活动中，您的讲解解答了一个长期以来让我疑惑不解的问题，那就是听说教学设计中的信息沟原理（编者注：information gap）。在听说课教学中，我一直在努力使我的学生爱说、爱听，办法换了一个又一个，其中也碰巧使用过您所介绍的制造信息沟的做法，但是自己并没有意识到这种做法有效的原因，因此也就领会不了该在什么情况下使用它。今天，您提到了要想让一个人爱说，就要制造一种听众都想知道的氛围；要想让一个人爱听，就要让他了解其中的一部分。这句话我一开始还觉得挺抽象，但随后一下子就明白了什么是信息沟，明白了您为什么让我们一部分人趴下来，另一部分人读屏幕上故事的一部分，然后反过来，再让两部分的人进行交流将故事补全。当时我发现现场一下子热闹了起来，哪个人读了故事的开头不急切地想了解故事的结尾呢？同时，自己说的东西是别人不知道又急切想知道的，说起来都带劲。我们做教师的都这样，十几岁的学生们就更不用说了。

……我原来是很忽视书本理论这些东西的，但掌握了这个信息沟原理，我第一次领略到了理论的魅力……

概括起来，周末流动师资培训学院的“对比课＋现场交流＋专业引领”这一基本模式是一个“任务型”教师培训模式。其中，第一个环节的对比课本身是一项规定的基础任务，是根据培训的特定主题目的而进行设计的。学员经历（上课或听课）了这一项任务，获得的是培训所必需的全部原材料。如上所述，有时候为了获得更特殊的原材料，指导教师还会让兼职教师用特定的方法去授课。然而，光提供原材料是远远不够的，学员往往不能自行从材料中提取营养，这就需要进一步提炼。第二个环节的现场交流就是对原材料的一个及时的提炼过程。提炼在现场进行，是因为很多课堂教学中带给人的信息印象和感受是稍纵即逝的。提炼什么东西？这时要突出目的，每一次现场交流都是围绕既定的主题进行的，比如说今天谈说明文的框架构建这一主题，就要引导学员聚焦在这一问题上面，不去讨论文章词汇的情感色彩。在这一过程中，如前所述，现场交流时学员通过发言和讨论能够进一步梳理和确认自己获得的知识，这是在看似无目的的任务基础上的潜在的目的性体现。学科指导教师在这一环节的任务是整理各种知识和认识，使正确的观点准理论化。第三个环节的专业引领是从宏观理论高度对任务提炼成果的观照，使学员知道“怎样才能上好这一堂课”之后进一步认识“为什么这样上能够上好这一堂课”和“如何才能上好这一类课”，从思想和理论认识上去巩固所提炼出来的知识。在对比课、现场交流、专业引领这三者之间的关系中，对比课是现场交流的基础，专业引领是现场交流的观照，重心落在实践提升至主题理论的交汇处，强调骨干教师培养的理论与实践相结合。（如图 3-1）

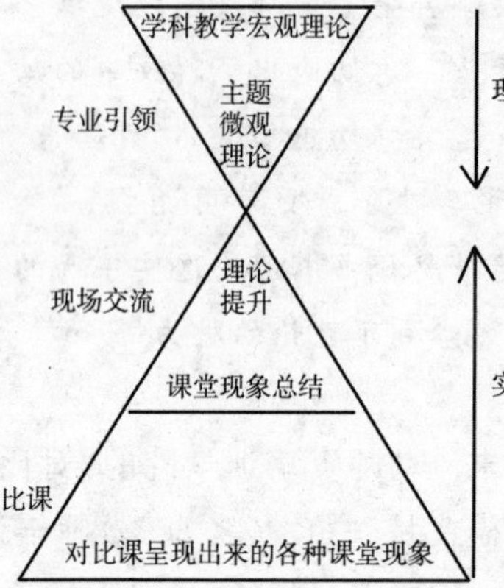

图 3-1　对比课、现场交流、专业引领三者之间的关系

(二)基本属性

围绕着师资培训目标，周末流动师资培训学院形成的基本属性是资源整合、实践反思和文化适应。资源整合是实施高质量培训的基础，实践反思是培训的实践操作过程，文化适应是培训的长效机制和目标。

1. 资源整合

(1)周末流动师资培训学院依靠什么资源？

周末流动师资培训学院开展师资培训，依靠的是三个方面的资源。

首先,是师范大学强大的学科教学论研究力量。海南师范大学作为海南省唯一的省属重点师范大学,建立于1949年。为海南基础教育、研究海南基础教育多年的服务,使海南师范大学锻造了一支优秀的学科教学论教师队伍,积累了丰富的基础教育研究力量。开展基础教育师资培训,要想切实提升基础教育师资水平,就少不了在实践的基础上提高理论认识,当然也就少不了这支队伍。

其次,是海南省各重点中学的优秀教师。这些教师的丰富的实践经验和缄默知识显然也是其他教师所期望学习的,但是,常年以来,这些教师忙于本校本岗位的教学科研工作,没能充分发挥出应有的带头和辐射作用。他们只是本校的优质资源,还没有成为社会的宝贵财富。这些优秀教师平时分散在各个重点中学,没有一个平台把他们整合起来发挥作用,集体的优势无法体现出来。周末流动师资培训学院将他们聘请为兼职指导教师,和学科指导教师一起到教育欠发达地区中学去开展师资培训活动,亲临现场,手把手地帮扶带教。周末流动师资培训学院为优秀中学教师搭建了一个平台,使他们有了一个相互交流、服务社会、展示自我的空间。以下是英语学科一位学员的学习日记,它反映了兼职指导教师在周末流动师资培训学院中独特的作用。

说实在的,我喜欢周末流动师资培训学院的一个重要原因是喜欢听兼职教师的观摩课和他们的反思。以前我听过不少优秀课堂教学,光是优秀教师授课光盘就有不少。但是听了就听了,看了也就看了,知道优秀却不知道怎么优秀,离我很遥远。在周末流动师资培训学院就不同了,原来海南中学那里的教学名师不仅现在亲自到我们这里来了,而且还用我们的学生上课,用我们比较落后的条件上课(编者注:有些学科要求兼职教师不使用多媒体授课)。特别是上课后他们当场反思,告诉我们哪个环节上得好或不好,原因在哪里。这对于我们这些同样也准备了这堂课的骨干学员来说,很容易找到与优秀教师之间的差距。有些差距是可以说得清楚的,比如说教学环节设计;也有些差距说不清楚,比如说同样的设计优秀教师上得津津有味我们却不行,恐怕这是人的素质或魅力使然吧,只能感觉,却说不出来。不管说得出还是说不出,听这样的课,听这样的反思,就很珍贵。

再次,少数民族和贫困地区教师本身拥有的积极的文化因素。在以前的师资培训中,我们往往只是把农村教师看作单纯的培训对象,很少把他们看作培训资源。实际上农村教师的素质本来就存在着差异,其中也不乏佼佼者。这部分教师是重要的本地优质资源,同时,农村教师彼此间的差异也是最佳的“最近发展区”,这是实现同伴互助的前提。周末流动师资培训学院在实践中始终关注教师成长的文化土壤,它不仅将骨干教师作为个体纳为培训对象,还将骨干教师所处的整个当地教师生活文化圈纳入培训资源系统,在培训中充分发挥教师原有文化的长处,逐渐形成学习共同体,形成一个根基于原有土壤但呈现新的价值导向的有利于教师专业成长的文化场域。

语文学科一位学员的学习日记:

……我们单位以前也派老师到海口的名校去学习,回来都说收获很大,介绍经验的时候说了很多,但是没有发现他的教学有多大变化。久而久之校长也不愿意派人出去了。但是前天校长在会议上却提到了我们周末流动师资培训学院的几个学员,因为他看到我们几个参加周末流动师资培训学院的老师在一起研究观摩课备课,讨论得很热烈。他说,教学相长,教教也要相长,教师和教师之间的影响很重要,没有一个大家互相学习共同研究的氛围,学习进步就不快。我觉得他的话说出了我们周末流动师资培训学院培训的一个特点。周末流动师资培训学院将我们学员捆绑成一个集体,要我们相互研究,要我们带动其他老师一起学习。我觉得它关注的不是学员本身,而是我们所处的整个环境,试图利用我们环境里面的积极因素来改造我们发展的环境。环境变好了,也就促成了教师成长进步的土壤。因为人总是有追求进步的因素的，但往往也会随大流，在什么环境下就会说什么话做什么事。如果大家都谈教学，我们也会谈教学，但是，如果我周围的老师都在研究买彩票，我还能谈什么教学？我学的那点东西如何能实践？……

(2)资源整合的原则和方式

资源整合是系统论的思维方式。整合(integration)一词最早是由英国哲学家斯宾塞于1862年提出来的，指的是由系统整体性及系统核心的统摄、凝聚作用而导致的使若干相关部分或因素合成一个新的统一整体的建构、序化过程。整合既准确表达了事物之间的动态作用又强调了事物之间结成一个整体的独特性质。整合资源的基本思路就是将资源视为一个系统，通过加工与重组，使之相互联系、相互渗透，形成合理的结构，实现整体优化、协调发展，发挥整体最大功能，实现整体的最大效益。

周末流动师资培训学院资源整合的原则是以指导教师为主导、以兼职教师为主线、以骨干学员为主体。高校指导教师在培训主题设置、培训进程调控和反馈分析方面掌握着整个培训学习共同体的活动进展；兼职教师则充分发挥其课堂实践的特长和自身的示范作用，在培训中扮演教师专业成长的楷模角色，是培训活动的"主角"，引导学员从课堂内、外诸方面去学习和发展；骨干学员作为主要的受训者和所在社团文化中积极因素的承载者、传播者，在整个学习过程中既是学习培训的参与者又是执行者，是最为活跃的主体。他们不仅要紧跟指导老师和兼职老师，积极融入培训学习共同体的文化，积极提升自身的能力和水平，还要在所在学校和市县的培训学习圈内起到模范带头作用，带领一批老师组成下一层面的培训学习共同体，担当培植学习文化的营造者和维护者。生物学科一位学员深有感触地说：

……在(周末流动师资培训学院)培训活动中，我有多种身份：既是受训学员，也是施训导师。在海口来的大学教师、重点中学教师面前，我是一个周末流动师资培训学院的学员；但是，在我回到我的教研室团队的时候，我就是指导教师了。周末流动师资培训学院要求我们在自己的教学环境中营造一个工作学习团队，共同学习，消化我所学到的知识……这样的一种混合身份，给了我莫大的动力……

(3)资源整合的意义

资源之所以需要整合，其意义肯定在于整合之后的资源比整合之前的单项资源所发挥的作用之和还要大，也就是1+1>2。以上三个方面的资源，在传统的各类师资培训工作中都曾经使用过，发挥了各自的效用，也都存在着各自的局限。高校教师直接培训来自基础教育的学员时，培训内容常常会存在理论化趋向，因此在对一线教师实践指导方面有欠缺。重点中学教师作为指导者的情况很多，如学校之间相互组织听课、观摩等活动就是这样的形式。这样的活动比较零散，内容较为感性化，也缺乏系统性。发挥农村教师本地资源的作用，我们一直在做。但是，对于农村教师学员来说，由于教育整体落后，常常有"三人行也未必就有我师"的困境。因此，仅仅靠教育欠发达地区自身的资源开展师训工作显然是不够的。

资源整合的意义还在于共赢，因为如果仅仅是农村教师受益，其他各方不能从中得到发展，整合是不能维持的。以上三方资源在周末流动师资培训学院活动中从不同的角度都是受益者：大学老师开辟了广阔的实践研究天地，为理论的拓展提供实践的源泉；重点中学教师通过活动扩大自己的影响，获得荣誉和成就感；农村教师自身则在培训中受益成长。

三者结合起来，优势互补、互利共赢，理论和实践的完美结合，为师训工作提供了一个有深度、广度和贴近度的平台。

2. 实践反思

(1)实践反思的内涵

早在1903年，美国教育哲学家约翰·杜威就谈到了反思性思维(reflective thinking)的必要性。实践反思是在审视活动过程中感悟，在复杂状态下生成对于具体问题的洞察、审视与判断。实践反思克服了技术性实践的弊端，强调教育实践的特异性、复杂性、不确定性。它不是将理论直接应用于教育教学，而是针对教育现场的具体问题在实践中解读教育理论，这个过程有利于教师实践智慧的形成。我国在经过基础教育课程改革的实验之后，也逐步认同了实践反思是教师专业发展新范式中促进教师成长的策略之一。

我们认为，教师的知识结构包括两方面：一是理论方面，即教师应具有的学科专业知识和教育理论知识；二是关于实践知识，是指教师在具体的日常教育教学实践情境中，通过体验、反思、感悟等方式来发现和洞察自身的实践和经验之中的意蕴，通过融合自身的生活经验逐渐积累而成的对教育教学的认识。这种知识实质地主导着教师的教育教学行为。这些知识是综合的、实践的、个人的、情境的、默会的，具体体现为各种教学场景下的自然应变能力。

现代社会要求教师能终身学习，使专业能力可持续发展。相对而言，教师的理论知识的充实发展较容易实现，常规进修培训及自学大都以此为目标，但对于教师教学效能的提高来说，更重要的是实践性知识，而这类知识的获得和改善靠他人传授几乎是不可能的，只能依靠教师自身的实践反思和感悟。只有反思型的教师，才具有应对教学场景变化的即兴思维，对问题情境持有深入研究的态度，具有从多元视点解决现场问题的综合能力，能够对实践过程中的问题不断建构。

(2)实践反思的价值

反思是使教学实践有意义化的行为，如果没有对其自身教学实践的反思，教师能从实践中学到的东西在数量和质量上都将十分有限。波斯纳曾提出过一个教师专业成长的简要公式：经验＋反思＝成长。他指出，没有反思的经验是狭隘的经验，至多只能形成肤浅的知识，如果教师仅仅满足于获得经验而不对经验进行深入的思考，那么他的发展将大受限制。可见，反思教学实践经验对于教师发展具有重要意义。

我们认为：首先，在理论认识方面，教师在接受学科知识的同时，一定也学习了很多教育教学方面的理论。对实践进行反思，教师将教学理论作为观察研究自己学科教学过程的工具，在理论的水平上会有更深的认识，使隐藏的教育思想得以激活。其次，实践反思有助于教师及时调整自己的教学行为。如果教师能在一节课结束后，深入地反思本节课的效果，着重反思课堂中出乎意料的创造性收获和需要改进的地方等问题，会有助于他及时总结经验，制订改进预案，有利于今后提高教学效果。另外，实践反思是教师充分挖掘自己专业发展资源、培养自己专业成长后劲的主要方式，因为理念的形成是从一个人自身的经验中产生并发展起来的。

在实践中反思是周末流动师资培训学院开展师训工作的基本属性。周末流动师资培训学院进行的师训强调对实践教学活动进行有专家引领的、系统的、深刻的反思。

化学学科一位学员的学习日记：

（参加周末流动师资培训学院）以前也听说过反思这个词，但是怎么进行反思自己却懵懵懂懂，思维挺乱，写得也不规范不专业。周末流动师资培训学院不仅带来了对比课，指导老师们还手把手地教我们怎样进行教学实践反思。从问题的描述，到问题的剖析，到归纳总结，思路一下子清晰了。……

（3）在实践基础上反思

教学实践是教师实践性知识最重要的来源。尔贝兹、康奈利和柯兰蒂宁等，都在他们的研究中相当直接地论述过教师自身的教学经验是如何有助于他们发展实践性知识的。我们认为教师是在他们的课堂教学活动中常规地建构教与学的理论，能够逐步构成实践性知识。教学实践经验不仅能够加强和巩固教师原有的已证明为正确的或是可行的知识，改正或修改他们原有的已被证明是错误的或是不可行的知识，而且也为教师提供重要的机会获取或创造很多新的知识，如教材的结构、知识的难点、教学策略等。教师的教学实践经验不是呆板的、封闭的，而是充满活力的、不断发展的。

我们强调反思这种手段，但同时更强调实践，尤其是实践的质量。周末流动师资培训学院的实践与教师在日常教学活动中的实践不同，体现在几个方面：一、实践的目的不同。日常教学实践是不带有反思目的的实践，是先有实践后有反思，而周末流动师资培训学院的实践事前往往已经设定了反思的框架，比如有主题安排、有教学结构方法的对比、有专家课前分析指导，这些都为实践之后的教师反思准备了理论工具和反思素材。二、实践的质量不同。周末流动师资培训学院的对比课相比教师日常教学活动来说是经过了精心准备的，教师在实践之前经过了大量思考，即便是不上对比课的其他骨干学员，也是要求经过备课的。三、实践的方式不同。周末流动师资培训学院的实践是以对比课、研究课的形式进行的。

可以说，周末流动师资培训学院的实践反思既在教师的自然实践活动之中，又在其之上。

3. 文化适应

(1)骨干教师成长所需要的文化环境

在乡镇中学，这样的情景对于教师们不会陌生：当他们走入教室时，把同事关在了门外。离开教室以后，很少去谈论教室里发生的事情。教室就是我的地盘，我的地盘我做主，其他人一概不受欢迎。长期身处这种场景，教师们无形中失去了对“整体”的归属感，也不了解自身行动所带来的一连串后果。这种文化在同事间所建立的壁垒，一方面源自教学工作的复杂性，使得教师难以形成相互协作的意愿，教师相互之间的竞争也增加了教师的恐惧感，降低了教师对于同事的信赖，加深了自身的孤独和郁闷；另一方面，教学相比其他行业来说也许是所有公共服务业中最个人化的专业。律师和医生经常要在对他们的行业了如指掌的同事的眼皮底下工作，所有人都能清晰地看见他们的知识和技能的差距，水平高低一目了然。但是，教师在学生的头脑中遗留错误的思想，除了学生以外，其他人无法知晓。

教师学习共同体是指以提高教师自身专业素养和职业能力为根本宗旨，积极探寻各种自主学习形式，注意成员之间的社会确认与经验资源共享，实现互促共进的各种教师学习型组织。教师学习共同体立足于教师群体，通过教师相互之间生活经验、专业经验、教学实践的交流和对话，使教师的实践性知识得以共享、积累和传承，进而形成教师的专业文化。共同体普遍的特点是教师共同的文化历史或文化传统，包括共同的目标、协商的意义和相互依赖的系统。在共同体中，个体成为更大的集合的一个组成部分，经过生产循环，新手教师成为经验丰富的教师，使共同体得以持续发展。共同体通过遵循学习型组织的行为准则，可以帮助教师达成个人的、社会的和专业的三方面发展。在个人发展方面，重视教师各自的经验与方法、观点与立场，可以让教师获得应有的专业尊严和自信心；在社会发展方面，能突破专业孤立，发展出相互支持、共同发展的意识；在专业发展方面，可以通过分享有效地建构、提升教师的实践性知识。

我们认为，担负起学生的学习与发展的，不是具体的每一个教师，而是一个教师集体。周末流动师资培训学院作为师资培训的一种形式，要创建的就是这样一个真正的学习共同体，创建一个超越学校和课堂的教师间生活方式与学习文化的共同体，让农村教师不再孤独地奋战，而是置身交响乐般的协调之中，多元的看法相互碰撞、回响共鸣，共同成长，共同进步。

（2）创建学习共同体文化环境的策略

周末流动师资培训学院的受训学员一般以一个县内的某一学科所有教师为集结单位，形成一个学习团体。学习团体分两个层次，即在所有参训学员中遴选一些作为骨干学员，骨干学员要上对比课，要写反思日记、做行动研究，剩下的其他受训学员只要求观摩和评论对比课、聆听专题讲座。

怎样才能凝聚这样的一个学习团队，形成真正意义上的学习共同体呢？周末流动师资培训学院采取了以下几点做法：一是用公开课的形式将课堂透明化并形成常态。周末流动师资培训学院要求骨干教师要与兼职指导教师上对比课，供指导教师和全体学员分析点评，还要求骨干教师回到所在学校要举行小组公开课，供所在学校教研室成员分析点评。这样的公开课要多、要经常化，成为教师生活的常态。克服“我的地盘我做主”的封闭意识，让教师自觉置身于群体当中，为创建学习共同体打下基础。二是借助相关理论和专题化系统分析来分解课堂教学的复杂性，让课堂教学环节、步骤、意图、效果等因素得以量化、明晰化，让教师懂得观察和比较，说得出道理来。周末流动师资培训学院的主题根据学科教学知识体系编排而成，每一次活动都不同。以英语学科为例，第一次活动聚焦教学目标的描述，第二次活动则研究语言操练课的设计。课堂评价指标也通过量化细化的方式进行，学员容易掌握。三是通过互助的方式增强教师之间的互信，使教师懂得学习共同体“1＋1＞2”的道理。在周末流动师资培训学院活动过程中，教师之间通过互帮互助完成培训任务。如学员授课要大家一起设计、一起评课，课后反思作业要首先在学员当中相互交流，等等。

(3)让骨干学员适应学习共同体的文化环境

如前所述，农村地区的学校所处的文化环境本身拥有一些积极的教师文化因素，一些教师渴望专业成长。但是不可否认，消极方面的因素影响往往在整体教师生活文化圈中占据上风。例如教师课后不再备课批改作业，而是聚在一起打牌。在以前的培训中，学校往往是选一两个年轻教师作为骨干教师培养派到大学或外地的重点中学去跟班学习，但是很快发现，学成归来后的学员也很快受到原有文化中的消极因素的影响而恢复原状，学习的理念和做法只在学习的过程中才有，不会带回到实际课堂上来。

周末流动师资培训学院首次将教师专业成长的文化土壤纳入视野，它不仅将骨干教师作为个体纳为培训对象，还将骨干教师所处的整个当地教师生活文化圈纳入培训资源系统。例如，要求骨干教师不脱产培训，在培训的过程中除了集中到县城参加活动以外，还要在所在学校组成学习小组，发挥骨干学员的核心辐射作用。注重培育和保护学员在教师生活圈中的积极方面的因素，形成一个根基于原有土壤但呈现新的价值导向的有利于教师专业成长的文化场域。

(三)相互关系

在资源、实践、文化三者之间的相互关系中,资源是新实践场域与新文化场域的生成基础。周末流动师资培训学院只有将大学教师、重点中学兼职教师和所在地方的骨干学员所分别拥有的学科教学理论知识、实践经验技巧和学员身上潜在的专业成长积极因素充分整合起来,才能创造高水平的、适合学员反思学习的、能切实帮助学员较快实现专业成长的新的实践场域,在原有的教师生活文化圈中创建更加积极的教师文化生态。这三者缺一不可。

实践是整个师资培训学习过程的核心活动,是三项资源整合的载体,也是通过培训让学员实现文化适应的途径。在周末流动师资培训学院的活动中,兼职教师通过实践教学传授经验,骨干学员通过实践对比课参与学习,而大学指导教师则通过对实践的剖析来渗透理论,整体活动以实践为主线,在实践中学习。在这里,学习共同体的形成不是靠理论传授达到的,而是在三项资源整合的基础上,让学员在实践活动中慢慢适应的,因而效果扎实。

学员的文化适应是资源整合的价值导向和实践改善的行为导向,是周末流动师资培训学院所要实现的最终目的。学员在参与活动的过程中,与兼职教师一起体验优质的课堂,与学科教学专家学习分析教学,与自己所在学校的老师小组一起探讨教学,大家之间形成和谐的师徒伙伴关系。学员在活动中,从观摩到亲自上课、从聆听点评到发言,从外围到核心,慢慢向实践中心靠拢。学员在回归学校后,课堂从封闭到开放、从独自为政到相互交流、从消极随大流到引领积极文化,逐步成长为优秀骨干教师。

二、运行机制:“经验—反思—互动”

(一)经验、反思、互动的内涵

1. 说“经验”

经验是经历或体验。从哲学上说,经验泛指通过本人或他人实践得来的知识或技能，或个人的感觉经验，即感性认识，指在实践过程中通过自己的感官直接接触客观外界而获得对各种事物表面现象的初步认识。从认识论的角度来看，经验是人与客观世界直接相互作用的结果，是认识的基础。教学经验是教师在长期的教学实践中，对教材处理、教学设计与课堂教学实施所形成的规律性方法的个人总结。它是在一定的教学理论的指导下，在教师的长期教学实践活动中得到的升华与结晶。刘世清教授对教育经验的认识是："教育者个体在日常教育实践中形成的认知与行动图式，是在教育实践中不断被型塑与生成'惯习'的双向过程。"李文豪则认为："教师的经验性知识是通过教师在教育实践活动中的感悟和直觉来获取和形成的知识，不只是通过外部的灌输学习就能实现的，它还必须在实践中经过教师自己的积极参与、体验、反思、经历、认可后，才能真正掌握和内化。"

我们认为：教学经验是经验的一个下位概念，主要是指教师个体在经历与体验具体的日常教学实践中获得的知识或技能以及所形成的规律性方法的总结，它是在一定的教学理论的指导下，教师长期教学实践活动的升华与结晶。根据布迪厄的场域和惯习的理论，我们还可以对教师的教学经验做进一步认识：从静态的角度来说，教学经验是教师个体在日常教育实践过程中所形成的认识与行动图式，是一种被建构化了的结构(structured structure)；从动态的角度来说，教学经验系统是教师在自身的日常教育实践中，通过学习、交流与实践，不断反思、体悟被塑造与生产，是一种建构中的结构(structuring)。因此，周末流动师资培训学院认为教学经验是一种资源，是教师专业发展的平台。经验对于周末流动师资培训学院来说，既是实践的过程，也是实践的结果。

在周末流动师资培训学院的培训活动中，经验可以作为一种知识、作为一种资源、作为一种行动，既是指导教师、兼职教师、骨干学员交互作用的结果，也是主客体交互作用的结果。前者指的是知识的交流、资源的整合和行动的指导；后者主要强调人与客观事物的关系，这里的客体就是经验主体所经历的事实，主体和客体并不是经验当中两个独立的构成要素或组成部分，而是经验的两个方面，不可分离。

在以往的师资培训实践中，学员在借鉴他人教学经验时往往单纯一味地移植别人较为成功的经验，却效果不佳。其中重要的原因就是没有去考察他人生成教学经验的教学事实，即所处的环境。经验离开了适合它习性的环境，结果只能是夭折或在生成中逐渐地枯萎。经验是对实在的一种回归，经验通过人的活动，必须要回归真实，否则经验就成为个人成长道路上的障碍。具体地说，教师培训就必须是对课堂教学的回归，离开了学员真实的课堂，经验就离开了能够生长的真实环境，教师培训就不会有效果。

2.说“反思”

何为反思，杜威认为反思是“思维的一种形式，是个体在头脑中对问题进行反复、严肃、执著的沉思”。范梅南认为“反思含有对行动方案进行深思熟虑、选择和作出抉择的意味”。我们认为，反思是对自己（也包括他人）行为或思想观念的重新思维过程，以实现对现状的超越。对教学经验的反思是教师不断地重新审视和评价自己及他人的教学经验，从而使经验在批判中走向超越、创新和提升。在这里反思仅是手段，也是过程，最终目的是重构教学经验，也只有重构后的教学经验才是鲜活的、实际的，并用于教学实践。

教师反思是教师成长的一个必不可少的阶段，美国学者波斯纳提出过“教师的成长＝经验＋反思”的模式，而对教学经验的反思是教师反思的一个重要方面。教师通过反思能使其教学经验在量上得以不断增加和在质上得以逐渐提升。

首先，教学经验是教师由教育教学实践得来的，由于它没有经过充分的信息加工，仅靠自然的或不经意的保存，往往很容易消失。而经过反思进行充分的加工之后，由于理解了教学经验内部逻辑结构及其运作的场景，明确了保存经验的重要意义和措施，就有利于教师对教学经验的编码和储存，进而促进教师经验的量的扩充。

其次，经验不同于科学，不是放之四海而皆准的真理，即便是真实性经验，也并不能保证它的可靠性。教师的教学经验也是这样，不适当的运用也是导致错误的根源。教学经验必须经过反思才具有保存的价值。波斯纳指出:“没有反思的经验是狭隘的经验,充其量只能形成肤浅的知识。”这就是说,教师只有通过建构性反思的分析、综合、比较、概括地加工之后,才能对教学经验起到选择、抽象、组织的作用。经过反思,去除了原始教学经验中的无益成分,提炼并系统化经验的精华,这样才能实现教师经验的质的升华。

参照科尔伯的学习经验四阶段循环模式,教学经验反思的模式可分为:具体教学经验、观察分析、重新建构、积极验证四个阶段。第一阶段教师形成了教学经验;第二阶段教学经验得到关注;第三阶段通过反思形成抽象的概括,以解释新的教学经验;第四阶段则要检验这些概念。在检验的过程中又会产生新的经验,开始新一轮的循环。

在周末流动师资培训学院活动过程中,骨干学员从日常教学实践者首先转变为周末流动师资培训学院活动观察者,在活动过程中学会观察分析、认识教学现象并形成概念,不断深入参与评课和交流,重构原有的理论知识,最后是自己亲自上对比课,从实践中寻找验证。在这四个阶段中,反思集中体现在对比课观摩分析阶段,在指导教师的理论引领下,经过学员思维的选择、抽象和组织,教师的教学经验由潜在状态表征出来,进一步发展为概念性的认识。

英语学科一名骨干学员的教学反思日记:

上完了这节课后我有种极大的挫败感,在失落之余,对这节课进行了一个总体的反思。

首先,对这堂课的目标理解上存在着一定的偏差。把教学目标设定得过大,比如说:(1)提高学生的听说读写能力目标。一节课当中是无法一下子提高听说读写能力的,这需要周而复始不断地培养才能达到的目标。(2)让学生对未来怀有远大理想的情感目标。学生没有眼下的脚踏实地哪有未来的远大理想?这样定下的目标是在说大话,这样的目标是很难去实现的,应该让学生认识到今天的学习是为了以后更美好的生活和更理想的职业而准备的。

这节课的生词目标还有句型这些基本的目标都没有实现,没有达到我所设想的那种教学效果。究其原因主要有以下的几个方面:(1)在开始导入的时候我就没有很好地创设真实的语境去引导学生。一般而言对于自己的未来生活每个人都是充满憧憬的,尤其是这些中学生,但是我却没有从学生的实际出发,创设的情境不够真实,所以才没有激发学生的学习欲望。(2)单词的呈现与操练过于呆板。学生对单词句型的掌握比较被动,由于单词、句型掌握不够好,所以我的目标没有达到,更无法达成学生能力目标的提升。

其次,教学活动设计实施得不够合理。在给学生语言输入方面是足够的,但在实施 pairwork 时,却不理想。经过认真反思之后,我发现是自己设计的任务对学生没有一定的吸引力,学生没有一种想要表达的欲望。假如我把活动稍微改动一下:(1)让学生设想现在是 10 年后,你会选择从事何种职业? 这样 pairwork 这项活动的完成就会更好些。(2)在听力的这一环节处理得不是很好,听说没有给学生做好充足的听前准备。听后的检测做得也不够好,我应采取个别提问来检测听力结果而不是全班一起来回答。在处理听力的时候犯这样的错误是因为自己没有很全面地从学生的认知规律去考虑,没有考虑到他们在听的过程中的困难,没有很好地起到一个引导者的作用。

再次,突出了重点,但没有克服难点。究其原因是操练"How are you going to do that?"的时间不够,呈现得太过生硬。学生还没有理解的时候就让其自己去尝试操练,这一环节也没有扩展,整个活动环节没有经过"感知——理解——操练——记忆——套用"这样一系列的认知过程,而只是从操练到操练的机械过程。

另外,我的基本教学素质还是有许多需要提高的:板书没有题目,也没有重点词汇,有好几处都犯了口误,比如把刘翔说成是 basketball player,把 Do you want to be 说成 Are you want to be,把 I'm going to learn 说成 I'm going to learning,这些都是不应该犯的低级错误。

在这篇反思日记中，学员在自己的实际课堂基础上进行了观察和分析，发现了如教学目标设定、活动设计、难点突破等一系列的问题，形成了自己的概念认识，为今后进一步实践验证打下了基础。有些地方的反思是深刻的，比如活动的设计没有激发学生参与的动机和表达的欲望等。

3.说“互动”

互动的本质是主体与环境或不同主体之间的资源交换。在学习情境中，互动是指学习者在学习目标的指引下，依据已有和新获取的信息对情境做出反应，并根据反馈进行调整，直至实现这个目标的整个过程。

周末流动师资培训学院的互动指的是指导教师和骨干学员之间、兼职教师和骨干学员之间、骨干学员和骨干学员之间的直接交流的程序化运作，是骨干学员(也包括指导教师和兼职教师)在问题情境中对自己的原有知识、行为、观念等进行评价，并结合新的信息，对原来的知识结构进行重新编码以建构新的知识结构的过程。周末流动师资培训学院的互动活动把反思、互动与传授有机地结合成一体，搭建起符合教师特点的学习与探索的学习平台。这样的互动能从三个水平上提升或拉动学员的认知活动：一是学员反思，学员按一定主题要求把自己的已有的经验及知识结合成新的信息进行评价；二是学员之间的互动，每个人将自己的已有经验结合新的信息与任务进行交流，同时，也吸收他人的类似信息；三是师徒互动，学员可以从指导教师那里获得：对反思与互动结果进行反馈，对隐性知识进行显化，提供建构新的图式所需的信息。

英语学科韩刚教授与周末流动师资培训学院学员王茹娜的交流信件(摘)：

敬爱的韩老师：

您好！近来可好？工作还好吗？

前几天我到海口参加中招会议，听了几节复习课，让自己又回忆起在周末流动师资培训学院的学习和讨论情景。我总是觉得自己很需要充电，很怀念周末流动师资培训学院学习的日子；离开你们，就觉得自己很容易就懒惰了。虽然在科组活动时我们也有交流，但是大家往往只是随意聊聊，并不认真对待。

这两天和我一个乐东同学刘礼云（是你们半年培训的学员）交流得较多，收获也不少。我发现她有很多困惑和无奈，心中有着迫切想要进步和提高的热情和渴望，可苦于没有什么具体的办法提高自己的教学实践水平。我也只能建议她多写反思日记。不过学校现在没有安排她上课，所以她只能用你们给她提供的资料进行更深入的学习。她的执著和热情让我感慨！（她打电话问我琼中的周末流动师资培训学院是否开办，想听听课）

我想问问您，像我们这样的教师怎样才能持续保持热情呢？今后的我们又该如何做呢？刘礼云可以给您写信吗？在"优秀"还没成为自己的习惯时，我们有时会觉得疲惫和无奈……

祝好！

学生：茹娜

亲爱的茹娜：

谢谢你的来信，也祝贺你和王秀安两位老师成为琼中县周末流动师资培训学院的"优秀学员"！不久你们将获得省教育厅颁发的相关证书。

知道你与你的同学刘礼云都渴望获得学习的机会，希望自己长期保持不断的学习热情，我很为你们高兴，也愿意尽自己所能对你们有所帮助。根据我的经验，教师是否能够持续保持发展的热情主要取决于以下几点：

(1)教师所在学校的整个文化气氛（如校长是否重视教师的学习与交流，同事之间是否愿意相互交流、相互支持）。教师所在团队的影响是最直接和最持续的。如果教师仅仅写个人反思日记而不与他人交流，教师发展的效果是有限的，因为教师的"自白"有时候可能会受到个人知识、经验、思维的局限而缺乏挑战，也缺乏不同观点的借鉴和补充。

(2)教师的个人教学实践经验。缺乏教学实践(如学校没有安排你的朋友上课),教师的反思就是"纸上谈兵",效果可能十分有限,因为教师只能够通过在教学实践中的反思发展自己,即通过与自己学生的交流,了解学生学习的情况,不断追问学生的学习过程是否合理和有效。只有这样,教师才能真正发现自己的教学问题,也才可能在解决教学实际问题的过程中不断成长。

(3)教师与大学教师教育者之间的合作。教师与教师教育者各自所拥有的知识、技能和经验是不同的:如教师教育者所拥有的学科教学理论知识、进行教学研究的经验和与其他教师合作的经验可能帮助教师更客观、理性地分析课堂教学;而教师的教学实践知识、教学环境知识(如对学生、班级和学校的了解)能够帮助教师教育者更好地了解课堂教学现实、有效地检验自己的理论分析等。因此,你的朋友当然可以直接给我写信,这是我作为一名教师教育者的职责。

(4)最后,经常阅读教学与研究的相关文献(包括书籍、期刊、报纸等)对教师发展也很重要。这些专业文献上新的不同的教学理念、观点和学者们对教学实践的分析、归纳、总结,可能给教师的实践带来不同的思想启示,可能帮助教师了解最新的教学研究动态和获得必要的知识更新、借鉴与补充。

但愿以上的看法对你和你的朋友有一定帮助,相信你们一定会找到适合自己发展的方式。

晚安!

韩刚

(二)经验、反思、互动的关系

1. 经验—反思—互动

每位教师都有自己的教学经验,这些经验是在其职业生涯中积累的。教师自己的教学经验是教学知识的重要源泉,但仅靠这些教学经验难以获得专业成长。这是因为教师的专业发展是指教师在其专业素质方面不断成长并追求成熟的过程,是教师专业情意、专业知识、专业能力等方面不断更新、演进和完善的过程，是伴随其一生的过程。随着社会的进步、教育的发展，促进教师的发展、提高教师的专业素质，已成为各国的共识，是现代教育领域中的一个热点。在教师的专业素质中，教师的教育意识即教育者在教学中形成的对一些教育现象，特别是对自己的教学能力和所教学生的主体性认识，直接影响着教师的认识判断力，进而影响教师的行为。这需要教师有不断地对自己的教学进行反思的习惯。如果教师在真实的教育教学情景中，没有强烈的反思意识，没有对教学经验的实践进行反思的动机，就不可能有教育理念的更新和教学行为的转变。美国心理学家波斯纳认为，没有反思的经验是狭隘的经验，至多只能形成肤浅的知识。只有经过反思，教师的经验才能上升到一定高度，对后继的行为产生影响。正如他提出的教师发展公式"成长＝经验＋反思"一样，教师如果在获得经验的同时能坚持自觉反思，那么他的发展就不是一种短期的或阶段性的，而是一种可终身持续的发展过程。

教学实践的经验表明，每位教师的教学都不可能尽善尽美，或者不可避免地存在与教育教学外在价值标准错位的现象。反思活动不仅仅是一种个体行为，更需要群体的支持。教师的教育教学实践是否科学有效，既需要不断的自我评价，也需要反思别人的评价。教师个体单独交流是教师通过自我观察、自我监控、自我评价来进行自我反思，这种内省反思活动，往往比较模糊、难以深入且具有一定的封闭性和局限性。因此教学后的集体评课交流是众人智慧的浓缩，旁观者的"清"可以点化当局者的"迷"，对促进教师高质量地完成教学任务，不断提升自己的教学素质起着良好的作用。同时教学反思是分析教学技能的一门技术，这门技术，不同的人掌握的程度也不尽相同。教师的教学经验所经历的实践的困惑反映出对理论理解的偏离，是缺乏理论指导的反思，是粗浅的反思，需要他人对行为的反思加以深刻的分析并以理论为指导。只有将实践中反映出来的问题上升到理论层面加以剖析，才能探寻到根源，使主体的合理性水平得到提升和拓展。在时间和条件允许的情况下，一定要加强教师间的交流对话，因为教师间的对话与交流，不仅可以使教师的思维更加清晰，而且来自交流对象的反馈往往也会激起教师更深入的思考，激发自己更多的创意和思路。

围绕共同的话题进行畅谈、资源共享的反思方式，已成为教师专业发展生命力的源泉。这种交流互动既有反思意识的觉醒，也有系统的理论学习。正如一位骨干学员所说，“以前说反思，心里很害怕，因为自己不知从何谈起，从何入手。现在通过交流，不再觉得困难，很容易就能找到反思点然后去分析”。经验需要反思，更需要交流对话的互动，有效的反思是通过互动来获得有效的教学经验的。

2. 经验是基础，反思是提升，互动是关键

教学反思的主要动因是为了改进自己的行为，实现更合理、更有效的教学。为了更加合理、有效地完成教学任务，教学反思不是空洞抽象的、苦思冥想的，而是有载体的。一个新手型的教师即使他的教学理论和学科专业知识非常扎实，但因为教学实践（行动经验）的欠缺，他的教学技能还是“娇嫩”的。教育理论虽然是指导教师教育实践和创新教学设计的工具和指南，是教学技能提升的理论支撑，但这些都必须以教学经验为基础。教师的经验不但指的是知识的经验、资源的经验还有行动的经验。由于新手型教师行动经验的缺乏，他的反思是肤浅的、没有效的。教学经验是教学反思的基础。有效的反思需要足够的相关问题的经验和理论知识等信息。实践中，往往有这样的现象：工作了一二十年的老教师教学能力还不如仅工作几年的年轻教师！为什么会产生这样的现象呢？原因很简单，那些老教师多年的教学生涯似乎有丰富的“教学经验”，但实际上没有反思的“教学经验”，也只是教学实践经历而已。这意味着教师不是作为技术的熟练者存在的。老教师只有形成经验的丰富材料——“活动”和“结果”，但他们缺乏建立“活动”和“结果”之间的联系主动反思，或者只进行低层次的反思，即没有利用先进的教学理念和理论对“活动”和“结果”之间的关系进行全面的理解和解释这一个具体的过程，没有把教学实践经历上升到理论的高度来分析。那些老教师所形成的是狭隘的低层次的或是有很大局限性的

经验，所以虽然工作了很长时间依然缺乏有效的教学经验。叶澜教授说过："一个教师写一辈子教案不一定成为名师。如果一个教师写了三年的教学反思，有可能成为名师。"美国心理学家波斯纳也提出："如果一个教师仅仅满足于获得经验而不对经验深入地思考，那么即便是有 20 年的教学经验，也许只是一年工作的 20 次重复，除非善于从经验反思中吸取教益，否则就不可能有什么改进，永远停留在一个新手型教师的水准上。"如果教师仅满足于获得经验而不对经验进行反思，他的发展将大受限制，教师的每次反思都意味着对旧的教育理念和行为的扬弃，对未来发展的规划，是一种自我超越。教师通过对教学实践活动的不断反思，会使自身教育观念和教育行为得到改变，自身教学素质得以提高，专业能力得到发展，进而适应时代的要求。由此可知，教师只有对以往获得的教学经验不断地反思，才能提升自己的教学经验的有效性，才能形成能指导以后教学的有效的教学经验或教学理论。

反思的内容是包含很多的，仅仅靠一个人的力量可能无法将所有的资料收集齐全，教师反思不能局限于个人力量。另外，由于个人所具有的自我价值维护性、心智模式稳固性和知识经验有限性，个人较难进行准确而深刻的自我反思，甚至难以发现自己所存在的问题。教师要提高教学反思的水平，仅仅通过自身一个人的力量是不够的，还应该借助他人的帮助，听取其他教师的意见，接受专家的指导，不断学习新的、更好的知识和手段来提高自己的反思水平。单独一个人的视野、经历毕竟有限，只靠自己的实践经验进行反思，成长与发展必然需要较长的时间，提升的程度也会是有限的。事实上，获得各种经验和理论知识的方法和途径很多，除了自己的教学实践所获得的经验外，还能通过各种交流互动，如从书中、从同行的展示课、研讨课和示范课中获得其他老师的教学经验和先进的教学理念及理论。在多种互动交流中吸取别人积累的有效教学经验进行反思，能够快速有效地成长和发展。由于农村教师的经验条件和教学环境等许多因素，使他们很难与外界进行互动交流，所以周末流动师资培训学院组织海南省各地优秀教师，以优秀教师和农村教师进行同课异构的形式，为农村教师送去先进的教学经验，对农村教师进行专业培训，实现他们的快速成长和发展。教学交流对话的互动是教师专业发展的催化剂。

在周末流动师资培训学院同课异构的课堂上，在师生和生生的互动交流过程中，农村教师同时进行及时反思，反思自己以前的教学行为和对应的效果，分析上课老师的各种行为和设计意图及获得的相应效果。在课后安排的互动交流的讨论中，上对比课的两位教师先介绍自己的教学设计意图、教学过程组织方法选择的依据、预计教学效果和实际效果之间的差距的原因分析等几方面内容的课后反思。农村教师将两位老师的教学处理的理念、预计效果与实际效果差异分析方法与自己在教学中的做法及分析方法进行更深层次的实时对比反思，对先进的教学方法和教学理念及理论进行初步的理解。在二次反思后再与优秀教师和其他听课教师进行互动交流。农村教师的“反思”可能由于自己的反思能力所限，有的问题可能理解和解释不到位，农村教师通过多次的反思再与不同层次教师间进行互动交流，使他们进一步理解先进的教学理念和教学经验。另外优秀教师也可能会处在“当局者迷”的状态中，反思也可能有不全面、不到位的地方，通过互动交流引发碰撞，而产生新的“反思”火花，总结提炼出更有效的教学经验，从而使课后的互动交流最终产生了双赢的效果。在听课观摩、交流、互动之后，农村教师再通过反思，进一步加深对先进教学经验和教学理念及理论的理解和解释，进一步对经验进行归纳和概括，提炼出规律，使之成为对以后教学实践有指导性的经验或理论，完成自己有效教学经验的建构，达到提高教学能力、实现农村教师快速成长的目的。

师生互动的教学实践是经验的基础，经验又是反思的基础，反思使经验得以优化提升，优化后的经验又反过来指导教学，通过师生的互动的教学实践进行检验。在“实践——反思——经验”的互动循环中不断优化经验，提升教学能力，实现教师的专业成长。周末流动师资培训学院就是通过为农村教师送去大量有效的教学经验，缩短了他们获取相应水平的教学经验所需要的过程和时间，并通过教师之间的互动交流帮助他们快速理解先进的教学经验和教学理论,通过他们的反思完成自己有效教学经验的构建,而实现对他们的培养,促进他们快速成长。

3.相互影响,互动共生

建构主义认为学习者的经验和情感在知识的理解和对事物的认识上有很大的影响,这使得不同的人对同一事物的认识存在差异。加之教师反思内容的多方面以及教师的反思能力形成与发展有比较复杂的因素,如职业道德、职业修养,教师的动机、需要、态度和每个人的认知风格等,都会对教师自己的反思意识、反思方式和反思效果产生影响,这就为合作交流提供了必要性。周末流动师资培训学院培训活动中,农村教师与兼职教师的同课异构,上对比课的两位教师介绍自己教学设计意图、教学方法选择的依据,反思自己的教学行为和对应的效果,对预计教学效果和实际效果之间的差距的原因分析,课后安排的互动交流讨论,农村教师、兼职教师和大学教师各自将两位老师教学处理的理念、预计效果与实际效果差异分析以及与自己在教学中的做法进行更深层次的对比反思,对先进的教学方法和教学理念及理论进行初步的理解。在农村教师、兼职教师与大学教师的交流互动中,不同层次教师在合作的、信任的、开放的反思互动中有机会对教学内容、意义和目的进行全面、客观的分析和判断,从更高的层次重新认识并最终提高自己的教学。

两位教师(实际上是师徒)的对比课互动,能引发有效的教学反思。对同一教学内容尝试进行不同的设计以及实践的效果,能够唤醒教师对自己行为的思考和评价,通过感悟寻找反思的线索(激发农村教师强烈的自我反思意识)。在实践中发现不足,找到差距(引发认知冲突),去探索提升的空间,学习有效的方法,追求实践教学的合理性。如果没有对比课的互动,不会带来教师深刻的认知冲突,农村教师就不会立足于自我以外以审慎的方式观察、剖析、矫正和完善自身不合理的教学行为,教学认识不会得到建构和提升,教学行为也不可能控制和修正。没有对比课的互动,教师不会对长期积淀的、固定的教学经验和习惯进行审视、筛选,不会在实践中反思自身教学经验与习惯，教学上难有创新，自身专业成长缓慢。因为教师的反思是依据个人经验、个人偏好对事件进行反思，不同教师反思的内容不同，可能是反思行动的反思，可能是反思反思本身的合理性和有效性，也可能反思教学决策的反思。不同水平的教师反思的深度也不相同。有些教师的反思分析很简单、不深刻，不能使现象背后的意义浮现出来，反思就会像一阵风掠过水面一样，只留下几道波纹，这种反思在增强他们行为自主性方面的作用是有限的，不会引起教师思想上的震动和改变，行为也不会有太大的变化，也就不会产生有效的教学经验。有些教师的反思虽对认知不平衡状态分析比较深刻，但是不会探究教学后果和隐藏于其中的主观理论，不能深刻地揭示、分析所反思问题背后的多种原因，如很多教师仅仅局限于课堂中的某一环节发表评论，比如教材处理好坏，用了什么教学方法，却不清楚为什么能取得这么好的教学效果。……这类的反思能使教师积累有效的教学经验，但还不足够引发思想上的深入变革和行为上的巨大转变。还有的教师反思比较片面，如只是从主观上进行反思。这些说明教师自我反思具有一定的封闭性和局限性。不同水平教师间的交流互动，不同维度反思的对话，可以启发个人的思维，激发多维又深层次的思考、客观又全面的反思，这样不仅可以使教师的思维更加清晰，消化吸收书本中的新理念，甚至提炼出自己的教学思想。而且不同的反思的反馈又会激发教师更加深入的思考，激发教师更多的创意和思路。教师在充分互动交流、诘问的基础上，反观自己的行为和意识，获得自我反思发展的资源，达到相互促进、团体共同发展的效果。当然这种效果需要个人的反思，也需要教师间的协作反思，还需要有一个合作、协调和信任的互动环境。如有教师在抛出化学练习课不必探究的观点时，立刻有教师回应道：我有所补充，并非所有的练习课都不能进行探究学习。学习化学规律结论后通过练习强化是毋庸置疑的，但在练习时正确地运用这些规律是否也有窍门？单纯靠多练而不讲究方法是不一定能做正确的。学生也可以通过探究性学习归纳总结自己的方法，这样他们才能更牢固地掌握知识。正如一位老师所说：“听了各位老师的话使我有了这样的想法，我们并不是在讨论要不要指导而是如何恰如其分地指导，在教师的指导下学生最大限度地发挥主体作用。”合作交流的互动活动能展开积极的沟通和交流，将自己内心的想法或困惑暴露给周围的同事，在袒露自我的同时，也能适时鼓励他人探究你的看法，鼓励他人提供不同的看法或主动深入询问他人不同于自己的看法，分享同行的成果。这一过程能使自己的思想观念进一步明确或澄清，并能更好地将群体反思推向深入。

对反思进行细致而深入的探究，又将造成更强的认知冲突，导致教师使用理论上的改变，能够使教师产生思想上的革命。对自己教学行为由细致分析逐渐向更深层次地赋予意义的过程，不是孤立地从某一些方面进行反思，忽略各方面之间的相互联系和作用，而是很全面地考虑到各种影响因素以及它们之间的相互联系和相互作用，从整体上把握、理解并进行教学反思。从而使得反思者对教学行为有深刻的体会，不断改进和丰富自身“经验性知识”，打破陈规，在创造性实施课程过程中得到专业成长与发展。“听了不少优秀教师的课，但把他们的教学方法放在自己的课堂上，为什么效果甚微？为什么优秀教师的教学经验，我们就学不到手？”对别人的教学经验不是直接“拿来”用于自己的教学实践，而需全面考察，注重联系即学会根据不同的教学情境恰如其分地运用灵活多样的教学方式。学以致用是教师专业发展的实质所在。某些教师对外来教学经验不是进行消化和吸收然后再创新，不是经过自己的“深加工”之后再用于自己的教学，而是全盘彻底地否定自己，一味地通盘照搬别人的一切，形式化地简单效仿，反映出这些教师选择教学经验时没有整体观念。不能很好地处理局部与整体的关系，就不能很好地理解整个教学过程。由于教师选择教学经验的过程中没有整体的观念，就会造成所选择的教学经验不能很好适应自己的教学实践，也就不能改善自己的教学行为，更不用说提高教学质量了。农村教师在学习与借鉴优秀教师教学经验时，要树立整体观念，结合自身、本校校情与学生学情，发挥自身与本校的长处，进行教学创新，构建个性化的教学，而不能只是一味盲目机械地模仿。农村教师也只有结合自身的专业实践，不断探索，获得实践性知识，并融入自身的思考，才能构建符合自己特点的个性化教学。

周末流动师资培训学院教学交流互动的过程就是一个“对话”。既有自己与自己的对话，也有自己与他人的对话，是经验与反思的互动，实践与理论的对话。在对话的过程中必然会有教师的不断学习、思考，让教师不断追问、学习、思考、行动这样一个循环往复的过程。在互动中，教师不断追问、学习、思考带动教师理论指导的反思，使教师在总结实践的基础上不断变化自己的知识体系，形成“实践中的理论”。教学反思的本质在于追求更合理的教学实践，有利于丰富教师的缄默知识和实践知识。缄默知识和实践知识是通过教学实践中的创造与反思过程才得以形成的，特别是缄默知识，它难以形式化和通过他人的直接教学来获得，只能由教师本人在实践经验中经过多次的反思总结去顿悟、去建构。理论指导的意义在于能将感性的东西理性化，能将繁琐杂乱的东西系统化，能从一般的原理中推断出特殊事实，能对复杂理论做出符合科学规律的解释与分析。教师必须也只有借助于理论分析，才可以帮助教师审视那些教学中的直觉判断和缄默知识，帮助认识和理解自己的行为和思想，也将实践中反映出的问题上升到理论的层面加以剖析，站在理论的高度审视和反思自己的教学实践，才能探寻到根源，整合出自己的教学智慧，最终形成其个人的“行动”理论，形成自己独特的个性化的教学风格。没有理论与实践的互动，无法提升教师的教学能力；没有理论与实践的互动，教师不能够认真思索，讨论自己行为背后的理论及其形成原因，便不能获得进步。通过反思，教师将理论与实践、思想与行动联系起来，找到理论与实践的结合点，实现两种知识的融合，既运用了理论，又可提炼自己的朴素经验，教师就得以发展。教师在教学实践与理论互动中促进反思，在反思中提升自身的理论素养。

反思活动不仅仅是一种个体的行为，更需要群体的支持。对话互动中需要每位教师有开放、负责和全心全意投入的心态，也要求每位教师创设一种合作、协调和信任的心理环境。如果教师将自己的想法束之高阁，怕自己的观念与别人的看法存在差异产生冲突，不将自己的反思进行交流互动，别人无法了解自己的内心反思，旁观者的“清”就无法点化当局者的“迷”，自己的理念将无法明确或澄清，教师得不到全面深刻的认识，反思效果不会深刻，教学水平的发展将大受限制。教师经常就某一问题组成讨论共同体，展开积极的沟通和交流，在对话中对自己思想、感受进行思考，对自己的教学体验加以比较，从而使自己的思想观念进一步明确，分享同行的成果。教师通过课堂进行交流，拿出作为交流和进一步反思的载体，交流的深度能够保证，能更有效地支持教师的教学反思，为教师与教师的对话提供更多的机会、更有效的支持，实现个人与集体的碰撞，在碰撞中提高群体反思的效能。没有反思的经验是狭隘的经验，是肤浅的知识。经验、反思、互动相互影响，共生发展。

第4章
周末流动师资培训学院的发展效应与推广价值

一、周末流动师资培训学院的发展效应

周末流动师资培训学院的核心理念就是"发展",为了农村教师的专业发展、促进中学兼职指导教师的专业发展、提升大学学科教学论专职指导教师的专业发展,进而推进海南基础教育的发展以及海南师范大学服务基础教育的能力。所以说,周末流动师资培训学院是一项非常艰辛但又多利共赢的活动。5年多的周末流动师资培训学院工作,已经慢慢凝聚起一股又一股的前进力量,催生出一个又一个的成长轨迹。

(一)农村教师个体专业成长轨迹与理论分析

1.专业成长意识的唤醒与成长——一名骨干教师的专业成长案例

却顾所来径 苍苍横翠微

——我的教师专业意识的觉醒与成长

.语文学科学员、文昌中学　黄金玉

年华似水,岁月飞逝,回首相视,我从海南师大毕业已经8年

了。记得刚参加工作那会儿，热血沸腾，“传道、授业、解惑”是我梦寐以求的理想，“教书育人”是我引以为傲的使命，但是当满腔的热血遇到“冷漠的家长”、“顽劣的学生”时，我的心开始慢慢冷却，变得“坚如磐石”了。曾经的豪言壮志和美丽梦想慢慢地夭折在碌碌无为的事务中，夭折在外面精彩世界的诱惑中，夭折在自己的惰性里了。也许是岁月的打磨，也许是家庭的负累，也许是生活的一成不变，在不知不觉当中，大学刚毕业时的那份奋发向上的热情逐渐消退了，教书成了我糊口的生计。尽管在夜深人静时，我也会愧疚，也会挣扎，但最后我还是一次又一次地背叛了信念，一句“这辈子也就这样了”敷衍了所有的纠结。

这样的日子过了6年，一切平淡无奇。就在我打算这样稀里糊涂过一辈子、教一辈子书时，母校的周末流动师资培训学院走进了我的世界，从此我的教师之路有了另一番景象。

一、误入藕花深处，沉醉不知归路——专业意识的唤醒

说起来惭愧，记得刚参加周末流动师资培训学院的第一天，我没有带笔，我是带着怀疑、应付的心理去的。我参加过无数次的教师培训，也许是自己目光短浅，总觉得那些培训大多只是流于形式，无实质性内容可言，而我自己也只是走走过场而已，听完专家报告回到现实工作中，依然如昔，培训不会对我的教学产生太多的影响，留下刻骨铭心的印记。我对自己说，去就去吧，为了学分。可到了会场之后我却后悔了，因为我隐隐约约地感到这一次的培训似乎跟以前的不大一样。那天是海南师大文学院林中伟教授的“新课程理念与语文案例评析”专题报告，他摒弃了一切繁文缛节，在简短的开场白后，直接进入培训主题。在讲解时，林教授旁征博引，或板书，或模仿，教育理论与教学案例紧密结合，诙谐幽默的语言不时赢得大家的热烈掌声。我开始后悔没有带笔记本及时地把这精彩的内容记录下来。

“真正的强者是不抱怨的，命运把他扔到天空，他就做鹰；把他扔到草原，他就做狼；把他扔到山林，他就做虎；把他扔到大海，他就做鲨。”林教授掷地有声的话语重重地叩击着我的心。从第一天的

培训开始，我尘封已久的心被激活了。

事后我在博客上写下了这样一段话："回顾近6年的教学生涯，除了个头没长，得过且过、空虚懒惰的情绪和想法倒是常长不衰，这次培训像是菩提树下的顿悟，它重新点燃了我内心熄灭已久的热情，感谢周末流动师资培训学院，它让我又找到了心动的理由。"

接下来的培训更是令我惊叹不已，我结识了好多好多追求进步的同行们，还有我的结对指导师傅——海口九中温艺红老师。

自参加培训以来，我每次都乐此不疲地等待指导老师们的到来。中学兼职指导老师的教学经验是一笔宝贵财富，他们的示范课给了我很好的学习机会；海南师大专家们的专题讲座，滋养着我的思想，给予了我力量。虽然与指导老师不能周周接触，但每一次的课堂示范和专题讲座，都会令我耳目一新，获益匪浅。他们渊博的学识、深厚的职业素养以及对教育教学的精辟见解，点燃了我心中对知识的渴求，我忽然有一种想突破自己的愿望。我暗下决心，我将努力给自己、给学生打造好每一节精彩的课！此时，我知道年少的梦、曾经的梦已经再度光临！

二、争渡，争渡，惊起一滩鸥鹭——专业素养的成长

就这样，从被动到主动，我开始喜欢上了周末流动师资培训学院。整个培训按照"自我学习，自我设计；自我上课，自我诊断；自我反思，自我创新；自我研究，自我发展"的思路，遵循着"听课—评课—再上课—再评课"的线索，真正做到了"立足课堂，决战课堂，因需参训"的价值追求。在那段时间里，我疯狂地爱上了学习，爱上了上课，感觉有一股力量推动着我前进。在互动交流的平台上畅所欲言，尽管我的观点可能有些偏颇，难免有些幼稚，但那都是自己用心思考的结果。每次参加完培训，我都有一种释怀的感觉，以前解不开的疑团终于迎刃而解了。

在一年的培训时间里，我除去知识的学习和吸收，更多的是自我反思。导师告诉我们："教师的成长，实践是基础，读书是关键，思考是灵魂。"如果教师没有对自身教学经历的反思，就没有教学经验的汇聚与升华。教师只有用自己的诚心、信心、恒心和自己对教学

的执著思考,才能有以心换心的教学感受。于是,我学会了"留出一只眼睛"审视自己、警醒自己。我把反思自己的教学经历作为个人专业化成长的"助推器"。我时常问自己:以这样的理论指导教学有效吗?课堂教学中真正做到以学生为中心了吗?为什么一样的教材、一样的学生,别人能上好课而我却不能?我的教学在哪些方面还可以进一步改进?我应该形成怎样的教学风格?……这些问题时时刻刻萦绕在我的脑海中,促使我不断地思考,时间一久,我对这些问题的认识逐步明朗起来。正如周末流动师资培训学院兼职指导教师邢益育老师所说:"要做'智慧型'的老师,必须要学会思考,思广则能活,思活则能深,思深则能透,思透则能明。"参加培训一年来,我不断地反思自我、充实自我,在培训中品尝着学习的乐趣,体验着专业成长带给我的幸福,周末流动师资培训学院的培训已经让我欲罢不能,沉醉其中。

在周末流动师资培训学院这个平台上,在导师们的帮助下,我竟"惊起一滩鸥鹭",开始发表一点教育教学的零星碎语,并开始收获劳动的果实。参训一年多来,我完成了省级课题一项,发表过三篇论文,其中一篇还获得了"全国教科成果"一等奖;我个人被评为"海南省课改先进个人"、文昌市"优秀骨干教师"、"文昌市教坛新秀";同时,我还被省教研院聘请担任初中远程培训的班主任,多次被邀请在全省中考研讨会上做备考经验报告。

三、收拾行装,重新上路——专业精神的成熟

在周末流动师资培训学院里,我收获的不仅仅是知识、能力和荣誉,还有无形的精神财富。培训过程中,指导教师奉献给我们学员的不仅仅是其对教学独到而深刻的见解,更使我受益无穷的是他们刻苦探索的精神力量。这种精神已经不知何时在我的身上扎根发芽,引领着我走向专业的成熟。

在与周末流动师资培训学院一年的"周末之约"即将画上圆满句号之时,学院向我发出了邀请,聘我为兼职指导老师,我内心的喜悦无以言表!我想我可以继续在周末流动师资培训学院的"熔炉"里锤炼自己、锻造自己,借此也可以把自己的成功经历与其他老师

分享。就这样，参加完一年的学员活动后，我又跟随着昔日的导师们踏上了走南闯北的“征程”。此时，我发现我的生活不再是日复一日的了无生趣，而是时时新、日日新的精彩，而我的精神也在这其中悄然地发生了蜕变。

蜕变中，我享受着太多的激情。我不会忘记，为了给学员上好每一节课，在灯下奋笔疾书的专注；为了摸索作文教学的妙法，我遍查资料筋疲力尽瘫坐在地的狼狈……在博客上我曾写下这样一段感言：“高质有效的师训助我成长。写在纸上的是思想的足迹，化作动力的是思想的延伸。培训只是一个手段，培训只是一个开端，对于培训给予的清泉，我要让它细水长流……在当‘老师’的这段日子里，我补了元气，添了灵气，去了骄气，焕发出无限生机，真正感到教育是充满智慧的事业。走出家门，我才知道外面的世界有多精彩，才知道教育的世界天高云淡、海阔无边。”

有一首歌是这么唱的：“有许多洒满阳光的路，在远方召唤。春天，我们满怀希望去跋涉，我们的成长之路悄悄伸展。也许，和风在等待我们，细雨也在等待我们，可义无反顾的跋涉是我们的选择。我们卸掉一切顾虑和困难，勇敢地向前跋涉。一旦走过了泥泞，失落就会随之而去；一旦跨过了坎坷，幸福之光就会闪耀……”我不会忘记，当我被授予“最受学员欢迎的老师”时，泪流满面却又心花怒放的情景；不会忘记，当我指导的老师拿下市里调研课的第一名时，他那欢呼雀跃、奔走相告的场景……周末流动师资培训学院，带给我太多的心跳，留给我太多的回忆。“却顾所来径，苍苍横翠微。”周末流动师资培训学院是我梦想开始的地方，也将是我重新跋涉的起点，在这里我要让我的七彩梦再度起航，演绎一个又一个精彩的蜕变故事……

随着新课程改革的不断深入，教师的专业发展，已从重视教师的各种知识与能力，转向关注教师内在自主性的生成，特别是专业意识的提升与自我觉醒。专业发展，不仅仅是专业知识与技能的更新，而且更是主观、内隐的精神世界。教师的意识觉醒，已被视为教育改革与教师专业发展的基本内容。教师专业意识的觉醒离不开个体知识的建构、教师交往共同体的形成以及教师专业自主意识的唤醒，这也是周末流动师资培训学院在培训活动中一直努力追求的目标。

黄金玉老师是海南文昌中学的一名普通语文教师，6年的工作，虽然让她熟悉了教学的方方面面，但繁琐的事务同时也磨平了她身上的所有棱角，一句“这辈子也就这样了”敷衍了所有的矛盾和纠结，这是很多年轻教师在入职后专业成长路上都要经过的一个“瓶颈”，我们把它称为教师职业的“六年之痒”。周末流动师资培训学院从教师课堂教学的软肋入手，以知识和技能为抓手，把参训的学员引领入门，重新燃起他们的工作热情和干劲。正如黄老师说的：“虽然与指导老师不能周周接触，但每一次的课堂示范和专题讲座，都会令我耳目一新，获益匪浅。他们渊博的学识、深厚的职业素养以及对教育教学的精辟见解，点燃了我心中对知识的渴求，我忽然有一种想突破自己的愿望。我暗下决心，我将努力给自己、给学生打造好每一节精彩的课！此时，我知道年少的梦、曾经的梦已经再度光临！”在培训中，每位学员都与一位中学兼职指导教师结成对子，便于有针对性的指导和帮助，指导教师与学员、学员与学员之间在培训活动中形成学习共同体。通过观摩其他教师的教学活动，通过与大家的交流研讨、合作探究，教师的专业意识逐渐被唤醒。

传统的教师专业发展观更多注重外部力量，而很少关注教师内在潜能的开发、自主发展意识的唤醒。借助外部的力量有时确实是有用的，但它们不能完全替代教师的自主性，自主性来自教师的内部生活。因此在培训过程中，我们遵循“自我学习，自我设计；自我上课，自我诊断；自我反思，自我创新；自我研究，自我发展”的理念，按照“听课—评课—再上课—再评课”的思路，促使参训教师自主发展意识的觉醒。这样一来，参训学员就可以实现专业的自主和精神的独立，即使培训结束了，参训的学员仍然可以在教师专业发展的道路上越走越远。

如今的黄金玉老师已是学校的业务骨干，也是个大忙人，除了上好课外，还承担了很多校内外的培训任务，相信她会在今后的发展中取得更大的成绩。

2.实践性知识——一名历史学科骨干学员培训前后的变化

在培训中收获　在实践中成长

定安县实验中学　王雪

2006年，周末流动师资培训学院历史学科的培训活动在定安县开班。在接下来一年的时间里，每逢周末，学院便组织省内名师和教授赶到市县学校，以上示范课、对比课的形式对我们当地的老师进行培训。同时为了便于及时沟通，还设有专门的博客平台，指导教师可以打破时空限制与参训学员进行互动交流。这种因需施教、互动充分的教研新形式，促进了我们贫困市县的教师的专业成长，受到了广大基层教师的欢迎。我作为一名普通的县城中学历史教师，也在周末流动师资培训学院的大课堂里学到了很多知识和本领，教学的能力有了很大的提高，各方面都得到了发展。

一、震撼　触动

在一年的培训活动中，风格各异、独具特点的中学指导老师的示范课一一登场亮相：江育英老师的活动课《寻找历史》，大开学生的眼界，课堂气氛活跃而有序；韩众老师的课《香港和澳门的回归》，整合成“回顾港澳沧桑”、“喜看港澳回归”等环节，主线明晰；黄少红老师对《三大战役》一课的分析讲解，专业而深刻……在他们的课堂中，鲜活的新课程理念、深厚的文化底蕴、高效独特的教学设计、机智幽默的谈吐得到了生动的体现。在他们的课堂中，“文本”与“人本”自然交融，教师和学生和谐相处。一幕幕的教学情景，令我叹服向往，也让我自愧不如，心想何时自己也能上一堂这样的课呢？指导老师精彩的课堂展示激起了我对自己课堂教学的审视和反思，并开始认真琢磨他们的课，反复推敲自己的课，我想从他们的课堂教学中获得启发，我想从我的教学设计中找出不足，我更想通过一次次的活动，逐步提高自己的教学水平。

二、对比　反思

在第六次培训中，我有幸与海师附中的王才秋老师上了一节对比课。应该说，我们俩都比较顺利地完成了教学任务，实现了自己的教学目标，但是彼此的教学方法却迥然不同。首先，我的课非常具体化，内容讲解得比较细，甚至近乎面面俱到，课堂气氛相对较为沉闷。而王才秋老师的课则只列出重点，注重让学生学会自学，最后自己才补充小结，而且在课堂中不断地鼓励表扬学生，构建一个自由、和谐、开放的课堂氛围。

课后的评议中，指导老师和学员们帮我找出并分析了教学中存在的问题：为什么课堂气氛沉闷？学生不愿动脑筋！为什么不愿动脑筋？老师都讲完了，学生还有什么可想的！课改不是讲得越多越好，也不是时间投入越多越好，你把学生当成了储存知识的容器，向学生"灌"得越多，他们越不愿动脑筋，效果常常适得其反（课堂气氛沉闷），培养的是"学会"的学生。而王才秋老师培养的是"会学"的学生。

三、实践　求索

真是一语惊醒梦中人啊！回到自己的课堂，我明确了要为学生的全面发展而教，而不是为知识、为考试而教的理念。在备课的时候，我反复思考自己在这一堂课中到底应该给学生一些什么东西，怎样的教学才最有效；上课时，我试着把一些知识点通过一系列针对性的问题让学生进行讨论或设计一些活动，采用合作学习的方式，让学生自己动手动脑得出结论，选择一些适当的教法，把课堂还给孩子们，引导学生实现由"学会"到"会学"。

然而，各种问题接踵而来，我的课堂并没有明显地好转起来，反而愈加乱了。课堂气氛倒是活跃起来了，然而，这种活跃却让我一时难以驾驭。在合作学习时，学生往往不能围绕重点积极有效地讨论，有的学生要么讲闲话，要么无精打采地保持沉默，有些不爱学习的学生甚至借机大闹课堂，课堂的秩序陷入混乱状态。交流时，学生所发表的依然是个人的见解而非集体的智慧，前面的合作在交流时并没有显现效果，我无奈，我困惑……

四、交流　成长

“他山之石，可以攻玉。”周末流动师资培训学院的每位教师都有丰富的教学经验，希望能从他们身上找到解决问题的方法。于是，我把自己的无奈和困惑以《一个历史教师的困惑》发表在周末流动师资培训学院的论坛上。指导老师把我的疑惑设计成几个小标题：你的提问设计有价值吗？在学生回答了以后，你能及时有效地进行评价吗？你设计的活动怎样才能收放自如？

一时间，论坛里七嘴八舌，彻夜不休。很多学员给我提出了许多良好的建议，我都一一在笔记里记了下来：①在设计问题时，要有针对性，紧紧围绕教学目标，针对学习的重点、难点；②提问措辞要能启发学生思考，切忌模糊不清、模棱两可；③遵循由易到难、由浅入深、由简到繁的过程，体现出学生所学知识的层次性；④提问必须面向全体，照顾大多数学生，比较容易的问题给后进生答，难度大的问题给优秀生回答，尽量使每个层次的学生都有机会回答；⑤“鼓励”和“赞赏”必须建立在客观评价的基础上，否则泛滥的夸奖会使学生迷失自我或失去评价的意义；⑥组织小组讨论之前先引导学生认真读书，深入思考，否则讨论如无源之水，谈不上生成和创见，反而剥夺了学生自主学习、独立探究的机会……

学员们的意见给了我很大的帮助，于是，在设计问题时我尽量让自己的提问具有一定的梯度，并富有启发性。让大部分学生通过自己的思考，都能品尝到解决问题的喜悦，同时让那些基础或能力较差的学生在老师的引导或同学的帮助下也能够分享思考带来的快乐。为了让课堂活而不乱，在教学环节设计上特别注意结合学生的智力水平和学习实际；注意难易程度的搭配，争取把每一个学生都调动起来，不在课堂上挤占属于学生的学习时间和思维空间，让课堂教学更加和谐有效，使师生的教与学能最佳地呈现互动、互助、互进的效果。经过自己的不懈努力，我的课越来越受学生的欢迎，近两年学校每学期举行的由学生投票的教师满意度评价基本上都达到100%。孩子们在我的评价表里写道：“知识渊博，富有亲和力，课堂教学形式多样……”后来我参加了周末流动师资培训学院组织的学员汇报课，赢得了其他学员的一致好评，并被评为培训学院“优秀骨干学员”。

努力者像蚕蛹一样，需要在黑暗的茧里积蓄力量，默默坚忍，痛苦裂变，最后才能突破自我，羽化成蝶，翩然而飞。人亦如此。在周末流动师资培训学院的引领下，我于2008年获得县级说课一等奖，2009年获得县级教育教学能手比赛一等奖，逐渐成长为县级骨干教师。应该感谢周末流动师资培训学院赋予我这样的机遇，希望常有这样的机会让我和名师零距离接触、学习。我会坚持将平凡的事认真做好，将每一位学生用心教好，因为我热爱这个三尺讲台，我要在这个舞台上挥洒汗水，收获属于我和孩子们的快乐！

教师的实践性知识是指教师在日常教育教学活动中，通过不断反思自身及其他教师的行为，从而逐渐建构起来的、能有效指导其教育教学实践的知识，是教师真正信奉的、内隐的知识。教师的实践性知识产生于实践又指导实践，是教师专业发展的知识基础，对促进教师的专业发展、提高教师的教育教学水平有着极其重要的作用。教师的实践性知识，一是来自教师自己的个人实践，二是来自与同伴的实践交流、共享。

在周末流动师资培训学院的培训活动中，参训学员已经有了几年甚至是十几年的教学经历，但由于缺少反思、总结和修正，教学一直停滞不前，没有太大起色。在培训中我们立足于参训学员已有的教学实践，通过观摩同伴的示范课和研究课，采用同课异构、上对比课的形式，进行比较、分析、交流、研讨，同时引入教学反思这一环节，促使参训学员把已有的教学实践与培训中所看到的、想到的、听到的同伴的经验、做法、想法相联系，达到丰富参训学员实践性知识的目的，从而促进参训学员教育教学水平的提高。

在定安县实验中学历史教师王雪的成长案例中，我们可以清晰地感受到她在培训的过程中实践性知识逐步得到修正、完善、提高，“震撼　触动”——“对比　反思”——“实践　求索”——“交流　成长”，再现了一位教师专业发展的基本历程，也体现了“在培训中收获，在实践中成长”的培训理念。

3.教学行为的改进——一名物理学科骨干学员在自我促进小组活动中的素描

2008年10月27日上午，海南师范大学周末流动师资培训学院物理学科陵水班第十次活动在陵水县东华中学举行，培训方式为同课异构、对比交流。具体做法是：先由陵水县东华中学董名英老师上一节课，再由兼职指导教师、海口市第七中学物理组组长、省中考主要命题成员杨桂霞老师在不同班级上同样内容的一节课；课后全体听课老师进行交流探讨；最后由海南师大物理与电子工程学院指导老师作总结点评。教学内容为人教版物理八年级上册第三章第一节《透镜》。我们以海口七中杨桂霞老师的教学为参照，对陵水县东华中学董名英老师的教学行为进行描述。

一、教学过程

（一）董名英老师的教学过程

1.利用多媒体播放冰山雪景导入新课，提问学生“冰山中如何取火?”制造悬念，激发学生的学习兴趣。

2.询问学生用过哪些镜子?（学生纷纷回答：望远镜、眼镜、平面镜、放大镜、老花镜……）

3.让学生上讲台直接观察凸、凹透镜的区别，指导学生分类。

4.在学生感知凹、凸透镜的基础上，结合实物演示分别讲解凹、凸透镜对光的作用及光路图。

5.拓展延伸，引导学生联系实际，谈谈透镜在生活中的应用。

6.呼应课堂开头的问题“冰山中如何取火”，结束全课。

（二）杨桂霞老师的教学过程

1.以自己之所以能看到大家是因为自己戴了眼镜为引子切入课题，提问学生对眼镜了解多少。

2.给学生发放凸、凹透镜实验器材，让学生自己感知凸、凹透镜实物。

3. 通过实验，讲解凹、凸透镜对光作用的特点及光路图。

4. 讲解凸透镜为何会出现对光线会聚现象的原理。

5. 让学生上讲台画光路图等，师生共同巩固学习内容。

二、交流研讨

（一）上课教师进行说课并反思教学

董名英老师教学的设计意图是从学生对生活中常见的镜子的认识入手，导入新课，在教学中利用多媒体辅助手段，教学的重点是凸透镜的聚光作用与凹透镜的散光作用。

杨桂霞老师以戴着眼镜所以能看到学生的生活经验引入新课，引导学生对凸透镜的思考与学习，重点是凸透镜聚光作用与凹透镜散光作用的讲解，最后以学生上讲台作图练习，加强知识点的理解收尾。

（二）听课教师进行评课议课

教师1：董老师能通过故事引入，激发起学生的学习兴趣；杨老师通过戴上了眼镜能看清学生引入教学，让学生体验物理知识来源于生活。

教师2：董老师媒体展示与黑板板书相结合较好；杨老师语言较有亲和力，学生在学习过程中的主体地位得到了体现。

教师3：两位教师的教学能力都比较强，教学目标完成得比较好，注重培养学生学习兴趣和动手动脑能力。

教师4：杨老师对光路图分析较透彻，学生容易明白，注重培养学生的作图能力。

教师5：杨老师演示实验效果非常好，学生通过观察、思考，对本节的重点内容——透镜对光的作用掌握较好。

教师6：杨老师通过平面镜反光，从教室走廊外借光到黑板演示太阳光通过凸透镜测焦距很好。

教师7：杨老师能引导学生规范画光路图。

教师8：我感觉每次来参加活动收获都非常大，感觉两位老师上课都非常成功，主要表现在：①注意与生活联系；②师生互动好，教师把课堂交给学生，让学生经历和体验……

（三）物电学院物理学科带队指导老师点评

两位老师对知识与技能的目标把握很好，重点突出，层次分明。董老师媒体运用适当；杨老师引入新课，切合学生实际，教学过程中始终注意让学生参与知识与技能教学目标的处理，表现出丰富的教学经验，其知识点，如"凸透镜、凹透镜"对光的作用特点，光路图中的焦点、焦距、光心等的教学非常明确，教学的效果也非常明显。最后两位老师都体现了情感与价值观目标的教学，如通过凸透镜的会聚原理来解释为何不能在中午浇菜和森林中不能随意丢弃喝完的矿泉水瓶，进行环保与安全教育。

本次活动到此已经结束了，但对于参训学员董名英老师来说还没有完，她要根据与杨桂霞老师的教学对比，结合听课老师的评课议课，对自己的这一堂课进行二次加工，同时进行教学反思和总结。下面是董老师活动后提交上来的作业。

学员作业

一、《透镜》教学设计的完善

听了同行和专家的点评，我真正悟出了"当局者迷，旁观者清"的道理。上了对比课、听了评课，才觉得自己的课还有很多不足的地方，需要改进。借鉴杨桂霞老师的经验，吸取同行的意见和专家的指点，我对《透镜》一课的教学设计进行了改进完善。

1.在学习透镜的基本知识时，我先让学生自由提出透镜的有关问题，然后给学生发放凸、凹透镜等实验器材，让学生自己感知凸、凹透镜实物，这样学生学习起来更有针对性，也更有利于学生自主学习。

2.透镜对光的作用是本节课的教学重点，教材上是以实验演示的形式出现的，我调整为选用激光光学演示仪做实验，使得实验现象更为明显，学生也会更容易掌握透镜对光线的作用。

3.在探究透镜的奥秘一环，我想补加让学生复习光的折射作图，并抽个别学生上黑板演示，然后通过多媒体再次讲解作图方法这一环节。

4.课堂上要想学生实验到位，那是需要时间的，由于用太阳光粗测凸透镜焦距，学生在生活中有一定的体验，所以我决定把它拿到课后进行，但我会在课堂上要求学生叙述测量凸透镜焦距的实验过程。

5.新课程改革强调“从生活走向物理，从物理走向社会”。我在教学中要让学生用刚学到的凸透镜会聚原理来解释“为何不能在中午浇菜和在森林中不能随意丢矿泉水瓶”，借此进行环保与安全教育。这样把物理课上学到的知识运用到对生活现象的分析上，增加学生的学习兴趣。

二、教学活动的反思和总结

通过这次对比课的教学，我清楚地认识到自己与海府地区优秀教师的差距，活动中同行的点评、专家的建议，给了我很多启发和帮助，也让我从另一个角度更加准确地认识到教学中存在问题，这样的机会非常难得。当然这其中的收获自不必说，首先就是大家帮我把《透镜》这一节的教学设计考虑得更周全和合理了，事后我综合大家的建议，对《透镜》一课进行了“二度设计”；其次就是在活动中，一些具有普遍性、根本性的问题被大家挖掘出来，进行讨论，得到修正，它可以长久地指导我的教学实践。

周末流动师资培训学院的培训，以“上对比课”为基本形式，通过备课、上课、听课、说课、评课、反思、二度备课等环节构成了一个比较完整的课堂教学和教学研究过程，在这其中，参训学员完成了从“实践—理论—实践”的轮回和飞跃，同时自己也获得了一个重新审视自我、审视优秀教师与自己距离的机会，在活动中，我实现了一个又一个小小的螺旋上升，收获了一点儿又一点儿的珍贵果实。

一次对比课，就是一次审视自己的过程；一次培训活动，就是一次磨砺自己教学本领的演习。培训从教学的核心，也就是参训教师的软肋——课堂教学技能入手，通过一节一节的教学参照，一点一点地调整、修正学员的教学行为，直接冲击和影响他们的教学习惯。

实践证明，这是最有效的培训方式，也是最受学员欢迎的培训方式。如果说以前的培训是把教学理论非常突兀地推到最前台的话，那么，周末流动师资培训学院的培训则是把生动的教学实践放在最突出的位置，当然，这不是说我们的培训排斥理论的学习，而是把理论的普及无形地渗透到实践中去了。在学员感受到课堂教学的好处、妙处之后，我们通过评课、议课引导他们去探寻为什么好，怎么好，好到什么程度，怎样才能更好。这比空洞无物的理论宣讲更有说服力，也更能深入人心。

从陵水县东华中学董名英老师的"备课、上课、听课、说课、评课、反思、二度备课"的素描中，我们可以明显地感受到她"从'实践—理论—实践'的轮回和飞跃"，真切地看到她教学行为的改进，字里行间，丝丝收获教学果实的快乐与喜悦洋溢其中，这或许就是周末流动师资培训学院的魅力所在吧。

(二)中学兼职指导教师发展轨迹与理论分析

1. 为优秀中学教师进一步发展搭建平台

在周末流动师资培训学院的师资队伍中，中学兼职指导教师是一支重要的力量。他们大多来自海口、文昌、三亚等海南发达地区的中学，均是所教学科的省市级骨干或学科带头人。在中学的教学岗位上，他们已经工作十几甚至二十几年了，绝大多数人具有了中学高级职称，有着扎实的教学功底和丰富的教学经验，在教育教学这个领域中，已经小有名气，可以称得上事业有成，他们是教育资源中的宝贵财富。以语文学科为例，一开始聘请的中学兼职指导教师中，特级教师 1 名，国家级骨干教师 1 名，省级学科带头人 3 名，省级骨干教师 7 名，随着活动的持续进行，整个队伍还在不断壮大。

教无涯，学不尽，发展无止境。作为教师队伍中的骨干和精英，已有的成绩和地位不是终点，他们也同样面临着进一步发展的问题。现实中，骨干教师和学科带头人往往面临着或满足于已有的工作业绩，不思进取；或迷失了发展方向，不知路在何方；或苦于空间局限，缺少进一步发展的平台。如何解决这些问题，我们觉得不能单纯地把它看成教师个人的发展问题，而应该站在教育发展的大局来考虑，需要有关的教育部门或组织为骨干教师的进一步发展铺路搭桥。

中学骨干教师的发展需要这样三个条件：一是足够的发展空间和平台，二是灵活的激励机制，三是专业追求的进一步提升。以上三个条件，都必须在骨干教师的辐射带动作用的实践中得以实现，以自我价值的实现为基本诉求。周末流动师资培训学院正是在这三个方面下足了工夫，实现了中学骨干教师在专业发展上的第二次腾飞。

周末流动师资培训学院聘请中学各学科骨干教师或学科带头人为兼职指导教师，让他们参与由海南师范大学组织的面向海南省11个少数民族和贫困市县的市县级骨干教师培训工作，为他们的发展提供了广阔的空间和平台。在这之前，中学骨干教师或学科带头人在本校、当地已经小有名气了，但随着时间的推移，已有的空间无法进一步牵引并支撑其向前发展，现在站在周末流动师资培训学院这个大舞台，面对这么多同行，直面那么多问题，他们的视野一下子开阔了，他们的满足感没有了，责任感和使命感油然而生。他们与市县参训骨干学员结成对子，帮助其解决教学中的困惑和难题，为参训学员做专题讲座、上示范课，新的空间为他们创造了新的发展契机。

参与周末流动师资培训学院的中学兼职指导教师，由海南师范大学为其颁发聘书，以充分肯定他们的地位和作用，鼓励他们为海南的教师教育贡献一份力量。同时由省教育厅出台相关政策，规定中学兼职教师参与周末流动师资培训学院活动可折算继续教育学分，同时作为支教经历对待，从各方面为中学兼职指导教师参与周末流动师资培训学院活动创造条件。周末流动师资培训学院通过一系列灵活的激励机制，鼓励中学兼职指导教师进一步发挥骨干教师的示范和辐射作用。

2. 在培训活动中实现教学相长

在参与培训的活动过程中，中学兼职指导教师为了给学员上好课，反复钻研教材，精心准备教学设计；为了给学员做好讲座，他们总结自己的教学经验，提炼自己的教学观点，查阅大量的资料；为了解答好学员的问题，他们也需要不断地思考，所有的这一切都促使他们从“教师”向“师傅”的角色转换，促使他们自觉地、不断地提高业务水平。同时在与师范大学老师的接触交往中，他们的教研能力和专业水平得到了进一步提升，学识逐日增长，视野也逐步变得开阔。

在一次又一次的培训中，在一个市县又一个市县的活动中，中学兼职指导教师的付出得到了众多学员的肯定和认可，其自我价值得到了充分的体现，他们又重新找到了发展的方向和动力。在参与周末流动师资培训学院的过程中，很多中学兼职指导教师由于业务水平和专业能力的迅速提升，在自己的单位也得到了提拔重用。以语文学科为例，语文特级教师、省级语文学科带头人兼骨干教师邢益育老师由之前的文昌中学副教导主任升任为文昌教育局中学教研室主任；中学高级教师、省级语文学科带头人兼骨干教师吴家英老师由三亚五中的办公室主任升任为三亚五中的副校长；中学高级教师、市级语文学科带头人兼骨干教师王丽云老师现在是海南华侨中学初中部的教导主任；中学高级教师、省级语文学科带头人温艺红老师现在是海口九中的教研室副主任；中学高级教师、市级语文学科带头人兼骨干教师李红老师现在是海口十一中语文教研室组长；中学高级教师、省级语文骨干教师刘文争老师现在是海口七中的语文组长；中学高级教师、省级学科带头人杨爱彬老师现在是海口一中的年级组长……从中我们可以看到，是中学兼职指导教师的参与，才使周末流动师资培训学院汇聚了优质的培训资源；反过来，从某种程度上说，是周末流动师资培训学院这个平台成就了他们新的工作业绩，中学兼职指导教师的发展轨迹从中可见一斑。以下是几位参与周末流动师资培训学院活动的中学兼职教师的感受。

□中学兼职指导教师　邢益育

2006 年 12 月，我参加了海南师大周末流动师资培训学院语文学科的培训工作，受聘为语文学科兼职指导教师，可以说，周末流动师资培训学院为我提供了一个新的、更高层次的专业发展平台。

在这个新的平台上，我感到自己既是指导老师，更是学习者。

作为指导教师，我坚持参加每一次培训活动，并在活动中发挥组织、指导的作用。例如，在培训活动的初始阶段，主要是各位指导教师上示范课，可有的参训学员却不重视做好听课、评课记录，学习的态度也不够认真。针对这一情况，我及时设计了一份听课评课记录表，要求参训学员认真填写，各位指导教师还要评点。我是希望各位学员善于学习，善于从别人的身上吸取长处，以提升自己。我也想以此来转变这些老师不当的学习方式，加强其学习的自觉性，以提高培训学习的实效。由于作了详细的听课记录，在互动研讨环节大家就有话说了，同时对指导老师的教育思想和教学技能也有了更深刻的认识。

其实，从一开始参加周末流动师资培训学院的活动，我就没有把自己完全定位为指导老师，而是想通过这个平台，与各位同行交流、学习，不断提高自己。我觉得即使自己已经是特级教师，但还有许多的不足，需要不断完善。因此，每次参加培训活动，我都自觉地做好听课记录，因为我深知取他人之长才能使自己进步这个道理。事实上，其他的指导老师和参训学员对我的启发真的很大，如兼职指导老师温艺红对教学资源的开发与利用，刘文争老师稳重而不失亲切的教学风格，李红老师的教学创意，等等。还有各位学员精彩独到的见解和好学精神，让我获益颇多。

在新的平台上，我的专业得到了持续发展。我对语文教学有了更深的思考，尤其是作文教学，初步形成了自己的教学观，提出了"作文教学要与学生亲密接触"的教学主张，并以课题的形式，进行深入研究，同时付诸实践。此外，在参加周末流动师资培训学院工作期间，我撰写了《话题作文——长往》和《2007 年海南新高考语文备考摭谈》两篇文章，共 12000 多字，分别在《2007 年高考作文权威预测与指导》（陕西师范大学出版社）和《文昌教育》上发表。我还先后为农垦南片区初中语文教师、文昌中学青年教师以及联东中学全体教师作了“初中语文新课程教学法”、“关于青年教师成长需要注意的几个问题”、“决胜课堂之‘雕虫小技’”、“教师成长与课题研究”四个专题讲座，听者近千人。

回顾自己这些年来走过的路，非常庆幸能够参加海南师大周末流动师资培训学院，它给我提供了诸多机会，从省级骨干教师培训到省级学科带头人培训，从省外跟班培训再到周末流动师资培训学院兼职教师，每一次培训，对我来说都是一次学习和提升自我的机会。在这些平台上，我得到了许多专家教授、特级教师及同行的指导和帮助，我只能用自己的教育教学研究成果来回报他们对我的关爱。

□中学兼职指导教师　王丽云

海南师大举办的周末流动师资培训学院活动已经有一段时间了，我们的收获可以用“巨大”来形容，学员们的进步是惊人的，改变是全方位的。他们既有教育教学理念的更新，也有教育教学方法的提高，更有个人教育素养、师德风范的提升。最令人意想不到的是，作为指导教师的我，也收获了意外的惊喜，个人的理论知识水平、教育教学方法、现代化教育手段等方面，都有了极大的提高。“教学相长”这个观念在这里得到了最好的诠释。

在培训过程中，我们始终本着务实的原则，不走过场，不摆花架子，不贴标签，扎扎实实地把培训工作落实到位。尤其是根据学员实际工作中的困惑和存在的问题，有针对性地进行培训。从我个人的角度来说，参加培训工作，确实从其他指导老师的身上学到了许多宝贵的东西。他们饱满的工作热情、扎扎实实的工作态度、有的放矢的指导方法、乐于奉献的境界和严谨治学的精神，都使我感动和受益。

周末流动师资培训学院的工作还远远没有结束，可谓任重而道远，我愿与母校的老师们，愿与所有献身海南教育事业的同行一起持续努力，不断开拓进取，把培训工作做得更有特色，取得更大的成绩！

(三)大学指导教师的发展轨迹与理论分析

周末流动师资培训学院是由海南师范大学组织发起,旨在服务海南省少数民族和贫困地区基础教育,为当地培养一批研究型骨干教师,促进参训地区初中教师队伍专业素质的提升。整个工作由海南师范大学教师教育研究中心负责管理,具体的工作主要由各个学科的学科教学论教师来实施,具体涉及文学院、数学与统计学院、外国语学院、物理与电子工程学院、化学与化工学院、地理与旅游学院、生命科学学院等 7 个学院。在过去 5 年的时间里,在这份富有创造性的工作中,海南师大的学科教学论队伍得到了锻炼,学科教学论教师的专业素养得到了发展。

1. 增强了学科教学论教师队伍服务基础教育的责任感

基础教育新课程改革使基础教育发生了重大的变化,如何正确面对这一新的形势是摆在师范大学面前的一项崭新课题,也是每位学科教学论的教师必须思考的问题。周末流动师资培训学院活动,使我校学科教学论教师有了更多的机会深入基础教育,特别是深入农村中学,更清楚、更直接、更深刻地了解了我省农村特别是中西部少数民族和贫困地区基础教育的现状,同时也更加清楚地意识到作为一所省属师范大学对本地基础教育发展的特殊责任,对自身所参与的周末流动师资培训学院活动的价值有了更深刻的认识。在这种情况下,一种强烈的使命感油然而生。

2. 密切了学科教学论教师与基础教育以及中学教师的联系

学科教学论专业的生命在教育一线,在课堂教学。从事学科教学论教学的教师只有走进基础教育、研究基础教育、服务基础教育、引领基础教育,才能体现其学科的价值所在,也才能更好地实现理论与实践的结合。从以往情况来看,学科教学论的老师的活动空间往往局限于大学校园,缺乏深入基层的机会,与基础教育实践结合不够紧密,深入实践、服务实践的能力还不强。周末流动师资培训学院活动搭起了通向基础教育的桥梁,引领广大的学科教学论教师深入海南基础教育一线，走进课堂，与广大中学教师面对面，亲身了解教育教学的现状，发现教育教学中存在的问题，以此丰富自己的研究视域，同时也通过自己的专业理论指导中学教师的教育实践。总之，在与中学教师的互动交往中，学科教学论的理论研究有了实践的去处，对学科教学论教师重新审视自己的研究成果、促进专业发展大有帮助，反过来，中学教师也在培训活动中体会到了理论的真谛，获得专业上的发展。

3.促进了学科教学论教师专业能力的提升

当下我国教师教育中学科教学论的师资队伍整体素质还有待提高，具体表现为：一是科班出身的比较少，二是从事过基础教育的比较少，三是高学历的比较少，四是理论有余、实践不足。还有不少院校学科教学论教师数量不足、年龄老化、学科背景不一、专业能力不强等问题比较突出。这样一支队伍，如何适应基础教育课程改革的需要，如何发挥高师院校的作用，的确是一个沉重的话题。除了学科教学论教师自觉加强理论修养，丰富专业知识，树立终身学习意识之外，周末流动师资培训学院无疑为学科教学论教师的专业成长提供了一个实践平台。通过周末流动师资培训学院这个平台，学科教育论教师了解了基础教育的需求，发现了中学教师所创造的经验，并且将这些转化为本科教学的内容，他们也将自己的研究成果用于培训中，推介给中学教师；同时，中学教师所关注的学科教学的焦点问题、难点问题，有些已成为学科教学论教师的研究课题。

4.锻炼了学科教学论教师的综合能力

周末流动师资培训学院是一项系统工作，在实施过程中涉及活动的设计、人员的沟通、场地的安排、活动的组织、教研的指导、作业的批改等方方面面的事情，都需要学科教学论教师亲历亲为，在这一过程中，锻炼了他们各方面的能力。以下是一位大学指导教师的感受，特别具有代表性。

2006年，我研究生毕业到海南师大文学院工作，恰逢周末流动师资培训学院刚刚启动。语文学科作为前期的三个试点学科之一，在文昌市和保亭县同时进行。作为一名刚刚毕业的学科教学论专业的青年教师，我跟随文学院林中伟教授开始了周末流动师资培训学院的培训之旅。

活动伊始，我还没能真正领悟这其中的意义，随着培训活动的展开，特别是当我看到海南少数民族和贫困市县的教育窘况时，才真切地体会到周末流动师资培训学院的价值所在，一股强烈的责任感油然而生，从此一心一意地投身到这份功在当今、利在长远的事业中。从一开始的跟随、学习、参与到后来的协调、组织、设计，在周末流动师资培训学院的培训过程中，我的专业素养和各方面能力一天比一天成熟。随着时间的推移，我对周末流动师资培训学院的理解越来越深刻；随着周末流动师资培训学院在不同市县的铺开，我对海南基础教育的状况有了全面的了解；随着周末流动师资培训学院一年又一年的进行，我对语文学科培训思路、培训设计的认识越来越成熟。近五年的师训活动，我结识了许多优秀的中学兼职指导教师，在与他们共事的过程中，我们互相交流，互相学习，共同进步；同时也接触了大量的参训学员，在与他们的交谈中、在他们的课堂上，我知道了他们需要什么，他们喜欢什么，他们在想什么，他们在做什么。这些第一手的资料，丰富了我的教育视野，深化了我的教育认识，提升了我的教育境界。为了设计好、组织好、指导好活动，每一次我都要提前查阅大量资料，精心思考，认真准备。一方面，我在通过自己的研究指导帮助他们；另一方面，他们也在通过自己的教育实践影响着我的研究。

我把活动中的教学案例归纳整理，编写进所教课程的教学内容，带入大学的课堂，受到了大学生的热烈欢迎；我把对活动中一些问题的思考纳入研究的范畴，先后发表了《对新课标下语文课堂教学评价标准的冷思考》、《流动在乡村中学的周末培训》、《教师精神追求的唤醒》、《校长要在教师的专业化发展中有所作为》等专业论文，不断滋润着自己的学术修养。

周末流动师资培训学院是一个大熔炉。在这个熔炉里，我与我们的培训团队学习着、思考着、分享着、辛苦着、成长着、幸福着，褪掉的是慵懒、无知、妄想，收获的是希望、真理、梦想。5年的时间，我与周末流动师资培训学院如影随形；5年的时间，我已经实现了大学年轻教师的第一次蜕变，从某种意义上说，我要感谢周末流动师资培训学院。（海南师范大学文学院语文学科教学论教研室主任、周末流动师资培训学院指导教师张所帅）

二、周末流动师资培训学院的推广价值

（一）周末流动师资培训学院的社会效益——有关媒体报道

由海南省委组织部、省教育厅、省财政厅、省扶贫办、海南师范大学等单位共同组织实施的《海南师范大学面向少数民族和贫困地区"播种希望"行动计划（2006—2010）》在社会上引起了强烈的反响。活动开展五年来，《人民日报》、《光明日报》、《新华社》、《中国教育报》、《海南日报》、《中国人事报》、新华网、人民网、海南视窗等媒体从不同视角报道了"播种希望"行动计划项目的实施情况。"播种希望"行动计划内容写进2007年海南省人民政府工作报告，在《海南经济报》组织的2007年度十大创新新闻评选中，"海南师范大学'播种希望'行动创新师资培训模式"被评为十大创新新闻之一。

"周末流动师资培训学院"项目是"播种希望"行动计划的子项目之一，自2006年启动以来，取得了良好的社会效果，引起了广泛的关注。2006年7月3日，《光明日报》发表《海南省委省政府加强对少数民族地区教师队伍建设》，其中提到"周末流动师资培训学院"，对其寄予了厚望。2006年12月11日，《中国教育报》第2版发表《海南建"周末流动师资培训学院"》，文中提到海南师范大学"5年内将在全省11个贫困市县和教育较发达的文昌市，利用当地资源，建立基地学校，利用周末时间送教上门，培养700名学科带头人，再由这700名教师每人带3人，培养2100名骨干教师，约有近万名农村教师足不出户就可以得到高质量的培训"。2007年1月25日，《海南日报》第4版发表《海南开办"周末流动师资培训学院"：计划5年为少数民族和贫困地区培养700名骨干教师》，文中

对周末流动师资培训学院进行了详细的介绍，指出“与以往培训组织架构相比，周末流动师资培训学院具有师资精良、送教下乡、立足课堂、因需施训、手段现代、互动充分等鲜明特色。学员们说，周末流动师资培训学院下对了‘药’”。2007 年 4 月 16 日《海南日报》第 12 版发表《教师教育一体化的良好实践——海南师范大学“播种希望”行动的启示》，特别介绍了周末流动师资培训学院行动，“从 2006 年起至 2010 年，面向保亭等 11 个少数民族和贫困县市，举办周末流动师资培训学院活动，坚持‘立足课堂、服务学科、培养骨干、辐射全员’的培训定位，整合全省优质教育资源，送教上门，开展课堂教学临床诊断研究，并且利用现代信息技术手段实现指导教师与学员交流的常态化。这项活动计划培养 700 名左右研究型的骨干教师，并通过他们带动 2100 名青年教师的成长”。

除此之外，新浪网、人民网、新华网、中国教育在线、中国高校毕业生就业服务信息网、猫扑网、通网、天涯学子网、学生科技网、海口晚报网、海南经贸网、海南青少年综合服务网、中国大学资讯网、N点网联、海南省人民政府网等国内网站纷纷报道我校“周末流动师资培训学院”项目开展情况。

2007 年 11 月 4 日，国家教育部在“师范生实习支教工作座谈会”上，对海南师范大学利用培养培训一体化办学体制优势，积极实施“播种希望”行动，着力改善海南基础教育师资整体落后状况的做法给予高度赞誉。国务院及教育部有关领导同志对海南师范大学“播种希望”行动计划作了批示，给予了充分的肯定。

周末流动师资培训学院为海南少数民族和贫困地区的农村教师培训工作开辟了一条新路子，找准了一个新目标，培养了一种新精神。与传统的培训形式相比，周末流动师资培训学院的培训达到了事半功倍的效果，具体表现为：

首先，周末流动师资培训学院解决了农村师训工作长期面临的工学矛盾难题。一直以来，农村学校的师资比较紧缺，教师平日的工作量比较大，一年到头，很难有空余时间外出接受各种培训和学习，造成了广大农村教师长期处在低水平重复的工作状态。周末流动师资培训学院一改往日的培训模式，采用送培下乡、送教上门的形式，利用周六或周日一天的时间对农村教师进行集中培训。除此之外，每位参训学员与中学兼职指导教师师徒结对，可以在私下的时间里通过多种形式“点对点”地交流学习；同时为了便于学员之间、学员与指导教师之间的交流，每个学科都建立了工作博客。这样一来，周末流动师资培训学院实现了灵活多样、层级化和系统化的培训模式，做到全天候跟踪指导，即分散的师徒结对制与集中的学院培训制相结合，现场交流与网上交流相配合，实现培训工作的常态化、网络化，由此，彻底解决了农村教师培训工作面临的工学矛盾难题。

其次，周末流动师资培训学院化解了农村师训工作经费不足的尴尬境况。少数民族和贫困地区由于受经济落后的影响，教育经费还不够充裕，用于教师培训的经费更是少之又少，由此导致广大的农村教师长期得不到有效的、持续的职后培训和进修。周末流动师资培训学院由海南师范大学倡导发起，提供智力支持；海南省委省政府把它作为农村扶贫开发项目，提供财政支持；各市县积极响应，提供必要的配套经费，这样一来，既减轻了地方政府的财政支出，又化解了农村师资培训工作中经费不足的难题。

再次，周末流动师资培训学院改善了农村师训工作培训力量薄弱的状况。农村教师的培训工作主要是由各市县的教师进修学校或教研室来组织，由于受历史和现实条件的影响，教师进修学校或教研室的教研力量还非常薄弱，人员不够，专业不精，在职的人员大部分时间忙于事务性的工作，而对专业的教研还远远不够。现实中，有的市县教师进修学校或教研室很少组织培训活动，即使有时组织，由于缺少专业上的引领，效果也不理想。周末流动师资培训学院的培训以海南师大为平台，整合海南师大和海南基础教育优质教育资源，以当地的基地校为依托，为少数民族和贫困地区送去了全省最好的培训资源，在一定程度上，大大改善了农村教师培训工作中培训力量薄弱的状况。

最后，周末流动师资培训学院扭转了农村师训工作质量不高的局面。以往的培训,由于定位的不明确和组织的不到位,培训的内容基本上是零散的、片段的;培训的形式也基本上以理论讲座为主,参训的教师一时很难将教育理论转化为教学实践,因此,培训的效果不够明显,即使有也是短效的。周末流动师资培训学院的培训立足课堂教学实践,突出教学反思,把教学实践与反思作为教师专业发展的最重要过程与途径,为农村教师的专业发展搭建了一个互动交流的平台,使其自主地走向成熟,所有的培训内容和环节都是经过精心设计和安排的。经过一年立体式的培训,农村教师从最初教学行为的改观到专业品质的提升,从开始导师的指点到同伴的互助再到自主成长,培训的效果不仅短期明显,而且从教师专业发展的长远来看,也是持久和强劲的。

(二)周末流动师资培训学院在国内少数民族和贫困地区的适应性分析

周末流动师资培训学院是应海南省少数民族和贫困地区农村教师队伍专业发展需求而生成的农村教师学习共同体。5年多的实践已证明了其理论科学,架构合理,成效显著。因此,周末流动师资培训学院的模式同样适用于国内其他少数民族和贫困地区的农村教师专业发展。其经验具有一定的普适性。

1. 农村学校:一线中的一线

农村学校是基础教育的神经末梢,虽然纤小,却牵系着整个基础教育的"五脏六腑"。基础教育要想发展,离不开农村学校的发展;农村学校的发展,会推动整个基础教育的发展。关注农村学校的发展,不仅关系到《国家中长期教育改革和发展规划纲要(2010—2020)》的实施,而且关系到社会主义新农村的建设,关系到中华民族的伟大复兴,意义深远而重大。

由于历史原因和现实条件,农村学校特别是少数民族和贫困地区的农村学校,一直处在基础教育的边缘,发展举步维艰。新时期以来,尽管国家一直非常重视农村学校特别是少数民族和贫困地区农村学校的发展,教育的状况有了很大改观,取得了可喜的成就,但仍然存在许多突出的问题,其中师资力量的薄弱就是一个非常棘手而又迫切的问题。以海南省为例，海南作为我国最南端的省份，由于种种原因，基础教育的发展水平不是很高，特别是少数民族和贫困地区的基础教育还相当薄弱和落后。近几年来，省委、省政府加大了对少数民族和贫困地区基础教育的政策扶持和财政投入力度，学校的硬件设施日渐完善，教师的待遇逐步提高，义务教育的本义得到了真正的彰显，但师资力量的薄弱一直是制约教育发展的一道坎儿。

师资力量是学校发展的生命线，师资力量的强弱直接影响到学校教育教学质量的高低。目前在少数民族和贫困地区的农村学校，教师队伍存在着人员来源不一、专业素质偏低、知识结构老化、教学观念落后、教学方法陈旧等问题；由于人员匮乏和学校经费紧张，他们很少有机会参加业务上的培训、到外地听课学习；加之学校的管理制度不够健全，不少教师工作作风散漫，得过且过，这些情况的存在，直接影响到学校教学质量的提高和素质教育的实施。海南师范大学以发展海南的基础教育为己任，启动周末流动师资培训学院，致力于海南省少数民族和贫困地区乡镇中学教师队伍建设，为基层市县培养一批研究型骨干教师，促进参训地区教师队伍整体素质的提高。培训采取送教下乡的方式，依托当地的基地校进行培训，有时甚至把活动直接搬到乡镇中学进行；培训的内容立足乡村中学的实际，直面乡村中学教师的难点、弱项；采用现场观摩、现场示范、现场讲解的方式，直击培训的宗旨，这种情境化、针对性、实践与理论相结合的培训给基层的教师们送去了实实在在的实惠。

5 年来，周末流动师资培训学院像一股春风吹遍了海南少数民族和贫困地区的农村学校，吹开了农村学校尘封已久的大门，给农村教师带来了新的课程理念、新的教学资源和新的教学方法。省城指导老师的到来，激起了广大参训学员实现专业发展的热切愿望，面对期待已久的全新课程与教学世界，广大农村师生展现出了前所未有的学习热情。诚如外语学院一位教授所说："下面的教育局领导、学校校长，还有广大教师，真是太欢迎我们了，有的教师主动提出要带领我们深入乡村开展培训工作，有的教师为了帮助我们建立博客、收集资料，往返几十里，不嫌苦，不嫌累，看到他们这样努力，我们还有什么理由不把工作做好。"在定安县定南中学，当指导教师老师关切地问前来上课的孩子们："周六周日你们来上课，累不累啊？"孩子们纯朴的回答让我们动容："我们不累，我们就是想听一听城里的老师怎么上课！"

这是一条通往乡村的路，这是一条通往乡村中学的师训之路，我们正走在希望的田野上。

2.课堂才是主阵地

课堂是学校教学的核心场所，也是基础教育新课改实验的主阵地，教学的规律在这里得到演绎，教育的智慧在这里得到创生，师生的身心在这里得到舒展。研究和学习课堂教学的基本原理，掌握课堂教学技能与方法，有着重要的意义。

少数民族和贫困地区教育教学质量的落后，首先表现在课堂教学质量的落后，只有从课堂教学入手，从教育的原点入手，整个学校的工作才会回到正常的轨道上来。立足课堂，决战课堂，服务学科教学，培养学科骨干是周末流动师资培训学院培训工作的基本思路和根本追求，重点研究解决基础教育新课改过程中课堂教学的突出问题，切实改善农村教师教学水平偏低、教学能力偏弱的局面。

5年来，作为海南师范大学周末流动师资培训学院语文学科培训活动的总策划者、组织者林中伟教授，带领语文学科的团队，立足实际，务实创新，积极践行周末流动师资培训学院的培训理念，走出了一条具有语文特色的培训之路，为整个培训工作积累了经验，树立了样板。林中伟教授对周末流动师资培训学院的培训工作有着深入的思考和独特的见解，为此，我们对他进行了专访。

问：林教授，你直接参与了海南师大周末流动师资培训学院的前期策划、准备工作，并领导、组织了语文学科的培训活动，你觉得周末流动师资培训学院与别的培训活动最大的不同是什么？

林中伟：我是海南师训事业的一名老兵，从事师资培训工作将近30年，先后主抓过省级骨干教师、省级学科带头人培训、省培训者培训及多个市县骨干教师的培训。尽管那些培训还算是成功的,但实事求是地说,以往的师训多以讲座的形式进行,居高临下,自定师训内容,不问参训对象实际,理论的东西比较多,真正切入学校课堂教学实际的甚少,培训的效果也就可想而知了。我真切地感受到,周末流动师训学院的培训跟别的师训最大的不同之处,就是坚持课堂教学实践取向的价值追求,以指导参训学员(市县教师)的课堂教学实践为研究对象,采用课堂观摩、课堂比较、课堂研究等方式引导学员进行课堂教学的临床诊断研究,以解决学科课堂教学中存在的一系列困惑问题、难点问题、软肋问题,培养学员诊断、破解教学问题的经验技能、分析技能、调控技能、评价技能和交往技能,通过这些努力,最终改变农村教师的工作方式和生活状态,尤其是改变农村教师在语文课堂上的生命呈现状态,真正脚踏实地提高农村中学语文课堂的教学质量。

问:语文学科作为整个活动的试点学科之一,在很多方面都进行了积极的探索,取得了不少成绩,总结了不少经验,能具体谈谈语文学科培训的亮点及创新点吗?

林中伟:按照学校的总体部署,语文学科作为前期的试点学科,于2006年12月分别在文昌市和保亭县启动,试点时间为一年,主要是为其他学科的后续跟进以及整项工作的全面铺开探明路子。当时我是系院分管培训的领导,尽管有多年的培训经验积累,但对于这个周末流动师训学院项目也感觉陌生,深感任重道远,时不我待,立即闻风而动周密谋划,同全体专兼职指导教师群策群力,从培训的指导思想、实施思路、过程划分到培训内容、团队、原则、策略、特点与模式,都进行了广泛的调研、深入的研讨并正确定位,制订了细致可行、有的放矢的培训计划与执行方案,准备通过文昌与保亭两市县师训状况的对比,半年后初步探索出一些经验,在文昌开现场会。为了激励参训学员能信心百倍地同我们并肩战斗,我在两市县的开班仪式上作了"反思发展,共进双赢"的发言,期望参加周末师训的教师能走出被动参训的常规状态,超常规地自主发展,做到:自我觅析,自我诊断;自我反思,自我创新;自我研究,自我发展。在学校总体工作精神的指导下，经过培训者和参训者的共同努力，我们语文学科的培训如愿地取得了一定的成绩，总结了一些经验，概括地说就是：注重培训前的调研，培训定位准确，启动切合实际，培训内容务实，培训形式多样，培训效果凸显。在培训的过程中，我们形成了“十六字的培训原则”——聚焦课堂，立足反思，问题觅析，因材施训；形成了“十四字的培训模式”——教学问题面对面，觅析诊断加破解。

具体来说，语文学科的培训工作有这样几个特点：①创新性。一是培训模式创新。教学问题面对面，觅析诊断加破解。二是教研程序创新。“说—授—评—研”一体化。三是师徒形式创新。一师多徒，师徒异地，师徒互动，双赢发展。四是培训课式创新。同班异课、同课异构、同课异班、原生态课多元并举。②引领性。借助对比课观摩、专题讲座、互动研讨、读书拓智、博客交流、师徒对话等形式，每次都保证有专家或指导教师参与评析对话、问题解答或专题探研，进行极富实效的专业引领。③反思性。参训学员在每次参加培训活动后，都立足自我诊断、自我反思，觅析自己的教学问题，提交有关专家、指导教师和同伴帮助指点迷津直至有效破解。④实效性。针对参训学员自我寻觅、诊断、反思出来的教学上的困惑、难点、弱项等问题，通过专题讲座、教学比较、互动研讨、当面引领、博客指导的形式，实打实地予以破解，水涨船高，使参训学员在专业教学基本功上有提高，在专业素质上有全面、明显的提升。⑤后续性。参与周末流动师资培训学院、担任兼职指导教师的老师都是海南语文界教改的生力军，虽然他们都经培训合格领取了各类相应的证书，但仍需要继续教育，实现专业的持续发展，在培训参训学员的同时，也需要利用周末流动师资培训学院这个平台，获得后续培训。前不久，我们还应文昌市教育局的邀请，在文昌搞了一次初中语文教师“三合一”(即以教材研习为轴，面对市级骨干教师和周末流动师资培训学院参训学员)的后续培训。⑥辐射性。担任兼职指导教师的皆为省级学科带头人、省市级骨干教师，在周末流动师训学院项目中带徒弟，发挥了专业辐射作用，而参训学员在参训结业后也同样可以在当地带徒弟,引发滚动式的专业辐射效应。

总而言之,课堂教学是我们师训活动的主战场、主阵地,从课堂中来,到课堂中去,有效地提高语文课堂教学的水平和质量,是我们师训工作的立身之本。

问:周末流动师资培训学院开展已经近5年,你觉得成效如何呢?

林中伟:周末流动师资培训学院实施5年来,它的成效是十分明显的。其一,参训学员的职业状态有了明显的回升。爱岗敬业的精气神有了,课堂教学变聪明了、理性了,学会了教学反思,学会了互动研讨,逐渐适应了“说—授—评—研”一体化的新的语文教研程序。有的学员还在教学比赛中拿了大奖,比如在2008年海南省中学语文课堂教学大赛中,文昌中学的蔡君老师获高中组一等奖、陵水县三才中学(乡镇中学)的叶春老师获初中组一等奖,琼中县一位老师获初中组三等奖。林瑜老师等7人成了第二批省级中语骨干教师,黄金玉老师等5人从原先的参训学员提升为兼职指导教师。另外还有不少参训学员成了市县级骨干教师。其二,十多位兼职指导教师在周末流动师训学院这个新的师训平台上得到持续的专业发展。这个兼职指导教师团队全部由特级教师、省市级骨干教师、省级学科带头人组成,他们不吃老本,少有职业倦怠感,全身心投入,上课、研讨、指导、辅导,当师傅,带徒弟,样样都来,在参训学员得到明显成长的同时自己也不知不觉地发展。其三,周末流动师训学院项目加速了高校教学论教师的教学转型和专业发展。长期以来,一方面海南基础教育相对落后,一方面海南师大教育资源对基础教育服务效能不突出,而周末流动师训学院这个项目体现了教师教育的新机制功能,是沟通两者的纽带和桥梁。我们语文教学论这个教师团队,除了我之外年轻教师较多,他们对职前培养工作有一定的经验与积累,而对职后培训则知之不多。通过周末流动师训学院这个培训平台,他们将高校语文教学论的理论与新课改教学实践相结合,把兼职指导教师与参训学员的对比课进行比照、研究和借鉴,学组织、学主持、学点评、学总结,既强化了他们专业引领的意识和水平,又提升了他们的专业技能。总的来说,不管是对参训学员个人的专业成长,还是对海南少数民族和贫困地区的教育发展,不管是对兼职指导教师,还是专职指导教师都是共进双赢的,都会带来不可估量的影响。

3."同课异构"带来的教学质量提升

同课异构是周末流动师资培训学院最基本的课堂教学呈现方式。同课异构是充满草根气息的教研方式,其基本方法是比较。"同课"有了比较的前提与基础,"异构"是比较的关注点,也是教学反思的着力点。同课异构是把课堂教学当做培训的资源,同时也是培训的场域和形式,具有强大的生命力。下面是一位骨干学员与兼职教师同课异构、上对比课后写下的反思笔记,从中可以看出同课异构把她与兼职教师内在的差距折射出来,使她有了清醒的认识。

自从参加了海南师大举办的周末流动师资培训学院活动,通过学习、听课、上课和反思,我感触颇深,受益匪浅。

按照活动日程安排,我有幸同兼职指导教师、三亚五中的吴家英老师上同一内容的课,做"同课异构"的探究试验。所上的课题是当代作家冯骥才写的散文《珍珠鸟》。文章按照时间顺序叙述了"我"和珍珠鸟从相识、相熟、亲近到相依相伴的关系变化过程。

那天,我上第一节课,吴老师上第二节课,从整个的教学设计思路来看,两者可以说是大同小异,我们俩都采用多媒体辅助教学,而最大的区别在于教学方式、教学方法的把握和处理上。综观整个教学过程,经过比较反思后,我得到如下几点启迪:

第一,生字词认读——要作个性化指导

我的教法是:要求全班学生朗读全文,接着直接把本课生字、生词的注音通过多媒体展示出来,然后由学生齐读三遍。

吴家英老师的教法是:全班齐读课文,由学生指出同学中有读错的字词,然后由老师和学生一起纠正。给我印象最深的是吴老师讲的那一句话,她说"我们要敢于向专家挑战",她展示出本课的生字词让学生齐读，而重点放在多音字“垂蔓”上，她说有些老师在授本课的时候，错把这个字读成“màn”，其实，对于多音字，我们要结合它所处的语境来确定它的读音，然后让学生根据语句来理解字义。学生通过对字义的理解，最终确定这个字在文中不该读“màn”，而应读成“wàn”。我想，学生经过老师的这一番指导，相信一辈子都难以忘记这个字的读音了。

第二，朗读课文——要具体指点方法、技巧

在让学生朗读课文时，我只是要求学生从理解课文内容这一角度去朗读，要求学生边读边找出自己最为喜欢的语段，而没有从朗读方法上加以指导。

吴家英老师的朗读指导是：注重读法的指导，她同样让学生先读课文，然后针对学生朗读过程中所存在的问题加以指导，具体到哪一段该用哪种语调、语气读，哪里该重读，哪里该轻读，哪里该抑，哪里该扬，她都一一地示范指导。我想，这样去教学生学习朗读课文的技巧、方法，更有利于学生对课文的理解和把握。

第三，学法指导——要组织有效的师生互动

在教学过程中，我和吴老师有几个教学环节是相同的，其中有这样一个环节：要求学生找出自己最喜欢的语段并说说喜欢的理由。

我的做法：直接让学生把自己最喜欢的语段读出来，然后说说喜欢的理由，最后教师做出相应点评，结果学生反应较为冷淡。

吴家英老师在进行这一教学环节过程中，她先给学生做一个示范：她把自己喜欢的语段展示出来并念给大家听，然后再谈谈自己喜欢的理由；接着才开始叫学生把自己喜欢的语段找出来，并要求学生也谈谈自己喜欢的理由；最后教师才做出相应的点评。结果学生反应热烈，踊跃发言。我想这种教法十分高明，不仅把自己摆进去，充当学习伙伴，而且现场示范，现场点拨，创设了良好、和谐的教学氛围，组织师生互动，利于学生有效学习。

第四，面对文本——要注重挖掘力度

在教学过程中，我始终按照自己预定的教学设计思路进行教学，即让学生在读与听的过程中悟出一些道理来，例如在听或读中让学生找出自己喜欢的语段，并说说理由；再就是让学生联系现实生活谈谈对“信赖”的理解。我的设计意图是通过这样的训练来培养学生的表达能力以及培养学生如何与动物、与人建立信赖的关系。可是在进行这一环节中，我却没有对学生做很好的引导，以致学生说得十分宽泛。当时，我只顾着对学生的发言加以点评和鼓励，而对文本的挖掘浅尝辄止，这样整个课堂的学习就显得有些肤浅了。

吴家英老师无论在哪一个教学环节上，她都紧紧地扣住文本，以文本为基点做深入的探究与挖掘，在学生已经全面了解和掌握课文内容的基础上才进入拓展和延伸这一环节，这样处理，水到渠成，收到了良好的教学效果。

相同的课题，不同的教学模式，不同的课堂调控，不同的教法运用和学法指导，对比鲜明，从中我学到了许多书本上学不到的东西，启迪良多，使自己在教学上得到了一次实实在在地提升。（保亭县毛岸中学　石彩英）

4. 灵活的行走——走出了培训的灵活性、适应性

周末流动师资培训学院这个称谓里的关键是“流动”。这个“流动”有两层含义，一是指活动时间的灵活性，二是指活动空间的灵活性。实践证明只有“流动”才能更好地适应农村中学实际，更好地满足农村中学教师的需求。

在周末流动师资培训学院的师训活动中，每个学科在每个市县的培训时间为一年，前后共进行 15 次活动。原则上，上半年每月两次活动，下半年每月一次活动，整个活动一般都是在周末进行的。活动伊始，每个学科会根据学员的参训意愿和学科的具体特点制定培训日程，并印发给每位参训学员，使大家对一年的培训活动有一个面上的整体了解，同时也使培训活动有章可依，避免活动的盲目性。当然在具体的执行过程中，由于受场地、事务、人员等原因的影响，无法按日程预定的时间进行时，我们会及时灵活地调整活动时间，或提前，或推迟；如果比预期进展得慢了，接下来我们会加快进

度；如果比预期进展得快了，我们则会适当地放慢速度，时间由我们自己掌握，当然培训的内容是始终如一的。下面仅以语文学科在东方市的一次培训活动为例，说明时间与地点的确定。

按照周末流动师资培训学院语文学科在东方市的培训日程，第八次培训活动的时间为 2010 年 6 月 12 日，但由于当地的原因，无法正常安排，商定活动推迟一周。在此之前，周末流动师资培训学院语文学科工作站负责人张所帅老师已经联系中学兼职指导教师、海南国兴中学方仁艳老师和东方市参训骨干学员、八所中学刘宇老师开始备课。此次培训的形式为“课堂观摩＋互动研讨”，采取的模式是师徒两人进行“同体异课”对比教学，授课的内容为文言文教学，观摩研讨的中心内容是文言文的学法指导。两位老师接到上课任务后，各自选定所教篇目并报给工作站的张所帅老师。6 月 14 日上午，张老师打电话跟东方市教育局主管部门相关人员取得联系，确认本周可以进行活动，按照活动的内容要求，由当地教育局主管部门安排活动地点和上课的班级。一切安排妥当后，东方市教育局主管部门向参训骨干学员以及全市的中学语文教师发出活动通知，告知大家活动的时间、地点和培训的内容。6 月 18 日下午，海师文学院张所帅老师和中学兼职指导教师方仁艳老师一同乘车前往东方市。6月 19 日上午八点半，周末流动师资培训学院语文学科东方班的第八次培训活动在东方民族中学准时开始，参加活动的老师有七八十人。

物理学科在乐东县的活动开始时是在乐东县重点中学乐东中学进行。后来乡镇老师提出质疑，认为活动用的是县里最好的学校，上课效果当然好。他们问指导老师，流动学院能不能到他们乡里中学去活动。于是下次活动就放在了乡里中学。省城的老师对着山里的孩子同样上出了精彩的课，乡村老师发自内心地说，我们知道差距在哪儿了。后来物理学科几乎走遍了乐东县的每个乡镇中学。

周末流动师资培训学院的培训活动游走于计划性和灵活性之间，在培训的内容、形式上，更倾向于计划性，而在培训的时间、地点上，更倾向于灵活性，这样既保证了培训的制度化、规范性，又保证了活动的机动化、时效性。

5. 专家近在眼前——看得见、够得着的专业引领

农村教师专业发展的三种形式是教学反思、同伴互助、专家引领。教学反思与同伴互助对农村教师来说是可以实现的，而专家引领则往往成了可望而不可即的事情。周末流动师资培训学院恰恰在这方面体现出了特有的优势，因为它既可以依托海南师范大学这一教育人才高地，又可聚拢全省优秀中学教师，把最好的专家带给农村基础教育，让农村教师零距离地与专家交流。

面对面的交流，心与心的沟通

——结业骨干学员感言之一

2008 年，对于我——一个身处穷乡僻壤的乡村教师来说，是充满惊喜与梦幻的一年。这一年，我有幸参加了海南师范大学周末流动师资培训学院语文陵水班的培训学习，阔别校园多年，又重获学习的机会，心里倍感珍惜。一年的时间里，我走在教与学的路上，感受着艰辛与喜悦，也体验着幸福与感动。翻开培训笔记，里面有自己学习与思考的痕迹，也有指导老师的叮嘱与帮助。

在上半年的培训时间里，周末流动师资培训学院为我们请来了很多专家教授和经验丰富的中学老师做专题讲座、上示范课，让我受益匪浅。海南师大文学院林中伟教授的"语文课堂中的问题觅析与破解"、"语文课的说课与评课"，海南华侨中学王丽云老师的"决胜中考作文"，海南文昌中学邢益育老师的"作文的批改与指导"……让我难以忘怀。一场场精彩的讲座，一次次真诚的交流，对于边远地区的老师来说是难得的学习机会，不仅丰富了我的专业知识，也为我解开了许多在教学实践中的困惑。

我任教的是乡镇中学的普通班，班里大部分的学生只能勉强读完一篇课文，谈不上理解，更不具备归纳和总结的能力，看拼音如看天书，查字典也不会，更因方言影响，写作语序不通者甚多。"我家住在三才的一个落脚的地方"，这样的句子让我读得一头雾水；"母

鸡”说成了“鸡母”、“饼干”写成了“干饼”，更是多得不可胜数。这样基础的学生，作文教学是个老大难的问题。培训中，邢益育老师的“作文的批改与指导”讲座解除了我的苦恼。邢老师在讲座中指出，“作文的教学要以人为本”。他说：“不能因为一些同学始终达不到老师的所谓的教学要求而否定了学生的进步，不能剥夺学生的学习成就感，要承认不同学生的写作能力是存在差异的。”在老师的指导下，我的作文教学大胆放开束缚，不再给学生下硬性的要求，作文布置也随机灵动。对层次不同的学生，作文的要求也不一样。我努力给学生创设良好宽松的写作环境，让学生在自我控制下有意识地去写作，鼓励学生写周记、写心得，增强学生的表现欲。经过近一个学期的实验，现在我教的学生，虽然还写不出优美动人的文章，但流畅地表达心中所想已经不是什么难事了，这对于孩子们来说是一个了不起的进步。邢老师还指出：教师的作文批改与指导应与学生“亲密接触”。他说：“教师要读完每一位学生所写的每一篇作文，要坚持面批的方式。”以往，我看着成堆的作文头就发晕，这也是每个语文老师的悲哀，作文布置下去，学生不完成会苦恼，学生交太多了也苦恼。有了邢老师的金点子，我的作文批改方式改变了，尽量用面批的方式，以商量的口吻与学生交流，在情感上与之共鸣，有时聊的是作文中的人和事，而非写作的技巧，慢慢地，学生也喜欢把有趣的事或烦恼写进作文中，学生的兴趣大增，我也不再为作文的批改而累。

这学年我带的是毕业班，面临着严峻的升学压力。升学作文如何指导？平时的训练怎样开展才能达到立竿见影的效果？这是毕业班老师最急于解决的问题。周末流动师资培训学院为我们解燃眉之急，请来了海南华侨中学的王丽云老师作“决胜中考作文”的讲座，当时所有的参训老师听得可认真了。王老师给我们分析了海南省中考作文的模式，教给我们中考作文抓分三大法宝，许多参训学员也纷纷提出自己的一些想法与王老师交流，我们还拷贝了课件给学生播放。这些宝贵经验是多么难得的资源，困惑之门一下子打开了。这一个个充满实效性的讲座，对我们乡镇中学的老师来说，是一场及时的“知识雨”。

有了上半年的理论与经验储备，我又以饱满的热情投入到下半年的理论与实践相结合的培训中。有同课异构对比教学、异课异构对比教学……内容充实，循序渐进，感觉收益颇丰。

"同课异构"对比教学和"异课异构"对比教学的培训成效是最直观的，学院安排一名有经验的兼职指导教师与我们每位参训学员配班上课，上同一篇课文或不同课文进行对比，通过对比发现问题，及时指导，及时改正。我记得与我配班上课的是海口一中的杨爱彬老师，他上的是《古诗两首》之《钱塘湖春行》和《天净沙·秋思》，我上的是泰戈尔的《金色花》，给我们做指导点评的是林中伟教授，教学的地点是陵水民族中学。那天很不凑巧，遇上停电，没法使用电脑。杨老师遇事不慌，他一上讲台，就给学生清唱奥运会主题曲《我和你》，简直就是刘欢的翻版。课堂设计尤其巧妙，由奥运会主题曲的演唱到学生对开幕式的畅谈，再到导演编导意图，进而引申到让学生编导诗歌的场景、色调、音乐，最后感悟诗歌的情感，整个过程流畅自然，一气呵成。美中不足的是，没有电，要不然加上多媒体课件，那会是一场视听盛宴。从课堂的设计、组织到教师专业技能的展现，杨老师让我看到了差距，使我产生很强的鞭策感与紧迫感，正是有了这样特别的培训形式，才会有这么深刻的体验和感受。

回首过去一年，我扮演着学员和教师的双重角色，从开始的忐忑不安，到现在的泰然自若，我不但在教学上有了长足的进步，在理论上也得到了大幅提升。这其中要非常感谢周末流动师资培训学院培训活动，它让我们足不出县就能接受到优质的培训。在活动中我们与专家、教授、指导老师们面对面地交流，心与心地交谈，这是以前做梦都没有想过的事。没想到现在他们就在我的眼前，与我们乡村教师一起直面教学中的问题，这是多么令人感动的场面。

陵水班的培训活动虽已结束，但又是开始。我会带着专家、教授以及指导教师的叮嘱和期望，继续努力下去。我的心头永远回荡着海南师大文学院张所帅老师在结班典礼上说的一句话："选择奉献，选择学习，都因为选择了这个职业。"（语文学科参训学员、陵水三才中学叶春）

细细品味，回味无穷

——结业骨干学员感言之二

2009 年，我有幸参加了由海南师范大学组织的周末流动师资培训学院的培训活动，经过近一年的培训，切实地感觉到培训活动对自己的启发很大，收获也非常丰富。

最让我折服的是培训专家和指导老师强烈的敬业精神，他们不顾天气的炎热、旅途的劳累，往返于海口至东方之间，严格遵守授课时间，为我们讲解、示范、指导，表现出了极强的事业心和责任感，所有这些无不让我们感到钦佩，并化为精神力量时刻鞭策着我们不断学习，不断进步。

参加周末流动师资培训学院培训活动的一个最大收获就是观摩了省内很多优秀教师的示范课，海南中学程晓华老师，侃侃而谈，让我们仿佛置身于《百家讲坛》的录制现场，我恍然明白，历史课还可以上得这么有趣；海师附中王才秋老师上起课来非常有亲和力，在讲《俄国、日本的历史转折》一课时，他课前与孩子们进行充分交流，课堂中亲切地抚摸孩子们的头和肩膀，拉近了师生的距离，善于采用多种方式调动课堂气氛，学生参与度高，课堂活跃；琼海嘉积中学于小涛老师在教学《中外的交往和冲突》时，导入新颖独特，师生互动非常好，在内容的处理上，他把汉朝、唐朝、明朝的对外交往史连成了一条线，并提出了很多跟学生生活联系紧密的问题，把有关的学科知识串联起来，很好地做到了学科知识的融合；琼海嘉积中学简嘉伽老师在上《鸦片战争》一课时，非常善于调动学生的学习积极性，设计的问题非常有启发性，课堂的气氛非常热烈，教学的效果令人赞叹。

回顾自己近十年的从教生涯，有过彷徨，有过执著，有过坚定，有过动摇。通过参加周末流动师资培训学院的培训，更让自己认识到专业知识和教学能力不断提高的迫切性，也让自己坚定了从青涩走向成熟的信心。

现在重新翻开笔记，细细品味每一节课，仍然回味无穷，感觉一位位教学名师和教育专家就在自己的身边，我将与他们如影随形。（历史学科参训学员、东方铁路中学石磊）

盼下次培训活动能早点儿到来

——结业骨干学员感言之三

一听到要培训，很多人的印象就是请几位专家，坐在主席台上对某个问题或某一现象进行论说，再通过幻灯片呈现一些观点或一些神采飞扬的语句。此时坐在台下的中学教师们会觉得专家远不可及，培训的效果也就不言而喻。而海南师大周末流动师资培训学院的培训却打破常规，把专家请到山区，他们走下讲台与我们中学的教师面对面，就某个问题、某种方法、某一现象等进行讨论和交流，让我们真的觉得专家就在身边，培训的收获颇多。

我是一名离海南省府最远山区的中学物理老师，有幸参加了海南师范大学周末流动师资培训学院在乐东的培训活动，并且是第一个上研究课，回想起来，仍然记忆犹新。2007年9月27日（周六）上午8时30分，在简短的开班典礼之后，海南师大物理学院的丘名实副教授说："今天由兼职指导教师、海师附中谢冬霞老师和乐东中学陈岭宝老师上同样一节课，课后我们进行教学评议，从中找出不同之处，各自的优点在哪，不足在哪，应如何改进。"由于是第一次在那么多人的面前上公开课，下面坐的又是专家、教授、优秀教师以及全县的同行，我非常紧张，一时之间茫然不知所措，稀里糊涂地好不容易把课给上完了。接着由谢冬霞上课，谢老师的课容量大，学生参与度高，思路清晰，目标明确，让刚才还异常紧张的我，为之着迷。两节课后，进入评课议课环节，由于专家、教授就在身边，很多老师感到害羞，不敢发言。丘教授面带微笑，鼓励大家说："大家不要不好意思，也不要有什么顾虑，有一点说一点，想到什么就说什么。"在他的鼓励下，整个活动气氛轻松了许多，大家开始试着你一言、我一句地交流起来，尽管说得不一定到位，但都是大家的真实想法，况且好多人是第一次参加这样的培训，已经很不容易了。在大家七嘴八舌说完之后，丘名实副教授作总结，他从教学目标、教材处理、教学程序、教学方法和手段、教师教学基本功、教学效果等方面一一做了评析，让我们大开眼界。从他的字里行间，我能够感受到周末流动师资培训学院是想通过培训，促进教师的专业成长，实现教学质量的提高。同时他还对我的课给予了中肯的评价，如练习非常有针对性，是结合课堂内容精心设计的；讲课的语言通俗，易于学生领会；等等。

由于专家们没有高高在上，而是与我们直接面对面，活动过程中，人人平等参与，气氛轻松而又不失严肃，因此很多老师盼望下次培训活动能早点儿到来。（物理学科参训学员、乐东中学陈岭宝）

我将与他们继续一路同行

——结业骨干学员感言之四

作为落后山区中学的教师，伴随着课程改革的不断深入，在教学中出现了许多困惑和疑难问题，常使自己感到一种发展的压力和无奈，迫切地希望得到专业上的指导和帮助。就在这个时候，海南师范大学周末流动师资培训学院来到了五指山，给我们山区的老师免费培训，一大批教育专家和中学名师与我们相识、相知，手把手地传授我们教学知识和经验，为我们答疑解惑，这无疑是雪中送炭，给山区教师的教学带来了春的气息、春的希望。

印象最深的是兼职指导教师、海口九中的温艺红老师，为了帮助我们学习说明文的教学方法，她以苏教版七年级下册第三单元的《巍巍中山陵》为例上示范课。为了接近我们山区的教学实际，她改用原生态的教学方法，看着她亲切的教态，听着她环环相扣的课堂组织，我禁不住赞叹：语文教学是一门艺术，听名师的语文课简直就是一种享受，享受教学艺术带来的快乐，享受学有所得的幸福。以前我们老抱怨没有多媒体，上课不生动，可是今天我们大开眼界，刀耕火种一样可以大放异彩，只要我们努力耕耘，总会有收获。这堂课带给我的启示很多，其中之一就是教改不等于放任自流，教改不等于抛弃字词的教学,教改也需要给学生打好扎实的基础,而不仅仅是走过场。

两位男教师同台展示语文教学,在我参加过的培训活动中并不多见。2008 年 11 月 23 日,在周末流动师资培训学院的培训活动中,兼职指导教师、海南华侨中学的黄和老师和参训学员、五指山琼公中学黄清波老师在五指山中学上"同班异课",两堂课都非常精彩,令我久久难忘。黄和老师上的篇目是《父母的心》,他的课堂设计非常严谨,重点突出,而且善于启发学生的思维,教学的节奏起伏有律,犹如一首动听的歌,这是我听到的最好一节课。课后的互动交流环节,听课的老师们纷纷发表自己的看法和收获,我也是在这次活动中第一次发了言,从此一发而不可收。从刚参加活动时的沉默寡言,到后来争着发言,我的参训心态有了很大转变,慢慢地,我在教学上有了长足的进步,整个人重新焕发了生机和活力。

为了跟上时代的步伐,扩大交流平台,更好地提升教师的个人素质,海南师大文学院张所帅老师亲自教给我们建立个人博客。许多学员纷纷申请个人博客,通过博客这个平台,大家互相交流教学心得,教学的视野也更加开阔了,许多老师还在博客上开始发表自己的作品,写作水平有了很大提高。

在这一年的 15 次培训活动中,还有兼职指导教师、海南华侨中学王丽云老师、文昌中学邢益育老师、文昌侨中林瑜老师、海口一中杨爱彬老师、海口七中李红老师、海口十一中刘文争老师等深入我们山区基层为参训学员或作专题讲座或上示范课,与我们面对面接触,心与心交流,这在以前是想也不敢想的事。

通过培训学习,我的视野开阔了,观念更新了,能够更深刻地认识常态语文课堂教学的本质;认识到语文课堂教学"教无定法,贵在得法"的真谛。同时,我也深深地意识到语文课应该是精致的课,富有诗意的课,充满勃勃生机的课;语文教师应该是一名热爱生活、敬畏生命、博览群书、多才多艺的教育家。

专家和名师就在眼前,我将与他们继续一路同行,共同探索语文教育的奥秘。(语文学科参训学员、五指山中学杨雪梅)

下篇:实践积淀

“周末流动师资培训学院”践行了一种理念,培育了一种精神,创生了一种模式。这个项目由理想设计、政策规定到最终转化为教师的行为改进,其发展轨迹清晰可见。回首六年风雨历程,往事并非如烟,是因为其中包含了沉甸甸的付出、沉甸甸的记忆、沉甸甸的感情。故事已然如歌,是因为其中蕴含了坚定的责任,无限的爱心,创新的智慧。

第 5 章

周末流动师资培训学院相关文件

一、海南师范学院[1]面向少数民族和贫困地区"播种希望"行动计划

海南师范学院面向少数民族和贫困地区"播种希望"行动计划(2006—2010)

百年大计,教育为本。为贯彻落实《国务院关于进一步加强农村教育工作的决定》和《中共海南省委、海南省人民政府关于推进社会主义新农村建设的实施意见》(琼发[2006]4 号),推进科教兴琼和人才强省战略实施,进一步加强少数民族和贫困地区(少数民族和贫困地区包括定安县、屯昌县、临高县、五指山市、东方市、白沙黎族自治县、琼中黎族苗族自治县、乐东黎族自治县、保亭黎族苗族自治县、陵水黎族自治县、昌江黎族自治县等 11 个县市)教师队伍建设,提高当地基础教育质量,促进我省基础教育的均衡发展,特制订

① 2006 年 1 月底,海南师范学院经高校委员会评议、教育部批准,已正式升格为大学。

本行动计划。

一、指导思想和目标

高举邓小平理论伟大旗帜，以“三个代表”重要思想为指导，坚持科学发展观，坚持教师教育一体化的办学理念和“立足海南、服务海南”的办学宗旨，以“构建平台、整合资源、点面结合、提升素质、协调发展”为基本工作思路，以提高我省少数民族和贫困地区教师队伍整体素质，推进素质教育，形成高师院校与基础教育良性互动机制为目标，为实现海南省基础教育的均衡发展，推进海南省社会主义新农村建设提供智力支持。

（一）通过顶岗支教置换和脱产培训的方法，为少数民族和贫困地区培训 3000 名教师，使他们的专业素质得到明显改善。

（二）培养 700 名研究型的骨干教师，为各县市打造一批学科教学的“领军”人物，并通过这支队伍的辐射作用培养 2100 名青年教师，使他们能够真正胜任教育教学工作。同时，使 8000 名农村中学教师能够就地接受高质量的培训。

（三）引导基层学校建立一种中学教师与高校专家相结合，立足实践、集教学与反思为一体、以全面提高教学质量为宗旨的校本研训模式，形成一种基层学校教师专业发展的新机制。

（四）以海南师范学院为平台，整合全省基础教育与教师培训优质资源，构建面向少数民族和贫困地区基础教育的中小学教师培训新模式。

二、主要行动

本计划主要包括三项行动：少数民族和贫困地区中学教师脱产培训、面向少数民族和贫困地区顶岗支教与师资培训和“周末流动师资培训学院”。

三项行动是一个整体，又各有侧重。其中，少数民族和贫困地区中学教师脱产培训行动侧重于植根大学文化，借助高校内部资源，提升中小学教师的专业素质；顶岗支教与师资培训行动侧重于职前教师培养与在职教师培训的互促并进，整体提高培养培训的质量与效益；“周末流动师资培训学院”行动侧重于整合优质资源，立足课堂，服务学科教学，培养研究型骨干教师，解决农村教师的全员培训问题。三项行动中前两项行动解决的是“点”的问题，后一项行动解决的是“面”的问题，点面结合，相辅相成，全面提升海南师范学院教师教育一体化的服务品质。

（一）少数民族和贫困地区中小学教师脱产提高培训行动

从2006年起至2010年，每年从定安县等11个少数民族和贫困市县的乡镇中小学选派280名在职教师到海南师范学院（这项活动参与单位还有琼州学院、海南教育培训院、琼台师专，其中琼州学院负责中学少数学科的培训，海南教育培训院、琼台师专负责小学教师的培训）脱产培训，五年计划培训乡镇中小学教师1400名。（详见附件1）

（二）项岗支教与师资培训行动

从2006年起至2010年，每年从海南师范学院选派500名优秀师范生到定安县等11个少数民族和贫困市县的乡镇初中顶岗实习任教。同时，从上述地区学校选派500名在职教师到海南师范学院离岗培训，五年计划培训乡镇初中教师2500名。（详见附件2、附件3）

（三）举办“周末流动师资培训学院”行动

从2006年起至2010年，面向定安县等11个少数民族和贫困市县，举办“周末流动师资培训学院”，坚持“立足课堂、服务学科、培养骨干、辐射全员”的培训定位，整合全省优质教育资源，送教上门，送课上门，开展课堂教学临床诊断研究，真正实现全员培训，并且利用现代信息技术手段实现指导教师与学员交流的常态化。通过这项活动，培养700名左右研究型的骨干教师，带动2100名青年教师的成长。同时，8000名农村中学教师就地接受高质量的培训。文昌市作为对比实验的对象参与培训活动。（详见附件4）

三、组织领导

本行动计划在海南省顶岗支教与师资培训工作协调小组（协调小组由省委组织部、省扶贫办、省财政厅、省教育厅四部门组成）的直接领导下开展工作，海南师范学院建立校级领导小组和专家指导小组,学校各教学单位按照校级领导小组和专家指导小组的部署和指导,认真落实各个工作环节,确保工作质量。各县市成立相应的领导机构,确保工作的协调与落实。

周末流动师资培训学院在各县市的培训活动,接受当地教育行政部门的领导,培训活动纳入当地中小学教师继续教育的总体计划之中,并实行受训学员学分互通。

二、海南师范学院《“周末流动师资培训学院”工作方案》

“周末流动师资培训学院”工作方案

一、指导思想

以海南师范学院为平台,整合海南师范学院与海南省基础教育优质资源,以服务少数民族和贫困地区为宗旨,以基地学校为依托,以周末流动师资培训学院为基本组织架构和运行方式,立足课堂,服务学科教学,培养一批研究型骨干教师,促进受训地区教师队伍整体素质的提高,提升海南师范学院在基础教育中的专业影响力。

二、工作任务

(一)培养一批研究型骨干教师

周末流动师资培训学院利用 5 年时间,对 11 个少数民族和贫困县市以及文昌市的语文、数学、英语、物理、化学、生物、历史、地理等 8 个学科的教师进行培训,培养 600 名左右研究型骨干教师(语文、数学、英语三个学科每学科培养研究型骨干教师 10 人/县(市)左右,其余学科每学科 5 人/县(市)左右)。

(二)形成海南师范学院与基础教育的专业互动机制

探索一种既能充分发挥海南师范学院对基础教育的专业引领作用,又能将基础教育鲜活的实践经验引入大学课堂,从而实现职前培养与职后培训一体化、教学理论与教学实践相结合的教师教育新机制。

（三）建设一支专兼结合、素质精良的学科教学论教师队伍

以项目拉动学科队伍建设，全面提升海南师范学院学科教学论教师队伍的整体水平；同时，形成一支来自基础教育一线的、相对稳定的学科教学论兼职教师队伍，并探索一套行之有效的管理办法。

三、具体内容

能够对教学进行系统化的反思是研究型教师的基本素质。研究型教师必须具备经验技能、分析技能、评价技能、策略技能、实践技能、交往技能。据此，对研究型骨干教师的培养主要安排以下内容：

（一）学科教育基本理论与人文素养

以读书为主，辅以讲座，对学员进行学科教育基本理论与人文素养方面的培训。学科教育基本理论的具体内容由各学科指导教师确定，人文素养的具体内容由学院统一确定。

（二）教学临床诊断研究

以指导教师和学员的教学实践为对象，采用观摩、比较等方式引导学员进行教学临床诊断研究，以解决学科教学中存在的问题，培养学员的经验技能、分析技能、评价技能和交往技能。

（三）教学反思

以学科教育基本理论的掌握为前提，以指导教师与学员间的对话为引领，以思维过程外显化、文本化为途径，培养学员的教学反思能力。

（四）行动研究

紧紧围绕新课程改革中在学科教学上存在的主要问题，在指导教师的引领下开展行动研究，每学期 1－2 次，以教学带动研究，以研究促进教学，在行动中学会研究。

（五）成果表达

成果表达是学员思维整理的重要方式，也是基本的研究能力。学员要学会写教学反思日记、教育故事、行动研究报告。成果形式原则上发表在博客上，个别教师因个人和学校不具备网络条件可以

采取纸质形式。

四、培训方式

(一)认知学徒制

培训坚持实践取向,注重对实践的反思,强调合作与交流。培训采取认知学徒制,即指导教师带徒弟的方式。每名指导教师带3名学员,每名学员带3名青年教师,落实培养责任。

(二)在教学中研究,在研究中教学

改变现有骨干教师的职业生活方式是周末流动师资培训学院培训工作的核心任务,也是研究型教师成长的显著标志。通过双方的不懈努力,使在教学中研究、在研究中教学成为一部分骨干教师的基本职业生活方式。

改变现有的职业生活方式,基本途径就是引导教师开展反思性教学。通过改变课堂教学基本模型,进而改变职业生活方式。反思性教学的基本模型如下图所示:

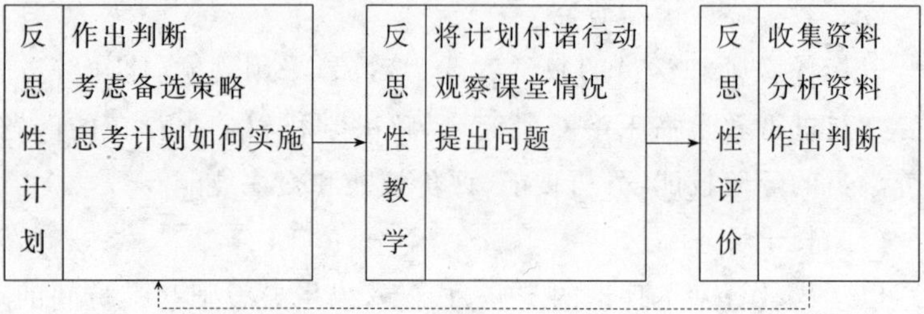

图5-1 反思性教学模型

(三)现场交流与网上交流结合

在培训中抓住“现场交流”和“网上交流”两个关键点,使培训活动能够集中与分散结合,周末与平日结合,充分发挥信息技术的作用,实现培训工作的常态化、网络化。

基地学校要为每一个学员(包括外校学员)提供网络支持,指导教师帮助学员创建博客群。

五、总体安排

周末流动师资培训学院总体活动时间计划为5年,活动面覆盖11个贫困地区和文昌市。

首先在保亭、五指山、琼中、文昌四县市试点，每县市原则上在语文、数学、英语中启动一个学科。试点时间为一年，然后在其他县市铺开。具体安排见下表：

表 5-1　海南师范学院周末流动师资培训学院培训计划表

	2006—2007（试点）	2007—2008	2008—2009	2009—2010
保亭县	1	4、7	2、6、8	3、5
琼中县	3	1、4、7	2、6、8	5
五指山市	2	1、4、7	6、8	3、5
文昌市	1	6、8	5、7	2、3、4
白沙县		1、4、7	2、6、8	3、5
昌江县		2、5	1、3、4	6、7、8
陵水县		2、5	1、3、4	6、7、8
东方市		2、5	1、3、4	6、7、8
乐东县		2、5	1、3、4	6、7、8
屯昌县		3、6、8	5、7	1、2、4
定安县		3、6、8	5、7	1、2、4
临高县		3、6、8	5、7	1、2、4

注：学科代码语文 1；数学 2；英语 3；物理 4；化学 5；历史 6；地理 7；生物 8

流动学院每月深入基地校 2 次，半年后可每月深入基地校 1 次。

六、教师队伍

周末流动师资培训学院的教师队伍由三部分组成：海南师范学院学科教学论教师，海府地区中学国家级、省级骨干教师，受训地区本地专家。

七、运行机制

（一）周末流动师资培训学院在当地教育行政部门的领导下，依托当地师资培训机构和基地校开展工作。

（二）当地师资培训机构负责确定学员、管理学员档案、协调基地校与教育行政部门的工作。

（三）基地校负责学员的考勤管理、教学组织、提供场地、媒体网络等相关资源，为指导教师提供食宿。

（四）指导教师的组织与工作管理由海南师范学院负责。

八、保障措施

（一）建立领导机构

由海南师范学院牵头成立由海南师范学院、相关县市教育行政部门、师资培训机构、基地学校四方组成的领导机构。

（二）确定管理部门、明确管理职责

周末流动师资培训学院作为海南师范学院“播种希望”行动计划中的项目之一，日常管理由海南省基础教育课程与教学研究基地负责，以项目管理方式进行运作与管理。

（三）建立相关制度

1. 工作协调会制度。每学期与相关县市教育局、师资培训机构、基地学校召开一次工作协调会，共同研究安排本学期流动学院工作，并就相关事宜进行协商。

2. 指导教师例会制度。每月末召开一次指导教师例会，了解活动进展情况、研究解决具体问题、部署下一个月工作。

3. 指导教师管理制度。包括本校指导教师合理计算工作量且予以认定，完成指导任务并获得好评的指导教师在校内以聘代评中可认定其符合科研业绩中有关条款；校外指导教师由海南师范学院聘为兼职教师，凡完整参与活动的教师，与省里有关部门协调后可认定其为下乡支教一年并取得全员培训的基本学分。

4. 学员管理制度。包括培训结果的认定与使用，培训学分、考勤、奖惩等与继续教育学分、考勤、奖惩等互通。

（四）重视舆论宣传

1. 学校通过各种形式进行舆论宣传工作，使各系部明确此项工作的意义与各自的责任，纳入系部工作日程，一把手亲自过问，并支持学科教学论教师积极参与此项工作。

2.周末流动师资培训学院的主管机构协助校党委宣传部做好宣传工作。主管机构及时为宣传部门提供信息;宣传部门参与部分活动,主动跟踪宣传。

3.主管机构每月出版一期简报,全方位报道介绍流动学院的工作情况,学员及基地校的活动情况,信息交流、反馈情况。

4.各基地校有专人负责宣传工作。指定专人负责收集学员参与活动的情况;定期向流动学院主管机构提供相关情况。

(五)划拨专项经费

1.项目经费由学校划拨,确保周末流动师资培训学院的正常运转。

2.项目经费主要用于课时补贴费、差旅费、交通费、办公经费、通讯费、会议费等。

九、成果管理

周末流动师资培训学院的各项成果均由流动学院、学员、基地校三方共享。指导教师为成果管理牵头人。成果管理主要采取以下形式:

(一)学员成长记录袋

学员成长记录袋由流动学院统一制作。学员在指导教师指导下管理成长记录袋。

(二)现场指导全程录像

由基地校负责,对每次现场做课、交流全程录像,然后制成光盘。

(三)博客管理

学员与指导教师共建博客群,共同管理。

(四)文书管理

1.对于活动中各种文件、材料的管理,按文件材料的制定单位分类,由基地校与流动学院分别管理。

2.每半个学期进行一次文书归档工作。

三、中共海南省委组织部、海南省教育厅、海南省财政厅、海南省扶贫工作办公室关于印发《“周末流动师资培训学院”项目实施方案》的通知

中共海南省委组织部
海南省教育厅
海南省财政厅　　文件
海南省扶贫工作办公室

琼教师〔2010〕104号

关于印发《“周末流动师资培训学院”项目实施方案》的通知

各有关市县委组织部、教育局、财政局、扶贫办，海南师范大学，省直有关单位：

为全面实施人才强省战略，进一步加强我省中西部市县农村教师队伍建设，提高当地基础教育质量和水平，促进我省基础教育均衡发展，根据《中共海南省委办公厅 海南省人民政府办公厅关于印发<海南省中西部市县人才智力扶持行动计划>的通知》（琼办发[2010]33号），中共海南省委组织部、海南省教育厅、海南省财政厅、海南省扶贫办联合制订了《“周末流动师资培训学院”项目实施方案》（以下简称《方案》），现印发给你们，请遵照施行。

中共海南省委组织部
海南省教育厅
海南省财政厅
海南省扶贫工作办公室
二〇一〇年十一月二十九日

主题词：教育　师资培训　方案　通知

海南省教育厅办公室　　2010年11月30日印发

校对：林艺青　　打印：王　腾　　（共印80份）

“周末流动师资培训学院”项目实施方案

根据《中共海南省委办公厅、海南省人民政府办公厅关于印发＜海南省中西部市县人才智力扶持行动计划＞的通知》(琼办发[2010]33号)精神，为进一步加强我省中西部11市县农村教师队伍建设，提高当地基础教育质量和水平，特制订“周末流动师资培训学院”项目实施方案。

一、指导思想

以邓小平理论和“三个代表”重要思想为指导，深入贯彻落实科学发展观，加快提升我省中西部市县农村教师队伍的整体素质，提高当地基础教育水平，为实施科教兴琼和人才强省战略、促进我省基础教育的均衡发展、推进国际旅游岛建设提供人才和智力支撑。

二、培训对象与目标

“周末流动师资培训学院”项目，从2010至2020年按计划、有步骤地实施与推进，第一期先实施到2015年。以海南师范大学为主体和平台，每年对五指山、东方、昌江、乐东、陵水、白沙、保亭、琼中、定安、屯昌、临高等11个中西部市县乡村中学教师进行学科培训，五年累计培训初中教师约10000人，市县级骨干教师700人。

三、项目内容与方法

周末流动师资培训学院主要利用周六、周日开展培训活动，以教师责任心与“教材研习”、“教学基本功”为主要内容，着力解决“教什么”和“怎么教”的问题。每年每市县安排2至3个学科进入，每个学科在每个市县活动一般10次，每个学科5年面向11个中西部市县送训下乡140次，8个学科共送训下乡1120次。

培训主要采用以下方法：

(一)现场培训与集中培训相结合。每年选派约500人次的指导教师到有关市县，采用“同课异构—交流研讨—专家引领—行为改进”的培训模式，对约2000名教师进行培训，同时对骨干学员选择有代表性和共性的内容和问题，进行集中培训。

（二）认知学徒制。培训坚持实践取向，注重对实践的反思，强调合作与交流。培训采取认知学徒制，即指导教师带徒弟的方式。每学科至少聘请专兼职指导教师10—15名，每名指导教师带2－3名骨干学员。

（三）现场交流与网上交流结合。在培训中要抓住“现场交流”和“网上交流”两个关键点，使培训活动能够集中与分散结合，周末与平日结合，充分发挥信息技术的作用，实现培训工作的常态化、网络化。各学科要创建交流博客平台，指导教师要帮助学员创建博客群。

四、运行机制与保障措施

（一）“周末流动师资培训学院”项目由海南师范大学承办，依托当地组织部门、教育行政部门与师资培训机构开展工作。海南师范大学要做好项目的具体实施方案，具体组织和实施项目，做好项目实施过程的管理、监督、协调工作。项目实施过程要聘请专家进行绩效评价，进行宏观管理和监督。中西部11个市县的教育行政部门、教师培训机构与有关学校配合海南师范大学做好项目的组织、实施工作。

（二）各有关单位和学校要为“周末流动师资培训学院”工作提供优秀兼职教师，支持并创造条件使这些受聘教师发挥好的作用。

（三）当地教育行政部门负责确定骨干学员及参训教师，并出台相关政策，建立激励与约束机制，为在校教师参加培训解决工学矛盾，并在交通费上尽可能给予经费支持。

（四）建立相关制度。包括：工作协调会制度、指导教师例会制度、指导教师管理制度、学员管理制度、成果管理制度等。

（五）划拨专项经费。本项目由省财政厅每年划拨项目经费69万元。另外，11个中西部市县每年每市县各安排配套经费2万元，以确保“周末流动师资培训学院”项目的正常运转。

五、组织领导

1. 成立海南省教育人才扶持工作领导小组（名单见附件1），统筹指导与检查监督“周末流动师资培训学院”项目实施工作情况。

2.海南师范大学成立“周末流动师资培训学院”项目实施工作小组(名单见附件 2),在“海南中西部市县人才智力扶持行动计划领导小组”与“海南省教育人才扶持工作领导小组”的指导下开展工作。领导小组办公室设在海南师范大学教师教育研究中心,具体负责组织、指导、协调“周末流动师资培训学院”项目的实施工作。中西部市县要成立相应的领导机构,明确负责人和具体责任人,并结合实际制订实施方案,认真抓好落实。

附件:1.海南省教育人才扶持工作领导小组成员名单

2.海南师范大学“周末流动师资培训学院”项目实施工作小组名单

3.“周末流动师资培训学院”培训计划表

◆附件 1

海南省教育人才扶持工作领导小组成员名单

组　长:胡光辉　省教育厅厅长

副组长:张美文　省财政厅副厅长

赵子导　省扶贫办主任

石秀慧　省教育厅巡视员

林北平　海南师范大学党委书记

张诚一　海南师范大学副校长

谢江波　省人才办副主任、省委组织部人才工作处处长

成　员:李治浩　省财政厅教科文处处长

方　鸣　省教育厅师资管理处处长

彭离生　省教育厅组织人事处处长

卢焕雄　省教育厅师资管理处副处长(正处级)

梁　广　海南师范大学教务处处长

关文信　海南师范大学继续教育学院院长

◆附件 2

海南师范大学“周末流动师资培训学院”项目实施工作小组名单

组　长：林北平　海南师范大学党委书记
副组长：童光政　海南师范大学副校长
　　　　张诚一　海南师范大学副校长
　　　　杜明娥　海南师范大学副校长
成　员：关文信　海南师范大学继续教育学院院长
　　　　阮　忠　海南师范大学文学院院长
　　　　陈传钟　海南师范大学数学与统计学院院长
　　　　杨蕾达　海南师范大学外国语学院常务副院长
　　　　孙振范　海南师范大学化学与化工学院院长
　　　　史海涛　海南师范大学生命科学学院院长
　　　　傅　军　海南师范大学物理与电子工程学院院长
　　　　毕　华　海南师范大学地理与旅游学院院长

领导小组下设办公室，办公室设在教师教育研究中心，成员如下：

主　任：关文信
副主任：丘名实　海南师范大学教师教育研究中心副主任
成　员：海南师范大学各相关学院负责“周末流动师资培训学院”实施工作的学科教学论教师
联络人：丘名实

◆附件 3

“周末流动师资培训学院”2011—2015 年培训计划表

培训市县及受训教师人数(人) \ 培训年度及各年度进驻的学科		2011 年	2012 年	2013 年	2014 年	2015 年
陵水县	1200	1、8	2、7	4、5	3	6
保亭县	500	1、8	2、7	4、5	3	6
白沙县	500	2、7	8	3、6	4、5	1
昌江县	900	2、7	1、8	3、6	4	5
东方市	1200	4、5	3、6	1、2	7	8
乐东县	1500	4、5	3、6	1、2	7	8
琼中县	700	3、6	4、5	7、8	1	2
屯昌县	800	3、6	5	7、8	1、2	4
定安县	800	3、8	1、4	2	5、6	7
临高县	1400	4、5	2、6	7	3、8	1
五指山市	500	2	5、8	4	1、6	3、7
合　计	10000					

注:1. 学科代码:语文 1;数学 2;英语 3;物理 4;化学 5;历史 6;地理 7;生物 8

2. 各市县受训教师人数在具体实施过程中可根据实际情况调整

第6章
各学科活动纪实采撷

一、化学学科活动纪实

指导教师:海南师范大学化学学科辜燕飞副教授
兼职指导教师:海南华侨中学苏清霞老师

课题:酸和碱之间发生什么作用

一、对比课

第一节课上课教师:陵水黎族自治县本号中学黎老师

师:今天给你们带来一样东西,可能这东西你们没见过。那是什么东西呢?

(老师展示酸豆实物)

师:你们吃过吗?

生:吃过

师:什么味道?

生:酸的

师:酸的。我们都学过几种常见的酸。现在说酸豆里面含有酸,那酸的化学式用什么表示呢?

师生:是氢离子和酸根离子。

师:那跟酸的性质相反的一种物质又是什么呢?我们讲过的。

师生:碱。

师:碱的化学式又是什么呢?

师生:氢氧根和金属离子。

师:打开课本,翻到58页,酸和碱之间发生了什么样的反应?

板书:酸和碱之间发生什么作用?

请同学们看书。

演示实验:将氢氧化钠倒在10mL的氢氧化钠溶液里。

师:氢氧化钠属于什么?氢氧化钠化学式怎样写的?

(书写氢氧化钠化学式,同学们回答氢氧化钠属于碱。)

师:氢氧化钠是属于碱,具有碱性的。那么我向氢氧化钠溶液里边滴入酚酞,有什么变化?

生:变成红色。

师:对,向氢氧化钠溶液里滴入酚酞,溶液变红色。那我再向其中滴入盐酸呢?

(提问并写出盐酸的化学式。)

演示实验:将盐酸滴入滴有酚酞的氢氧化钠溶液。

生:有气泡。

师:我还没滴加盐酸,怎么会有气泡产生,注意观察。

(边滴边搅拌,请同学们观察有什么现象。)

师:有什么现象?

生:红色褪去了。

师:对,红色褪掉,那这一瓶还是氢氧化钠溶液吗?

生:不是了。

师:对,不是。它肯定是跟盐酸发生了反应,生成了新的物质。新的物质就是盐和水。那我们看一下是什么样的盐。

板书并说明:氢氧化钠和盐酸反应生成氯化钠和水。

师:我们把氢氧化钠和盐酸反应生成氯化钠和水的反应过程叫

做中和反应。

板书：1. 概念：酸和碱反应生成盐和水。

副板书：常见的碱和酸有哪些？比如：氢氧化钙和硫酸。

师：不同的酸和不同的碱反应，它的反应产物有固定的盐和水，像这个反应就生成硫酸钙和水。那硫酸钙我们学过是微溶于水的，所以写的时候要用下降符号。

师：我们都知道酸和碱反应生成盐和水。那盐到底是什么东西呀？盐的概念是什么？

师：盐酸由氢离子和氯离子结合而成，氢氧化钠由钠离子和氢氧根离子结合而成。也就是两种正负离子互相交换，即正负正负相结合。氢离子和氢氧根离子组合成水，氯离子和钠离子结合成盐。也就是金属离子和酸根离子结合成盐。

板书：2. 盐的概念：盐是由金属离子和酸根离子结合而成的。

师：大家知道怎样辨别什么是酸什么是水什么是碱了吧。现在，我们知道了盐的概念，知道了中和反应的概念。那么，大家清楚中和反应的实质到底是什么和什么反应而形成的吗？

生：酸和碱……

师：酸中的氢离子和碱中的氢氧根离子组合成水。钠离子和氯离子反应成氯化钠。

板书：中和反应的实质就是酸中的氢离子和碱中的氢氧根离子结合成水。金属离子和酸根离子结合成盐。

讲解：盐是一类，氯化钠只是盐的一种。

板书：二、中和反应的作用

1. 改良土壤中的酸碱性

2. 工厂废水的处理

第二节课上课教师：海南华侨中学苏老师

师：常见的酸有哪些？

生：盐酸、硫酸。

师：常见的碱有哪些？

生：氢氧化钠、氢氧化钙。

（要求学生回答问题时不要看课本）

师：前节课，讲到溶液的导电性，我们知道有些溶液可以导电，有些溶液不可以导电。溶液可以导电的原因是什么？溶液能导电、溶液不能导电肯定有区别啊，是不是？溶液为什么能导电？是溶液中存在带电的粒子，而这些粒子在接通电源的情况下，可以定向移动，所以说溶液可以导电。而有些溶液不能导电，比如说，酒精溶液。想想为什么？因为酒精溶液中没有带电的粒子，酒精溶液是以分子的形式存在的，再怎么通电也没有用，它没有带电粒子，没办法定向移动。这里为什么要提到溶液的导电性？同学们必须清楚，在溶液中存在一些微观粒子，那就是分子或离子。那么溶液当中，有自由移动的离子的时候溶液才能导电，从这里我们知道，在一些酸溶液和一些碱溶液当中一定存在一些离子。那好，我们在前面的学习已经认识了一些酸碱盐的性质。盐酸、硫酸必然是不同的物质，我们通过学习知道，这些酸有相似的化学性质，比方说都能够__________。

生：跟金属反应。

师：什么样的金属？跟所有的金属都能反应吗？

生：不能。

师：什么样的？

师：在金属活动顺序表中，排在哪个位置？

生：排在氢前面的金属。

师：对，排在氢前面的金属。我们知道在金属活动顺序表中，越排在前面的金属活动性是什么啊？

生：活动性越强。

师：对，越强。它只能跟活动性强的金属反应。这一点要清楚，不能只知其一而不知其二。比方说，还能跟什么反应？

生：金属氧化物。

师：没错，金属氧化物。那么我这里的酚酞和石蕊试液，都叫什么？

生：指示剂。

师：这个叫酸碱指示剂，为什么叫酸碱指示剂？因为遇到酸碱的时候会如何？

生：会变色。

师：对，会变色，会显示不同的颜色，所以叫做酸碱指示剂。这也是酸的一点性质，那就是它能使这些指示剂变色。这都是它们的相似的化学性质。既然是两种不同的酸，为什么会有相似的化学性质？那既然有相似的化学性质，肯定会有一个共同点决定，是不是？

生：是！

师：那你们来跟我找一下，到底是什么共同点来决定它有相似的化学性质的？什么共同的特点？

生：反应生成盐和水。

师：同学们要针对我的问题来思考，我刚才说，既然是不同的物质，但是又有相似的化学性质，它肯定有一个共同点决定，对不对？

生：对！

师：这个共同点到底是什么？

生：都有氢离子。

师：对，分解来看就清楚了，它都有相同的什么东西？

生：相同的氢离子

师：对，相同的氢离子。不同的物质既然有共性，那就肯定由共同的特点来决定，那所以在这里，我们把氢离子叫做什么呢？叫做酸的特征离子。有了这个氢离子，就决定了这种酸，不管是什么酸都具有酸性。刚才同学们说，使指示剂变色啊，跟氢前金属反应啊，或者跟金属氧化物反应，这些其实是它的氢离子决定的，是酸性决定的。下面的问题由你们来回答了。如果是碱的话，同学们已经学过碱的性质了，碱也有一些共同的性质吧？

生：有！

师：比方说呢？

生：氢氧根。

师：我这里说有什么相同的性质，氢氧化钠和氢氧化钙，比方说都能使石蕊变红，使酚酞变蓝，还能跟空气中的什么反应？

生：碱。

师：谁能使澄清的石灰水变浑浊？

生：二氧化碳。

师：那澄清的石灰水的主要成分是什么？

生：氢氧化钠。

师：那么，它其实是一种什么溶液？

生：碱溶液。

师：澄清的石灰水是一种碱溶液，如果你忘了它这种性质，那你就想想，澄清的石灰水遇什么变浑浊了？咱们都知道遇二氧化碳，对不对？

学生：对。

师：所以说碱溶液是与空气中的谁反应？

生：二氧化碳。

师：对，跟二氧化碳反应，所以呢，前面才说氢氧化钠这种物质，这种强碱一定要密封保存，否则的话就变质，就是跟空气中的谁反应？

生：二氧化碳。

师：对，跟空气中的二氧化碳反应。所以说，作为碱不管是氢氧化钠还是氢氧化钙也好，都有相似的性质。前面酸已经分析过了，这里就由你们来分析，碱的这些共性是由谁来决定的？有相似的性质肯定有相同的特点，看它们的共同点是什么啊？

生：氢氧根。

师：都有氢氧根，同样地我们可以把氢氧根作为碱的什么？

生：特征离子。

师：没错，碱的特征离子，作为碱的特征离子也就是所有的碱溶液当中都有什么离子啊？

生：氢氧根离子。

师：那好，我们可以这样理解，酸里面就是因为有了氢离子，所以决定了酸有酸性；碱里面就是因为有了氢氧根离子，所以决定了所有的碱显什么性？

生：碱性。

师：我如果往氢氧化钠溶液中加入酚酞，溶液会有什么现象？酚酞遇到碱溶液会变成什么颜色？

生：红色。

师：对啊！变红色，说明这个溶液显什么性？

生：碱性。

师：也就是里面有大量什么离子？

生：氢氧根离子。

师：对，有大量的氢氧根离子，所以才使得它显什么性？

生：碱性。

师：那同样地我来问你们，这里是稀盐酸，这个盐酸显什么性？

生：酸性。

师：酸性，说明这里面有大量的什么离子？

生：氢离子。

师：氢离子，对。那硫酸呢？也是酸性，是吧？

生：是！

师：它的性质也是谁决定的？

生：氢离子。

师：那好，咱们刚才说了，碱因为呈碱性，氢氧根离子决定了这些碱呈碱性，相同的性质。那酸也一样，氢离子决定了酸的相似的性质，酸中都有大量的什么离子？

生：氢离子。

师：如果是碱性的物质或者说碱溶液遇到酸的话，会呈什么性呢？有几个可能？是呈酸性还是呈碱性，还是…？

生：中性。

师：你怎么知道呢？大家都认为是中性吗？有没有人认为，酸跟碱混合了呈碱性，有没有这种可能？

生：有。

师：肯定有，是吧？原本谁呈碱性了？

生：碱。

师：碱呈碱性，也有可能呈酸性，也有可能呈中性。那我们来看一下，现在酸和碱要混合了，酚酞指示剂在里面只是指示剂，现在这个溶液还是红色，呈什么性？

生：碱性。

师：呈碱性。

师：刚才还是红色，说明是碱性。那我当时有没有加盐酸？

生：有。

师：那说明酸碱混合有可能呈碱性。溶液的红色突然不见了，说明它还呈碱性不？

生：不呈碱性了。

师：不呈碱性了，呈酸性还是呈中性呢？

生：中性。

师：如果继续往里面加盐酸，那你说现在呈什么性？

生：酸性。

师：为什么是酸性？说明酸怎么了？

生：酸多了

师：我们可以用什么来检验？酚酞是不能检验了，我们说酚酞在中性和酸性溶液中都是无色，所以没法检验它是中性还是酸性，但是我们可以用什么来检验？

生：石蕊。

师：看这个溶液呈什么色了？

生：红色。

师：说明这时候真的呈什么性了？

生：酸性。

师：红色本来已经褪去了，说明酸跟碱恰好反应完，这时候应该呈什么性？但我一直往里面加酸，这就使得这里面的酸多了。酸多了，这个溶液就呈什么性？

生：酸性。

师：如果往里面继续加碱，将会变成什么性？

生：那要看加进去量的多少。

师：对，这位同学说得没错。这里有量的问题。当我们往碱中加酸的时候，如果碱性没有消失说明碱多了，碱的量多，酸的量少；当加到颜色刚好褪去时，酸跟碱刚好反应完，溶液呈中性。如果继续加酸，那酸的量就多了，这时候溶液就呈酸性。酸跟碱混合后到底呈什么性，那要考虑量的问题。今天我们主要考虑的是酸跟碱恰好完全反应。酸跟碱恰好完全反应就呈中性，为什么是中性呢？氢氧化钠与盐酸反应，氢氧化钠溶液中有钠离子和氢氧根离子，盐酸中有氢离子和氯离子，刚好反应完的时候，碱性没有了，酸性也没有了。碱性没有了，说明混合物中还有没有氢氧根离子？

生：没有了。

师：那酸性也没有了，说明混合物中还有没有氢离子？

生：没有了。

师：这就是因为酸和碱这两种特征离子又结合成存在形式最稳定的物质，是什么东西呢？

生：水。

师：没错，生成了水。另外两种离子结合在一起，是哪两种离子？

生：钠离子和氯离子。

师：这两种离子结合在一起生成什么东西？

生：氯化钠。

师：所以氢氧化钠和盐酸反应的产物是氯化钠和水，那你们现在是否理解，为什么反应后溶液呈中性；为什么碱性消失了；为什么酸性消失了；为什么呈中性了呢。

师：反应后，溶液中既没有氢氧根离子也没有氢离子，而生成稳定存在的水。所以溶液既不显酸性也不显碱性，而是显中性。所以这样的反应叫什么反应呢？

生：中和反应。

师：中和反应，也就是原来的酸性没了，碱性也没了，混合以后刚好是中性的，这样的反应就叫中和反应。中和反应专门是酸和碱的反应。酸碱作用生成了水和盐。盐是指一类物质，那盐有什么特点？有什么特点就要看它的组成，我们刚才说酸的阳离子都是氢离子，那碱呢？阴离子都是氢氧根离子。那看这里，它的阳离子是金属离子，阴离子是非金属离子，也叫盐酸根。由金属离子和盐酸根组成的物质叫做盐。那关于盐的知识，我暂时不讲。这节课我们讲的是酸遇到碱会发生什么反应？

生：中和反应。

师：对，中和反应，那也就是说，酸跟碱恰好完全反应的时候，最后的溶液呈什么性？

生：中性。

师：这个中和反应很有特点。在这个反应当中，氢氧化钠的阴离子氢氧根离子和盐酸的阳离子氢离子结合，然后氢氧化钠中的阳离子和盐酸中的阴离子结合，这两种物质有什么特点？相互结合。像这样特点的反应，是我们初中阶段所要学习的最后一个反应类型，叫复分解反应类型。复分解反应类型有什么特点呢？

生：反应物的阴阳离子互相结合。

师：复分解反应，我们后面的课程还会学习，现在就大概了解它的类型。前面我们学了哪些基本反应类型？

生：分解反应、化合反应、置换反应。

师：既然氢氧化钠可以跟盐酸反应，那还可以跟谁发生反应？

生：硫酸。

师：好了，同学们。其实我发现你们一个问题，你们知道酸和碱反应后显中性，但就是写不出产物。今天主要理解中和反应，中和反应在生产和生活中有广泛的应用，这个同学们要理解一下，用化学知识解释生活中的现象。比方说，在生活当中，被蚊虫叮咬了为什么感觉疼？就是因为蚊虫叮咬分泌出酸性物质，就感觉肌肉疼痛了，这时候要想到用什么样的物质才能去掉酸性物质？

生：碱性物质。

师：对，用碱性物质，但不能用强碱哦！因为强碱、强酸都有腐蚀性。要用弱碱性的物质，比如说用牙膏、肥皂，这是在生活中。生产中，硫酸厂排放处理的物质显酸性，我们要用一些碱性的物质来处理一下。碱性物质成本最低的就是熟石灰。有些地方下酸雨，土壤会显什么性？

生：酸性。

师：我们要加点什么性的东西？

生：碱性的东西。

师：这个也常用熟石灰。洗发水是呈弱碱性的，如果不能把洗发水冲洗干净，那头发会显弱碱性，头发容易干枯。那怎么办呢？现在我们洗完头后会用什么？

生：护发素。

师：对，护发素。那你就想为什么用了护发素感觉就很好？护发素应该呈什么性？

生：酸性。

老师：对，护发素呈弱酸性。用护发素是为了改善你头发的状态。因为洗发水是碱性才能去除污质。这节课我们就上到这，剩下的时间同学们看看书。

二、自我反思

幸老师：接下来，我们请两位上课的教师说说他们的上课思路及课后反思。

黎老师：我的教学设计根据学生实际情况来定，山区的学生学习积极性较差，课前不预习，课后完全没有复习，所以我的上课思路一般是先激起兴趣，上课前给学生十几分钟的时间预习以防止学生什么都听不懂，学生预习后再讲新课，最后巩固知识。总的来说就是“预习——讲解新课——巩固”。

苏老师：联系到这里学生及学校的实际情况，就上一堂常规课。对于这堂中和反应课，即酸碱的中和反应。我认为，如果你要知道酸碱的中和反应就要先了解酸性是怎么回事，碱性是怎么回事，所以得先让学生明白这个问题。当反应完之后为什么酸性消失了，碱性消失了，了解中和的实质必须从离子的角度来讲，否则光说“碱和酸的反应就是中和反应”就成了死记硬背。由于对这里的学生还不太清楚，我讲的课有些脱离了实际情况。我讲课时还是简单地从离子的角度讲解了酸碱的实质，以及中和反应的实质。在课上我讲到了酸碱反应完之后，溶液有可能是酸性也可能是碱性的，只有恰好完全反应时才是中性的，这可以算是一个拓展吧。对于我这堂课，存在的问题还是很多的，课前铺垫太多导致课堂练习太少。最重要的问题就是脱离了学生的实际情况。我想多听一下当地老师的意见。

三、研讨交流

幸老师：咱们的学生就是这样的情况，学生基础很差。面对这样的学生我们怎样上好这堂课？今天咱们围绕这个课题展开讨论。更进一步的话，就是怎么让学生去主动学习。

老师1：对于黎老师的课我就不做过多的评价，对于苏老师的课，涉及中和反应原理，这节课上得相当好。我认为，听了苏老师的这堂课，对于我们怎么上这个课题是有很大的启发的。听了苏老师的这堂课，学生会明白酸碱中和反应的原理。苏老师的语言，还有与学生的交流是相当不错的。这堂课我学习到了不少东西，但是对中和反应的应用问题，我认为上课过程中要把反应式板书出来，就像检验土壤的酸性加碱，要将方程式写下来，用盐酸和氢氧化钙的反应来表示，以便学生应付考试。

苏老师：就是，讲得多写得少。

幸老师：有两个问题大家可以继续讨论，一是土壤的酸性是盐酸，这科学吗？二是这位老师说咱们老师要多板书。如果我们每次都板书出来，学生会不会产生依赖性？

老师2：现在我知道问题在哪里了。我认为不能把所有的都写出来，这样学生想反正老师会写出来的，另外，板书主要是对本节课的内容和主要知识做一描述。况且老师写那么多，学生也记不来。

老师3：苏老师，幸老师，那么胃酸过多的方程式可不可以写？

幸老师：对于这个问题，大家有什么意见或看法？

老师们：胃酸的方程式要板书，熟石灰的反应式也要板书出来。

幸老师：课标要求，要加强课堂与生活实际、化学生产的联系，学用结合。进行结合就是为了让学生所学的知识对其生活有所帮助。

老师4:苏老师,我认为你这节课的中心是酸碱反应的原理,但对于应用讲得少了点。

苏老师:我认为这节课的中心还是中和反应,就是酸性碱性以及酸碱性的消失就是中和。学生能知道用酸性的去处理碱性的东西,用碱性的去处理酸性的东西就可以了。对于生活应用,学生可以自己看书去了解。在你看来前面的铺垫做太多了,其实对中和反应我已经操作十分钟了。所以我才草草地结束的。平时我上课做的铺垫不需要那么多,通常都会有时间来讲一些实践操作性的问题,比如,你不小心把酸弄到手上了,碱弄到手上了,怎么办?但是对方程式的关注不够。我认为只要理解了氢氧化钠和盐酸的反应,其他氢氧化钠和硫酸等一些常见的酸碱反应也就能写出来了。

老师5:也就是说理解了酸碱反应原理,应用也就会了。

苏老师:应用也是蛮重要,但是前面用的时间太多,没法讲了。

老师6:我认为应该让学生理解中和反应的原理,否则就不会应用,比如:如何处理酸性土壤。

老师7:对于这堂课我们可以讲得简单一点,主要是识记。黎老师做完实验后,分析中和反应怎么进行的就可以了。这课的内容,学生还是比较难理解的……

幸老师:我们也可以反过来思考,这样做会不会产生副作用,也就是导致了学生的死记硬背?而不是像苏老师所说的那样,理解了反应的实质,就会知道消碱要用酸,消酸要用碱。

老师8:苏老师,找出了酸碱的共性,这是上节课的内容。在演示中和实验时,让学生明白反应的实质是很重要的。

幸老师:关键是学生有没有明白原理。现在课堂不是注重教学结构,而是注重学生的学习,学会学习。只有一步一步地打牢了学生的基础,学生就越学越轻松。我们初三化学是起始课。为什么学生这学期不再喜欢学化学,就是前面的知识不懂,那就要想方设法去把学生缺少的知识补上。

苏老师:如果在我班上出现这种问题,我可能中和反应的应用就不讲了,应用放在酸碱度那里一起讲。

老师9:我明白了,您的意思就是每节课不是赶进度而是要让学生掌握好知识,这节掌握不好下课要补上。对吗?

苏老师:我在侨中就是这样做的。

老师10:可是这样的话就完不成任务。

苏老师:学生掌握了学习的技巧也就是思路,后面的你加快速度学生也不会感到困难。

四、专家引领

辜老师:我们也可以整合教材的知识,看看哪些可以放在一起讲的。整合,这就要求我们在每个学年开始,要好好规划,做好整年度的教学设计。局部重要,整体把握更重要。初中化学学习应该掌握哪些知识,各位老师都清楚。但这些知识有什么关联,每个知识用多少个课时,学生学习该知识要用多少课时,我们该给学生多少课时才恰当的,我们是不是应该根据不同的学生有不同的规划。此外,每学期结束时,都要反思。

辜老师:今天我们的课题是酸和碱之间会发生什么反应,是人教版第十单元课题2的内容,本单元选择了人类日常生活中离不开的、平时实验中常见的、与工农业生产有密切联系的物质进行教学,目的是使学生通过利用所学的知识解决身边的一些实际问题,更加深刻地认识化学与人类的生活、生产以及自然环境的关系,并通过这部分知识的学习,培养学生关注社会、关注化学在实现人类与自然和谐共处,促进可持续发展所起的重要作用。

通过课题1的学习,学生对酸和碱的性质和用途有了初步认识,课题2提出酸碱之间会发生什么反应,顺应了学生深入学习的需要,会激发他们继续探究的欲望。在此之前,学生接触的化学变化一般都伴随着明显的现象,他们习惯于根据现象判断反应的发生,酸碱溶液混合后因为没有明显的现象发生,学生对中和反应能否发生可能会抱有疑惑,这也是本课题需要解决的难点,这也可以作为我们设计探究活动的切入点。因为学生在第六单元中已经探究CO2与水反应生成碳酸,(借用石蕊溶液的变色来证明二者可以反应，引导学生从刚刚学过的酸碱性质中找到可以借用的指示剂）在本单元课题1中掌握检验溶液酸碱性的方法，具有了通过间接观察推断化学变化的经验，这些为实验探究该问题准备了条件。

本课题是从实验入手介绍中和反应，为了说明中和反应的产物，简单介绍了盐的概念，关于中和反应运用，教材从酸碱性的角度说明了它在实际中的运用价值。酸和碱之间能发生中和反应，中和反应在实际中有广泛的运用。教材没有简单将它作为酸和碱的性质来介绍，而是专门编成一个课题来介绍。其中有两条知识线：酸碱中和作用－化学反应；活动探究－学生与技能。其意图是淡化概念——通过实验认识中和反应；增强化学亲和力——从生活现象认识中和反应的应用。认识酸碱之间发生中和反应；了解中和反应在实际生活中的应用。学会借助指示剂判断化学反应的探究方法；培养用所学知识解决实际问题的能力。通过中和反应的实际应用，加深对中和反应的理解，同时体会化学与人类生产、生活（人体健康）的密切联系。因此理解中和反应及其在实际中的应用是重点，难点是学会借助指示剂判断化学反应发生的探究方法。安排探究活动的目的是通过学生亲身体验，增强对这部分知识的认识。该课题的编写更加关注情感态度价值观方面即增强好奇心和探究欲，发展学习兴趣；体验化学与社会、生活的关系，关注与化学有关的社会问题。

酸碱中和反应是自然界最常见的化学反应之一，生活和生产中利用酸碱的场合很多，学生在生活实践中会通过应用了解这类反应，尽管他们还不能认识这些反应的实质，但这些实例是可以利用的学习资源，这也充分体现了课程标准从生活走向化学、从化学走向社会这一发展理念。

二、物理学科活动纪实

指导教师:海南师范大学物理学科丘名实副教授

兼职指导教师:海口市第十中学张海峰

课题:科学探究复习

科学探究既是新课程物理教学的内容,又是研究问题的方法,在初中物理教学中,安排了大量的实验课题探究,经过一段时间的学习后,如何帮助学生对此内容进行复习,这是一个新的教学课题。

本次培训活动我们安排了海口市第十中学的张海峰老师和乐东逸夫中学的司德胜老师就同一个课题上对比课,选用的班级为初三(1)班,学生按学号单双号一分为二,活动地点在海南省乐东县乐东中学。

一、对比课

第一节课上课教师:乐东逸夫中学司德胜老师

师:在八年级时,我们学习了一种科学研究问题的方法——“科学探究”,并用这种方法探究凸透镜成像的规律、探究平面镜成像规律、探究电流电压电阻间的关系等,也讲了许多科学探究的例题,科学探究方法陪伴着同学走过了一年的时间,下面我们来复习一下科学探究内容。科学探究有几个步骤、几个环节呢?

生:七个环节,分别是提出问题、猜想、制订计划与设计实验、进行实验与搜集证据、分析与论证、评估、合作与交流。

师:对!(老师给学生发资料)今天我们就这七个要素对科学探究的内容进行复习。另外,科学探究在中招考试中都会考,且难度较大,希望大家注意领会。请看资料中的例一。

(教师讲解分析题目,学生思考交流)

(教师巡视,鼓励学生交流)

师:根据这一情景,提出与情境相关的研究课题,比如:赛车手在赛车时是穿紧身衣或光着身体?

生1:物体在空气中运动,所受的阻力是否与风速有关?

生2:物体所受的阻力,是否与它的面积有关?

师:刚才两位同学提出了猜想,看看其他同学还有没有其他的猜想?

生1:物体在空气中运动所受阻力与风速有关。

生2:与物体的状态有关。

生3:与物体的面积有关。

师:还有没有其他猜想? 大家想想。如:有风时,我们骑单车,顺风时怎样? 逆风时怎样?

生:受空气阻力不同,说明与风向有关。

师:刚才有同学说与物体状态有关,很好!但对这一问题我们后面才研究。请看题目,为了探究猜想,小明设计了如图的实验装置,他是怎样做这个实验的?

生:这实验他使用了控制变量法,电风扇风速、风向不变,改变塑料板大小,研究阻力问题。

师:她说得对吗?

生:对!

师:很好,她说的就是控制风速、风向,改变塑料板面积,通过测力计测阻力大小。题中提供了数据图表,如何处理数据? 如何分析与论证?

生:物体在空气中运动时,所受的阻力与它的面积大小有关。

师:说得对吗? 是否完整?

生:面积大阻力也大。

师:根据小明的实验装置图,你还可进行什么问题探究?

生1:物体在空气中所受阻力与风速大小有什么关系?。

生2:物体在空气中所受阻力与风向有什么关系?

师:好,那么大家设计一下方案。

(学生思考、讨论,教师启发)

师:有哪位同学先想出来?

生1:用有档位的风扇,改变风速,其他条件不变,观察测力计读数。

……

师:我们知道,科学探究有七个要素,在中招考试中有关科学探究题型,有些往往涉及较多要素,如刚才我们研究的问题,涉及提出问题、猜想、设计实验、分析论证等过程。下面请看第二题。本题重点放在分析论证、评估。

(教师讲题,学生思考)

师:大家想想,题中的实验探究有什么问题或不足的地方吗?

生1:没有进行多次测量。

生2:用了两个相同的灯泡做实验,属于特殊情况,不能验证猜想。

……

师:大家说得很好,这就是对探究过程的评估。那么实验报告怎么写呢?下面请看第三题,题中给出某同学一份实验报告,提出需要同学回答的问题。

(学生读题,思考回答)

生1:报告没有写上使用的实验器材。

生2:没有给出电阻的大小。

生3:没有讨论交流的情况记录。

师:对,一个完整的实验探究报告,应该有实验目的、实验原理、实验器材、实验步骤、实验记录、讨论交流等。

师:下面我们重点来复习科学探究中的分析论证环节。请看练习一。

(教师读题,学生思考回答)

生1:应选第2、4号的电阻丝来探究。

师:选择的依据是什么?

生1:因为两种材料相同,截面相同,而长度不同,可以进行比较电阻大小与长度的关系。

师:这里用到了什么方法?

生：控制变量法。

师：对，在这里电阻同时与材料、横截面积、长度有关，要研究电阻与长度关系，必须控制材料与横截面积不变来研究。如果要研究导体电阻与横截面积的关系，如何研究？

生：选择第2、3号的电阻丝研究。

师：为什么？请一位同学说明一下。

生：因为第2、3号电阻丝的长度一样、材料一样，面积不同因此可以用来研究电阻与横截面积的关系。

师：说得对吗？

生：对！

师：下面我们接着用同样方法研究下一题。请看题目。

（学生读题）

生1：通过分析，可得到R=U/I，电压随着电流的改变而改变。

师：有其他同学补充吗？

生2：电阻一定，电流随着电压增大而增大。

师：还有没有要补充的？

生3：电压相同，电阻越大，电流越小。

师：这里有三个物理量，研究它们间的关系，又要用到控制变量法。刚才有些同学说电阻一定，电压随着电流的改变而改变，有些同学说电流随着电压的增大而增大，到底哪种说法正确，还是两种说法都正确？

生1：不清楚。

师：那老师帮你们回顾一下，电源是提供电压的装置，电压是形成电流的原因。这里电压与电流存在因果关系。有电压才有电流，因此只能说电流随着电压的增大而增大。好，下面看第4题，并回答。

（学生读题）

生1：由1、2、3组数据可得“月坑”的深度与流星的高度有关。

生2：由3、6、7组数据可得“月坑”的深度与流星的质量有关。

生3：“月坑”的深度与流星的体积有关，体积越大，“月坑”的深度越浅。

师:很好,这里也用到了控制变量法。通过今天这几道题的学习,我们复习了科学探究这一内容,共同体验了控制变量法这一研究问题的方法。好,今天我们的课上到这里,下课!

第二节课上课教师:海口市第十中学张海峰

师:大家都是初三学生了,经过一年初中物理学习,你们觉得物理学有什么特点?

生:(学生不作答)

师:物理学是建立在实验探究的基础上的一门学科,物理学科的特点就是科学实验探究。大家都听过发明家爱迪生吧,如果只给他一支笔、一张纸,他就不会有那么多发明、创造,所以实验探究很重要。今天我们来上一节实验探究复习课。关于实验探究,同学们可能有一种观念,认为只能在实验室里,利用实验室设备完成教师规定的实验任务。实际不是这样。在我们的生活中遇到的物理问题,我们都可以利用简单的器材,自己去设计实验,进行实验并获得正确的结论。是不是这样呢?下面老师和你们讨论一个话题,开校田径运动会时,你们喜欢看什么项目?

生 1:100 米跑步。

生 2:110 米栏。

师:我们班哪位同学跑步最快?

生:吴伟同学跑得最快。

师:吴伟同学你告诉我,如果要开校运会你会做什么准备让自己跑得更快?这里也向大家提出了这样一个问题,如何让吴同学跑得更快?

吴同学:同学们的鼓励。

师:其他同学有什么建议?有什么设想、方法?

生 1:好的装备。

师:好的装备包括什么?

生 1:运动鞋、运动服。

生 2:坚持锻炼,有好的运动状态。

师：这些因素都可能会影响跑步的快慢，这是我们的猜想，在这里老师发现有些同学光脚比穿鞋跑得快，如何来证明这点？

生：通过实验来验证。

师：如何通过实验来验证？

生1：让他光脚跑，并记录跑的时间。

师：好，这位同学说到了还要计时，需要一计时器。那打算跑几趟？

生1：跑两趟。

师：为什么要让他跑两趟？

生1：一趟让他光脚跑，一趟穿鞋跑。

师：老师还有个问题，到运动场去跑步比较时，是不是要规定相同路程？

生：要！

师：还有什么要相同吗？

生：环境要一样、状态要一样。

师：对，因此我们比较跑步快慢除了光脚与穿鞋不同外，其他条件应保持一样，包括路程的长短、环境、状态等。这样我们对实验进行了设计，接下来就可进行试验了。进行试验是要记录一组数据，什么数据呢？

生：跑步所用时间。

师：记录时间的长短说明什么？

生：所用时间长说明跑得慢，所用时间短说明跑得快。

师：因此实验时要记录时间，才能分析得出实验结论。

师：同学们有没有注意到，其实我们在进行实验探究。下面我们回顾一下我们经历了哪些探究的过程？能否与科学探究的有关要素对上号？

生1：我们提出了探究的问题，探究光脚跑得快还是穿鞋跑得快。

生2：接着猜想、假设，猜想了光脚跑得快。

师：接着呢？

生3:设计好实验。

师:对,设计好试验后,我们就到操场进行试验。然后呢?

生:跑步并记录所用时间。

师:对,然后根据记录的时间长短,分析数据,得出结论。特别指出的是,大家也可猜想穿鞋跑得快。另外,关于设计实验,刚才我们也讨论过,除了跑步穿鞋与不穿鞋的区别,其他因素必须是相同的,这样才体现比赛的公平,在这里用到了物理学研究问题的方法,是什么啊?

生:控制变量法。

师:用控制变量法时,其他相同的因素可简化,如:可以光脚与穿鞋各跑50米,不需跑100米。另外,关于数据记录,我们应习惯制作表格,分项目记录实验数据,在这里我们记录了什么数据?

生:光脚与穿鞋两种情况下,跑步的时间。

师:记录数据的时候,还有是否科学问题,如何去收集记录?

生:多次实验,记录数据。

师:对,实验光记一个数据,容易出错,因此在进行实验时,要多次实验,并记录数据,最好是相同的实验做三次以上。还有数据处理问题,如果数据差不多,可能都是准确的,如果有些数据与其他数据差得较远,那这些数据不能参与问题研究。

师:评估也是很重要的,评估什么呢?如同学间记录的数据差别很大,这就要求我们讨论一下为什么数据不一样,是不是环境不同还是实验中出现了其他问题,如:天气问题,有雨与无雨、有风与无风等,这就要评估这些因素对实验结果是否产生影响?

师:下面老师通过一些练习,考察大家是否掌握科学探究的过程。请看题目,完成相应的探究。

(学生读题、思考)

师:提出问题时尽量简单,便于研究。(教师巡视)

师:好,看第一题,我刚才看了大家答题的情况,大家都能按刚才讲的方法、技巧去完成。有些同学提到稳定程度与面积有关,有些提与底座的质量有关。接下来设计实验,请一位同学上来讲讲他是如何设计的？

生：用两瓶质量相同的矿泉水，分别竖着与倒着放，研究底座面积大小不同，瓶的稳定程度情况。

师：那么如何验证呢？如何创造一个环境去验证？

生：用力敲打桌子、用风扇吹。

师：很好，但是这里要注意的是要控制其他量不变，给它的干扰必须一样，用什么方法更好呢？

生：敲桌子更好。

师：那敲击时要注意什么？

生：力度要一样，敲击点与两个瓶子的距离要一样。

师：能考虑到这些说明大家对控制变量法理解较好。有些同学设计的是稳定度与重量的关系，哪位同学说说？

生：用不同物体。如橡皮擦、铅笔、矿泉水瓶竖起，用电风扇吹。

师：这位同学的设计有什么问题吗？

生：这些物体的质量不同与桌子的接触面积也不同，出现了两个研究的变量。

师：对。要改进，如何改进呢？

生：用两个底座面积一样的瓶子，装质量不同的水，比较稳定度。

师：对，下面请列举生活中增加稳定程度的实例。

生1：建房子打地基。

生2：电风扇底座大些、重些。

生3：电脑显示器底座面积较大。

师：材料中的第2、3题留给大家回去做练习。今天的课上到这里，下课！

二、自我反思

司老师：这节课我是这样设计的，首先让学生复习提出科学探究的七个要素，然后通过一道例题训练，来展现其中四个要素，重点放在分析与论证，接下来也是按照这样的模式，通过例题练习与讲解，帮助学生复习理解巩固科学探究的其他要素和感受科学探究的过程、学会用控制变量法研究问题。

张老师：我这节课设计思想是学生学了一年的物理，探究实验基本上是在实验室里做的。学生往往认为探究实验主要是熟悉器材、记录数据、分析得到实验结论。这显然与现代教学所期望的差异较大，现在教学不仅重视实验性的探究、数据测量的探究，更重视开放性的探究，对生活中的问题能提出来，然后想办法自己去解决。在这里学生已进行过科学探究训练，有了一定的基础，本节课主要是通过生活中的学生熟悉的感兴趣的例子，让学生对科学探究的过程和七个要素进行还原与比照，使他们深刻理解科学探究的内容和实际意义，并能熟练应用。此外，我后面还备了几道题，重点是加强学生对探究方法的理解和应用。

三、现场讨论

观点一：听了两位老师的课，特别是第二节课，给我一个全新的感觉，第一，科学探究的七个环节，对初三学生来说已较熟悉，两位老师对此有两种不同的教学方式，司老师直接提问科学探究的七个环节是什么？学生较顺利回答，这样处理学生可能感到乏味。而张老师不是这样上，不是简单地让学生去回顾，而是提出生活中的跑步快慢问题，即："怎样让某位同学跑得更快?"通过和同学的研讨交流，完成了问题的研究，并把研究过程与科学探究的七要素进行比照，让学生不但经历了一个探究的过程，理解探究的七个要素，也让学生感受到科学探究就在我们身边，体现物理与生活的联系，教学新颖，吸引学生。第二，对科学探究中提出问题环节，司老师是通过习题让学生提出问题，学生提的问题很多。如何较好地提出问题并有利于接下来的探究呢？这点张老师做得较好，他给学生讲解了提出问题的技巧，使提出的问题简单，让学生顺利进入探究。第三，两位老师在教学中都强调了控制变量法，通过相关的例子，让学生熟练掌握这一方法，只是这一环节张老师给人感觉虽然是上复习课，但像上新课一样，给人"新"、"活"的感觉。对我今后的教学很有启发。

观点二：科学探究复习课对我们来说是一全新的课题，多数的复习课是以题论题，讲解答案，今天张老师给我们带来了全新的复习方法，他不是过多地去罗列已学知识，而是通过探究学生身边的问题，与学生生活联系，加深学生对科学探究的理解，培养学生利用科学探究解决实际问题的能力。司老师的教学重点放在题的讲解上，张老师教学比较注重发挥学生的主观能动性，问题提出、猜想、实验方案设计等都来自学生，他只是在学生探究的各环节中给以启发和指导，如：提问题技巧、设计方案时要注意什么、如何评估等。有利于培养学生的自主学习能力、创新能力，特别是探究能力，保持对物理的学习兴趣。

观点三：我觉得两位老师的课都很好，司老师首先和学生一起复习科学探究七个要素，然后通过一些习题，复习这七个要素是如何进行的，效果还是比较好的，张老师的课堂气氛较好，选用了学生身边熟悉的感兴趣的体会最深的例子：跑步快慢与什么因素有关？让学生重温科学探究的过程，这样处理我感觉很好，不过多地去重复已学的知识。特别是有关探究中要注意的问题，张老师做了较多的引导，是值得我们学习的。另外，张老师所引用的这个探究例子，完全达到了实验室里所没有达到的探究效果，这也是值得我们农村中学教师学习的。

观点四：张老师的课给我这样的启发，科学探究不只是科学家的事情，其实科学探究就在我们身边，生活中的发现都是一个探究的过程。因此，在我们以后的教学中应多观察、多想、多动脑筋，把生活中的这些例子引入到物理教学中来。

观点五：听了两位老师的课，我感觉第一位老师讲课内容丰富，特别适合农村学校，重视知识学习，过程也处理得较好，包括探究的七个要素。张老师的课语言较生动，内容贴近生活，学生容易接受。

观点六：我认为司老师教学比较符合我们当地的教学。张老师举的例子较好地领着学生一步一步进行科学探究，让学生体会科学探究的步骤，特别是如何使提出问题单一化等。另外，我感觉教材比较重视分析与论证，这方面我们老师做得都不错，而教学中如何引导学生针对提出的问题进行实验设计这方面较难，希望得到指导。

观点七：听了两位老师的课，感觉两位老师教学整体上是提出问题，引导学生去解决问题，但结果感受不同。张老师的课堂气氛轻松，师生互动较好，而司老师虽有互动，但不够活跃。张老师的课题从学生身边的事例出发导入，学生不知不觉地进入科学探究中；司老师教学中反复强调中招考试，容易使学生学习走入应试教育，我认为细节上要注意。

观点八：第一位老师讲课是通过学生课堂练习，巩固科学探究知识，这对我们下面中学应付中招考试，我认为也是很好的，但这样上课学生学习气氛调动不起来。第二位老师教学让人感觉自然，通过利用生活中的例子，引入科学探究，较好地复习了科学探究的七个步骤，同时有针对性地引导学生如何提出问题、如何设计实验、如何评估等。教学体现了从生活走向物理、从物理走向社会的课程理念，我认为我们的课如果能按张老师这样来上，学生学起来就会很轻松了。

观点九：我认为两位老师课上得都较好、都成功，主要是课堂师生互动较好。另外，第二位老师的课导入自然，课堂教学语言不多，达到了精讲多练，能一步步地启发引导学生完成探究的过程，把课堂交给学生，我感觉不足的是两位老师是否能拿一套器材来做做实验，帮助学生也来复习一下实验操作。

观点十：科学探究复习课的教学，对我们来说是一个新的课题，也是难度较大的课。感谢专家给我们带来这两节对比课。张老师的课教学语言、教态有亲和力，善于引导启发，从学生生活实际出发，切入点很好，让学生通过探究跑步快慢与什么因素有关，加深学生对探究的七要素的理解，效果较好。但有个问题是：这样的课，时间一般来说不够用，如何来把握？大家可以交流交流。

观点十一：刚才听了两位教师的课感觉各有千秋，但我认为一个实验探究重点就解决探究中的一个环节可能比较适合我们农村教学。

观点十二：大家对张老师评价都较好，我就不多说了。刚才有位老师说司老师提到中考问题，就说司老师陷入应试教育。应试教育不好，但这么多年下来，对教育的评价我们更多的是围绕着学生的考试情况来进行的，所以我认为司老师这样讲应该没问题。

四、专家引领

刚才有许多老师针对这两节课，发表了自己的感想，对问题的理解和看法都较深刻，大家进行了很好的交流。针对这两节课以及大家的交流，我谈几点看法，供大家反思。

第一，这两节复习课都是教师不断地创设问题情境，引导学生复习科学探究的内容和方法的过程案例。在这两节课中，教师更多地关注到了学生，学生在教师的引导和启发下，积极思维，最大限度地参与了学习的过程，每一结论的获得，都是师生、生生讨论交流，学生独立思考获得的，学生在学的过程中感觉课堂气氛较活跃、轻松，体现了学生是学习的主体，教师是课堂学习活动的引导者和参与者，学生在教师创设的情境中，能动地创造性地学习，培养了学生的自主学习能力，这是新课程倡导的教学模式。

第二，如何创设问题情境，引导学生自主学习呢？两位老师采用了两种不同的策略，策略的不同，反映了两位教师不同的教学理念和教学目标。司老师首先是让学生回顾科学探究的步骤，接着以习题的形式给学生创设科学探究的过程与情境，引导学生思考、讨论，最后获得问题的解决，让学生理解、体会、熟悉科学过程各要素。张老师没有直接列出复习的知识点，而是以聊天的方式和学生一起创设了一个问题情境：吴同学跑步快慢与什么因素有关？而后又过渡到探究光脚跑得快还是穿鞋跑得快？使学生在不知不觉中经历了科学探究的过程，并与学过的科学探究的七个要素进行比照，针对刚才探究过程中出现的问题，提出了开展科学探究时所要注意的问题和所要掌握的技能技巧。从课程理念上看，张老师创设的科学探究问题来自学生生活，贴近学生生活，为学生所熟悉，让学生充分感受到科学探究就在我们身边，很好地贯彻了“从生活走向物理，从物理走向社会”的新课程实施理念，而司老师教学比较关注书本中科学探究习题的讲解，希望通过多讲习题，帮助学生提高解题能力，特别是解中考题的能力。从教学目标上看，张老师创设了一个科学探究的情境，让学生经历了探究的过程，在这过程中学生有讨论、有交流、有感受和体验，既较好地复习了科学探究的相关知识，掌握科学探究的方法和技能，又培养了学生多方面的能力，特别是通过这节课的教学，对培养学生爱科学、学科学、用科学的科学态度和科学精神都会起很好的作用。司老师的课较关注科学知识的了解和巩固运用，安排了较多的课堂练习并对习题进行分类，较注重培养学生的解题能力，虽然教学方式强调师生互动，但教学目标显得单一，对培养学生的科学素质、促进学生的全面发展不利。在讨论中，有些老师认为司老师的教学策略适合当地教学，我认为适不适合就看是不是有效地促进学生的发展，如果教学是为了向城市学校看齐，为了在各类考试特别是中考中取得好成绩，而采取这样的教学策略，我想这是不良的教育竞争，容易造成我们对新课程教育目标的迷失。

第三，如何使科学探究复习更有效。要使教学更有效，除了对整体教学理念、教学目标的把握外，我们所制定的具体的教学目标、教学实施策略、教学方法、教学内容等都要结合学生的实际情况，包括学生的知识基础、认知能力、认知水平、兴趣爱好等。特别是复习课教学，必须了解学生问题所在，有针对性地重点复习。从学生在课堂上的表现情况看，学生对科学探究的七个要素较清楚，但对科学探究课教学方式还是不熟悉、不习惯，特别是对科学探究七要素的含义和要求不够清楚，对探究各环节需要掌握的一些技能技巧还是不够熟练。张老师的课较好地关注到了这点，针对提出问题环节，讲了如何使提出的问题单一化；针对探究实验设计环节，重点介绍了控制变量法；针对评估环节，讲解了评估的含义和内容，虽然是复习课，但让人有上新课的感觉，能较好地满足学生的需求。司老师主要是给学生讲解习题，通过讲解复习科学探究七个环节，对各环节的复习面面俱到，对学生在开展科学探究过程中可能存在的问题不够了解，没有对学生今后的自主科学探究以及科学探究能力提高提供具体指导。

五、专题讲座

如何上好新课程物理复习课

一、物理复习课的作用

1. 分析归类，建立结构

通过回忆，分析所学过的知识点、研究问题的科学思维方法，运用科学的思维方法，以某一知识为中心，知识的内在联系为主线，通过分析、综合、归纳、演绎、对比、分类等一系列推理过程，梳理研究问题的方法体系，建立一个完整的知识体系和清晰的知识结构网络。

2. 总结方法，提高能力

通过复习对典型的物理思想方法进一步梳理总结，例如解静力学、动力学问题常用的隔离法、整体法，处理复杂运动常用的运动的分解合成法，简单明了的图像法，以易代难的等效代换法，还有对称法、理想化方法，等等，均为中学物理中基本的思维方法，并应用于解决各种实际问题，培养学生的理解能力、推理能力、分析综合能力以及应用数学处理物理问题的能力，促使学生的综合能力提高，达到培养学生科学素质的目的。

3. 查缺补漏，巩固深化

通过复习排除疑难问题，澄清错误认识，弥补知识缺陷，加深理解，巩固已学知识技能，防止遗忘。特别是对重点知识、难点知识要做多侧面的、多角度的展开，使学生知识得到巩固和深化。

4. 联系实际，注重迁移

物理知识与生产、生活、科技紧密联系，这就要求复习要注意联系实际，充分调动学生所学的知识和方法，将学过的知识迁移到解决实际问题中去，培养学生的分析问题、解决问题的能力，实践能力，体会物理知识的价值。

二、物理复习课的教学特点与目标

复习课教学目标总是和复习课教学特点、作用和教学内容相联系。现代物理复习课的教学特点:复习不应是过多地重复所学知识,而应在让学生了解知识体系后,加深对知识的理解,把主要的时间和精力放在培养和提高学生运用所学知识解决实际问题的能力上。在教与学的过程中充分体现学生的主观能动性和探索性,重视科学思想和科学方法的教育。因此,复习课教学目标一般有如下几个方面:

1.通过复习重构知识结构图

如果复习课总是从复习教学的查漏补缺出发,将新课教学中没有到位的难点在复习课中多次重复,结果将导致学生对零散知识掌握较为精细,但对知识结构全貌却没有系统理解。在解决问题时会出现虽然能解得正确结果,却不懂得问题的实质和解题原理的情况。在复习课中画知识结构图是解决这一问题行之有效的方法。通过复习课的教学,建立起概念、规律间的逻辑联系,弄清各个基本概念和规律的联系方式,理解各知识点在知识体系中占据什么地位,将使学生的思维的深度与广度获得发展和提高。

2.培养学生的自主学习能力

教师教是为了不教,学生学是为了能自学。复习不能只是单调地重复,而应是在原有基础上的再学习,是更高层次的学习活动。由于有以往的学习做基础,在复习课上,教师应为学生提供更大的主动学习的自由空间。复习课的教学要注重以学生为主体的意识,在教学设计上,应力求创造条件,发挥学生在复习学习中的主体作用,多给学生从事主体活动的机会和形式,激励他们主动学习,形成终身学习的习惯。

3.培养学生良好的学习习惯和学习能力,培养学生的创新意识

在传统复习课模式中,教学上的“师道尊严”,不可避免地扼杀了一部分学生的创新欲望。因此,在复习课教学中,要注重教师对学生的启发、诱导、点拨,注重学生之间、师生之间的相互交流,鼓励学生积极参与,通过学生自己的讲解、分析和教师的点拨,使全体学生在解决实际问题的过程中都有所启发和顿悟,同时激发和培养学生的创造性思维能力。

三、物理复习课应注意的问题

1.复习课的导入，要尽量创设新问题情境，由问题导入要复习的知识。而不是传统的罗列知识后，就直接讲题。

2.设计的问题要与物理课标保持一致，要选择学生熟悉的生产生活中的问题，树立正确的课程资源观，重视挖掘当地课程资源。

3.要了解学生，认真思考学生对此知识点存在的缺陷，有重点地复习相关知识。另外讲解思路要新，提出的问题要新，要充分暴露学生已有知识的不正确理解和已有经验存在的缺陷，让每个学生从复习课中都有收获，各得其所，提高教学有效性。

4.复习课教学过程是教师不断引导和启发学生自主学习的过程，也是师生共同解决问题的过程。

5.通过习题讲解，规范学生的解题习惯，也是复习课的一个任务。

三、生物学科活动纪实

指导教师：海南师范大学生物学科黎志灵副教授

兼职指导教师：海口市义龙中学庄翠霞老师

课题：尝试对生物进行分类

一、对比课

第一节课上课教师：昌江民族中学吴江云老师

师：(出示幻灯片引导学生观察并提出问题思考)这是一幅有关新华书店的图片，我们看到里面有很多书。请问，如果你进书店要找一本书时，你会怎么做？你是问服务员还是看书架顶部上放的类别牌子？

生：(思考并讨论，说说自己常用的方法)

师：(引导学生归纳)通过大家的讨论，我们得知，可以根据书的类别来找出我们要的书籍。生物也有类别，大家都知道我们已知的生物种类有很多。为了更好地学习本节课的新知识，首先，让我们来回顾一下我们已经学习过的生物分类知识。

师：请这位同学来说一下，我们学过的植物都有哪些类别？

生：蕨类、藻类、苔藓类和种子植物。

师：请你再回答，种子植物又可以分为哪些类别？

生：裸子植物和被子植物。

师：对。那么，你知道哪些植物是没有种子的？

生：藻类、苔藓类、蕨类植物。

师：对。回答得很正确。除了种子植物，另外三种植物是不能产出种子的。

师：你们知道这些植物的各大类群都有哪些特征呢？请大家简单地回忆一下。

师：（引导学生说出）藻类植物没有根茎叶分化；苔藓植物有根茎叶的分化，但没有真正的根，只有假根；而蕨类植物已经分化出根、茎、叶。裸子植物的器官有根、茎、叶、花、果实，被子植物与裸子植物同样都有这些器官。

师：（出示幻灯片）请大家来一起看看这个表格，对比一下刚才同学所说的，判断他说的是否正确？

生：（在老师的引导下总结归纳，通过这个环节巩固知识）

师：请大家阅读书本上的 81 页。上一节课已经学习有关果实的结构，得知果实是由种子和种皮构成的，如玉米和向日葵的种子是有果皮包被的，而油松是没有果皮包被的。这些特征也是作为植物分类的依据。

师：现在我们再来看一下植物分类的根据。首先，看看植物是否有种子，把它分为两类：有种子和无种子。有种子这类群，我们又可根据其种子外面有没有果皮进行分类，还有，可根据种子的子叶的数目，是一片子叶的还是两片子叶的分类。另外，我们还可以以叶脉为依据进行分类，即平行叶脉和网状叶脉。

师：（出示不同叶脉植物的叶子，引导学生观察）我们看一下这种植物叶子的叶脉，有很多纹络，这种呈网络状的叶脉叫网状脉。

请大家再来观察这种叶脉的纹络,呈平行的,叫平行脉。而一般来说,具有网状脉的植物为双子叶植物,而具有平行脉的一般是单子叶植物。

师:哪些植物具有一片子叶,哪些植物是两片叶子的?

生:(老师引导说出)玉米只有一片子叶,菜豆、向日葵是有两片子叶的。

师:只有一片子叶的植物就叫单子叶植物,具有两片子叶的就叫双子叶植物。

师:从以上的学习我们可以得出:玉米是被子植物中的单子叶植物,向日葵是被子植物中的双子叶植物。

师:世界上的植物有很多种,其中被子植物是占最多的,大概有20多万种,占植物中的一半。那么,大家是否可以归纳出被子植物具有哪些特征呢?(引导学生思考)你可以考虑到如下几个方面:果皮、果实、种子还有叶脉,而被子植物属于开花植物,它的花也是一个重要特征,所以在被子植物的分类中,花、果实和种子是它们最主要的分类依据。

师:通过刚才的有关分类知识的学习,我们来回顾一下,请大家说出植物分类都有哪些依据?

生:(在老师引导下说出)通过植物的根、茎、叶、果实、种子等器官的形态和结构特征进行划分。

师:在植物的分类学中,我们还可以从简单到复杂给植物进行排列,即等级划分,下面请同学们和老师一起把学过的这六种植物的类群按等级排列。请这位女同学上来写出你的结果。

生:……

师:请你对那位同学的答案进行补充。将你认为需要修正的部分说明一下。

生:(在老师的引导下完成)

师:这位同学修改得好不好呀?

师:请大家来看一下,我们已经完成了对植物种类的排序,从这个排序中我们可以看出生物的结构是从简单到复杂的变化。请大家再注意观察,看看这些生物的生活环境有什么特点?

生:藻类植物是属于水生的类群。苔藓植物属于陆生,但需要在比较潮湿、阴暗的环境里才能生存。裸子植物和被子植物才是真正的陆生植物。

师:通过刚才的对比法学习,以及结合科学家的研究发现,我们知道了生物都是从原始生命进化而来的,即所有的生命都有共同的祖先。那么,它们之间又会有什么关系呢?

生:亲缘关系。

师:请问,通过本节课的学习,大家都学到了什么?

生:(在老师的引导下总结归纳)植物分类学知识,知道如何通过植物的特征进行分类。通过比较植物类别的学习,我们还学到了植物的进化和亲缘关系方面的知识。

师:对,我们要更好地认识植物,不但要知道植物的特征,还要了解植物间的亲缘关系以及进化关系。

师:好,下面我们一起做一些练习题,来巩固今天所学的植物分类学方面的知识。

师:(出示幻灯片练习题,全班一起完成)

结束语:在日常生活中,我们在认识其他事物时也可以通过分类的方法进行,所以,希望大家把这节对植物的分类方法能应用于生活中。另外,刚才有一个同学提出向日葵是单子叶植物,这个问题有争议,它到底是不是单子叶植物呢?大家下课回家找到向日葵的种子(就是我们平时吃的葵瓜子)进行观察,就能得到答案。好,这节课上到这。谢谢大家!

第二节课上课教师:海口市义龙中学庄翠霞老师

师:上课!

生:老师好!

师:同学们好!我是庄老师,这是我第二次来昌江给大家上课,今天是周末的休息时间,所以非常感谢大家能来上课。

师:今天有一个事情需要大家来帮忙,我想去找一个叫李晓明的人,能不能帮老师找到?你们会用什么样的方法帮助老师找人呢?

生:(议论、述说、交流)

师:事实上,我们知道在地球上的生物种类有很多,共有两百多万种。而每一种生物在分类上都有特定的位置,只要我们知道这一种类的特点,用分类学知识就容易找到它,就像刚才我们要去找一个人那样,通过这个人的特征就可以一步步缩小范围,最后一定能找到。

师:那么,对于这么多的生物种类我们又是怎么进行分类的?这节课请大家和老师一起尝试去了解和学习。请大家打开课本的第80页。

师:老师这里有笔、课本、钥匙和钉子这四样不同的东西,请你们讨论一下,有什么办法以什么标准把它们分为两大类?

生:(小组讨论)

师:请一个同学上台来,告诉大家,你的分类方法是什么?

生:我是以是否为学习用具这个标准,分为学习用具是笔、课本,不是学习用具的是钥匙和钉子。

生:用是不是铁材料做的进行分类……

师:(归纳)对,我们已经知道,我们用不同的标准可以把事物分为不同的类别。

师:(出示植物标本)那么,我们来看一下,一棵完整的绿色开花植物包括哪些结构?

生:根、茎、叶、花、果实、种子,一共有6大器官。

师:是不是所有的植物都有这6大器官呢?

生:不是。

师:下面请同学们分成小组,认真观察一下刚才老师发下来的植物材料。

师:(引导学生观察和提出要求)(出示植物标本)像老师手里拿着的这个植物一样,有着绿色开花植物所有的6大器官。用它比较一下本小组的植物材料,看看每一种植物都有哪些部分?哪些种类是完整的植株?

生：（观察、比较，老师指导）

师：好，接着请大家根据植物某种特征进行分类，即有相同特征的植物分为一类，没有这个特征的植物分为另一类。并对植物的不同部位再进一步进行观察，如有些小组着重观察根是怎么样的，有些小组着重观察茎是怎么样的，有些小组着重观察叶是怎么样的。

生：（小组分类活动，老师指导）

师：小组活动结束。现在想请一组的同学说说你们小组是怎么进行分类的？你们组着重观察什么？

生：我们小组观察的是叶子。

师：（出示两种叶脉，引导学生回答）不同的植物有不同的叶脉，把叶脉平行着生的叫平行叶脉，叶脉成网状着生的叫网状叶脉。

师：（对另一小组）你们这一组着重观察根，那么你们是以根的什么特征来进行区分的？

生：根的中间是不是有一个明显的主根？主根比较粗，比较大。

师：对，咱们可以根据根的这个特征，将植物划分为两个类型。

师：请大家再来观察一下这两种类型的植物叶脉的形状，没有主根的、只有细细小小的须根植物，它的叶脉是怎样的；长有主根的植物，它的叶脉又是什么形状。

生：（观察、区分、交流）

师：这个小组同学观察得很仔细，回答问题也比较好。

师：下面请观察花和果实的这个小组回答你们的观察结果，请问，你们通过果实的什么特征进行分类的？

师：（出示豆荚植物和玉米）两种植物的果实有什么特征？

生：两种植物的果实形状不同。

师：（出示剥开的豆荚）一个豆荚是一个果实，荚壳叫果皮，那么里面有什么？

生：有豆仁。

师：（边指导学生边讲解）对！豆仁也就是种子。具有这样果实结构的植物归为一类。与我们所观察到的玉米不一样，玉米归为另一类植物。请大家记着一粒玉米就是一个果实，玉米粒的表面有一层很薄的果皮，紧紧地贴在种子的表面，难以分开。

师：现在让我们一起回忆一下种子的结构，种子由两部分组成：种皮和胚，豆类植物的种子有两片子叶，玉米的种子只有一片子叶。所以，这两类植物无论在果实的形态上还是种子的结构上都是有区别的。

师：现在请观察花的小组说出你们的观察结果。请你们具体说一下观察到的植物的花有什么区别？

生：我们是根据花瓣的不同形状进行分类的。

师：对！（出示两种不同花瓣的植物，指导学生找出不同之处）花有相似点的植物归为一类，其他的归为另一类。

师：（引导学生进行归纳）根据刚才几个小组的发言和展示，我们来归纳一下植物分类都有哪些依据？

生：（在老师的引导下完成）有依据根、茎、叶、花、果实。

师：总结一句话，就是依据植物各器官的形状和结构特征进行划分。

师：请大家阅读课本第81页内容。想一想，你能否把下面的几种植物进行分类？

师：根据一个特征：是否有种子？我们把这六种植物分为两大类。一类是有种子的植物，一类是无种子的植物。大家用两分钟时间讨论一下。

师：（出示6种植物的图片）请一个同学上台，按你的想法把图片上的植物分为两类，将同一类的贴在一起。

生：（上台完成）

师：以种子为分类依据，可以把植物分为两类：有种子的叫种子植物，没有种子的叫无种子植物，这类植物由孢子繁衍而来的，所以也叫孢子植物。

师：根据种子外是否有果皮这个特点还可以进一步分为两类，凡是在种子外有果皮的植物叫被子植物，即种子被果皮包被的意思。没有果皮的种子呈现裸露的植物叫裸子植物。请一个同学上台根据种子是否有果皮进一步分类。其他同学注意观察和判断他做得是否正确？

生：（上台完成）

师：（师生互动，共同完成对学生答案的修正）

师：我们还可以把植物的叶脉、根和茎的区别作为分类的依据。其实我们还可以根据一个非常重要的特征，这个特征不易被看到，那就是种子的子叶数目分类。所以种子植物还可以分为单子叶植物和双子叶植物。

师：通过以上的分类知识的学习，我们发现每一种植物在植物界里是有位置关系的，这个位置关系就好比一个城市里面有好多个学校，一个学校里面有好多个年级，一个年级里面有好多个班级，一个班里有好多个小组，一个小组由几个人组成，到最后就是一个人了，所以，人是构成城市的最基本单位。同样，在植物界中，最基本的单位是什么？

生：每一种植物。

师：对，玉米、油松就是一个独立的一种植物。

师：刚才讨论得比较多的是有种子的植物的分类，而没有种子的植物又是如何进行分类的呢？下面我们来思考一下。

生：（思考与讨论）

师：对，我们可以把根、茎、叶的特征作为依据进行分类。

师：首先看否有“根”，把无种子植物分为两类：有根的植物和没根的植物。像肾蕨这样的一类有根的植物，又可以根据它们的茎和叶的区别进行分类，我们要注意肾蕨的根是埋在地里面的。所以肾蕨是有茎和叶的，而且还有根。水绵是没有茎，没有叶，也没有根的。水绵和葫芦藓相比较，葫芦藓也没有根，但它有茎和叶。

师：请大家阅读课本 81 页，根据刚才的分析依据，把答案填在表格里。请一位同学上台完成。

生：（展示答案）

师：（引导学生思考并评价）

师：把这些植物从低等到高等或简单到复杂进行排列：水绵——葫芦藓——肾蕨——油松——玉米、向日葵。

师:(引导学生归纳总结)结构越简单的植物就越低等,有种子植物比无种子植物更高等,而单子叶植物与双子叶植物就没有明确的等级之分。

师:在植物分类学上,我们通常把一类群中植物间的相像关系称为亲缘关系。通过这种关系我们就可以在这个类群里找到它,目的就是为了更好地认识植物。

师:通过这节课的学习,我们还有哪些知识不了解的?

师:(通过师生互动共同完成课堂练习。)

二、自我反思

吴江云老师介绍自己的教学设计思路和教学反思:对生物进行分类是人类认识生物、了解生物多样性的基础,但对学生来说,生物的分类学知识是比较抽象的。因此,为了引起学生对分类学知识学习的兴趣,我在本节课的导入部分,首先通过"学生去书店买书"这样的日常生活例子,让学生体会对事物进行分类的重要性;随之通过设计"尝试对植物进行分类"小组活动,让学生在活动中体验科学家对植物的分类过程,随后进行汇报交流,使学生能对生物的分类过程进行反思;接着通过参与课本第82页的讨论,引导学生自己总结植物分类的方法和依据。通过这样的教学过程,使学生从生活中对事物分类这种感性认识上升到对生物分类的理性认识,符合学生的认知规律。

庄翠霞老师介绍自己的教学设计思路和教学反思:我觉得本节课的内容比较抽象和难以理解。特别是对于理解和分析问题能力相对较差的初中学生而言,要掌握分类学知识,光靠老师的讲解是不行的。我把本节课的重点和难点知识放在如何让学生尝试对植物分类上,设计了多种教学方法让学生了解一些简单的分类方法。课程标准对分类学知识只是"尝试"水平的学习要求,因此,我重点通过不同的形式给予学生充分的体验,达到"尝试"的教学目标。我的教学步骤是,首先引导学生对一些物品(笔、铁钉、课本、钥匙)进行简单的分类,再启发学生按照这样的分类思路,对多种植物材料进行观察,找出某类共同特征,按照这类特征尝试对材料归类。使学生体会到原来分类学知识并不难学，从而增加了学生的学习兴趣，通过组织小组活动，不但增强学生的小组合作学习能力，更能促进学生自主学习和探究，让学生自己发现问题和解决问题。当学生的思维打开后，我再出示教材中的几种植物的彩图(打印)，要求学生上台用图片粘贴的方法对植物进行分类，具有游戏性质，学生乐于参与，而且完成得很好。但是由于活动环节较多，课堂时间没有把握好，超时十多分钟。其实，完全可以节省掉最后的对第82页练习题的课堂讨论，要相信学生的学习能力。另外板书不够简洁，可能也是多花时间的原因。

三、研讨交流与专家引领

黎志灵老师向学员介绍本次活动的主题，说明研讨环节的具体要求，认为两位老师经过课前的充分准备，教学思路清楚，具有不同的教学风格。两节对比课采用不同的教学手段，吴老师制作的课件也很有展示性，教学容量大，适合学生学习需求，其他老师拷回去稍作改动就可以用了；庄老师的是原生态教学，活动安排丰富，充分调动学生的积极性，整节课师生互动好，课堂气氛活跃，学生学习热情高涨。两节课还有很多值得研讨的地方，希望大家围绕主题，结合听课情况以及在教学实践中遇到的问题展开讨论。

郭老师：两位老师上的这两节课都很精彩，很值得我学习，特别是庄老师采用的实物教学，我虽然也是用这种方法进行教学，但相比之下我的教学过程设计有些不同，我是从“生物的种子”开始，按逐步归类的方法进行。我认为在讲到植物的种子时，应该做个归纳性的强调：双子叶植物叶脉一般是网状，单子叶植物叶子一般是平行叶脉，以加深学生对这一知识的印象。另外，我认为这节课的导入不需要太长，虽然两位老师的导入都很精彩，但还是要简洁明了，因为这节课的教学内容多、时间紧，不宜在导入这个环节花太多时间。

吕老师：我没有赶上听第一节课，有幸听到庄老师这节课，我受益良多。庄老师的原生态教学很值得我学习，因为我上这课的内容时所采用的教学方法也是原生态的。她的教学设计很完整，特别是在安排活动方面很值得我借鉴。

苏老师:我是一位只有两年教龄的老师,一直在上初一的课,这次听的是初二的课,感到有点听不懂。特别是对吴老师的课感到听得不太懂,教学环节有些乱,各环节扣得不紧。在听庄老师讲课时,一开始我也是感到有点听不太懂,后来慢慢听下去感到懂了一些。我认为,课堂教学主要应以学生听懂为原则。

黎志灵老师:苏老师提及的这个问题很好,课堂教学的终极目标就是要取得教学效果。我们培训的终极目标也是提高课堂教学效果。但如何向课堂要教学效率,值得每位教师认真思考,我觉得教师的教学基本功是关键,所以教师要通过培训学习,不断提高自己的教学基本功。

符老师:两位老师所上的课型不同,不容易进行对比。所以我就教学设计这个问题谈谈个人的一些想法。我认为,教学设计虽然是很重要的,但更重要的是教学设计如何落实到教学的过程中。我觉得吴老师的教学设计是写得详细的,使用了多媒体,本来是可以吸引学生的,但吴老师并没有利用多媒体引导学生积极参与,如在导入这个环节,气氛不够理想,比较沉闷。在讲到以种子为分类依据时,对有种子和无种子植物还是讲得不够透彻,所以如果多媒体应用不得法,还是不能产生理想效果的。庄老师虽然用的是原生态教学,但整个教学的组织特别合理,可见她教学方法老到。与吴老师相比,庄老师的教学设计过于简单,如将油松贴错了位置,这也说明教学设计过于匆忙。教学设计在课前应反复进行,这个过程也是对教学内容和环节不断熟练的过程。

林老师:刚才很多老师谈了自己的观点,好的方面我就不再提了,想提一点的是,庄老师讲到各种分类依据的时候,总是能让学生自己观察一下,亲身体验会有更深的印象,这也是提高学生的学习积极性的一种方法,很隐蔽但很有效,不易察觉的。

陈老师:今天来迟了,虽然对庄老师的课只听了一半,但我还是觉得她的这种课型是很适合农村中学的教学。但超时太多,可能安排活动的内容太多,有些地方讲得过细,如让学生上台利用植物的图片进行分类,从学生展示的情况来了解其对分类方法的掌握情况。老师在讲评时不需要再重复一次,只需纠错就可以了,这样可以节约时间。只要把握各个环节的时间,估计不会超时。我认为老师对课堂时间的把握也是教学有效性的重要标志。

傅老师:我认为这两堂课给我们展示了不同的教学法,两种教法如果应用得当都可以收到很好的教学效果。庄老师采用的是传统的媒体教学,应用实物,让学生体验,容易让学生投入学习。吴老师采用的是多媒体,展示了很多图片,视觉性强,也注意了师生互动,引导学生发现问题、提出问题。但我认为两位老师没有让学生将课堂知识转化为自己的知识,这主要因为学生对老师的教法还要有个适应期。这个教学班基础比较差,应多采用传统教法,即老师问、学生答,学生比较适应这种教法。平时我很少用多媒体教学,总觉得课堂是一个变化的过程,如果用多媒体很容易受到牵制,但吴老师这堂多媒体课还是给了我很多的启示,她的课件可以直接使用。

黎志灵老师:我想从如下几个教学环节谈谈,(1)导入部分:两位老师的导入都比较自然,但吴老师花时间太多,庄老师的导入简洁、直接。(2)小组活动:两位老师都很注意安排课堂讨论时间,把时间交给学生,注重对学生的自主学习能力的培养,但吴教师在课堂活动中还是不够放手让学生全程参与,老师讲解时间较多。庄老师组织的课堂活动比较落实,能放手让学生动手体验,使学生能真正做到"尝试"分类。(3)结课:课堂最后,两位老师都十分注意对学生的学习情况反馈,安排课堂练习,但两位老师的小结部分的时间都过长,内容太多,可以稍为简洁一些,以减少不必要的超时。

四、历史学科活动纪实

指导教师:海南师范大学历史学科王向红副教授

兼职指导教师:海南中学陈晓华、琼海加积中学韩众

课题:红军不怕远征难

一、对比课

第一节课上课教师:陵水县乡镇中学林老师

师:同学们,在上新的内容之前我想请大家先来听一首歌,好吗?

生:好。

师:在这里老师有一个小小的要求,就是你们在听这首歌的时候注意听歌词中的人物,他们在做什么?(放歌:《红军不怕远征难》)师:好,那么刚才大家听了这首歌,同学们来看下,这首歌的词作者是谁啊?

生:毛泽东。

师:毛泽东,对啊! 刚刚这首歌的歌词当中描写了中国历史上哪一次最艰难的斗争?

生:长征。

师:长征,对了啊。那么红军为什么要进行长征呢? 红军在长征的途中遇到了哪些艰难险阻呢? 今天我们就一起来学习第13课《红军不怕远征难》。好,下面请大家把课本翻到第59页,我们一起来学习第13课。

师:对于今天这节课的内容,我们主要从三个部分来学习,也就是我们要用竞赛的方式来进行,大家来看一下,既然是竞赛的话,需不需要评委啊?

生:需要。

师:好,需要,那么我请在座的三位老师来给大家当一下评委,公正、公平、公开进行竞赛。同学们,上节课我们已经学习了第12课《星星之火可以燎原》,了解了红军在历经一次次的风霜雪雨之后,终于为中国革命找到了这个革命根据地,确立了以农村包围城市、武装夺取政权的唯一正确的路线,并建立起了代表人民利益的红色政权,中华苏维埃共和国临时政府的红色政权如同星星之火以燎原之势发展起来。既然星星之火以燎原之势发展起来,红军为什么要进行长征呢？好，对于这个问题，可以抢答。下面我们分为三组，首先我讲一下这个竞赛的规则，你们三组当中都有两个问题是必答的，其他问题可以抢答，必答题我会提醒每组同学，下面请大家回答一下：红军长征的原因是什么？哪组先来？

（学生回答后教师总结：红军第五次反围剿的失败。）

师：那前四次反围剿的情况怎样呢？

（学生回答后教师总结：由于毛泽东等人的正确指挥，前四次全部胜利。）

师：既然前四次反围剿都胜利，为什么第五次反围剿却失败了呢？

（学生回答后教师总结：博古、李德等人"左倾"的错误指挥导致了红军第五次反围剿的失败。）

师：从中可以看出第五次反围剿之所以失败的原因。第五次也是敌我力量最悬殊的一次，在第五次反围剿失败之后，红军奋战了一年，仍然没有打退敌人的进攻，红军的根据地越来越危险了，红军将面临怎样的情况呢？

生：全军覆没。

师：所以就是在这种情况下，红军被迫开始长征。接下来我们来了解一下红军长征的过程。

师：下面提问了，红军长征从什么时候开始？从哪里出发？哪组同学回答？

生：1934 年，从瑞金出发。

师：对！1934 年 10 月，从瑞金出发，也就是从中央革命根据地这里开始长征的。接下来我们看一下，在红军长征的过程中，可以说是遇到了许多的坎坷和挫折，那红军长征前期的情况是怎样的呢？接下来我们来了解一下。

请大家结合一下课本上的内容看一下，红军长征前期经过了哪些地方？在这些地方发生了什么事情？第一组同学的必答题。

生：从瑞金出发，经过了湘江、金沙江。发生了四渡赤水河、巧夺金沙江……

师：红军于1934年10月从瑞金出发，冲破了敌人的四道封锁线，渡过了湘江。在血战湘江的时候可以说是红军损失最惨重的一次，从原来的八万五千多人到渡过湘江时只剩下三万多人。渡过湘江之后，博古等人仍执意要去湘西与红二、六军团会合，在这生死攸关的时刻，毛泽东提出了不去湘西，改向敌人力量薄弱的贵州，从而夺取了贵州重镇——遵义，并且在这里召开了政治局扩大会议，这次会议挽救了党，挽救了红军，挽救了中国革命，是党的历史攸关的转折点。那这个转折点是什么呢？

生：遵义会议。

师：下面第二组的同学准备了，请你们回答遵义会议的内容和意义是什么？

（学生回答。）

师：为什么说遵义会议挽救了党，挽救了红军，挽救了中国革命，是党在历史上生死攸关的转折点？

（学生答后老师提示：在毛泽东的指挥下，红军长征的结果如何？胜利了。）

师：之所以说遵义会议是党生死攸关的转折点，那在毛泽东之前是由谁来指挥的？

生：博古、李德等人。

师：在他们的指挥下，红军怎样了？

生：失败了。

师：什么失败？

生：第五次反围剿的失败。

师：所以在他们的指挥下，红军会怎样？

生：面临全军覆没的危险。

师：所以说在他们的指挥下红军是十分危险的。那么遵义会议肯定了毛泽东的正确主张，确立了毛泽东在中央的领导地位，在毛泽东的正确指挥下，红军取得了一个个的胜利，并且建立了新中国，所以我们说遵义会议挽救了党，挽救了红军，挽救了中国革命，是党在历史上生死攸关的转折点。也就是从遵义会议开始，红军开始冲破乌云，重见太阳，出现了新的转折。红军的长征开始冲破国民党军的重重包围了。

接下来，第三组同学，根据这幅图和课本中的内容来说一下，在遵义会议之后，红军又经过了哪些地方，在这些地方又发现了哪些历史事件。

（给第三组同学考虑一下，一分钟后，学生回答。）

师：四渡赤水打乱了敌人的追剿计划，巧渡金沙江之后红军跳出了敌人的包围圈，强渡大渡河，飞夺泸定桥，翻过雪山草地，进入甘肃，1936年10月，红军三大主力胜利会师。

师：接下来是抢答题，红军在哪些地方胜利会师？

（第一组同学回答正确，加十分。）

师：红军在陕北胜利会师，红军在长征过程中经过了几个省份？

（第二组抢答，总共十一省。）

师：红军长征自江西省、福建省出发，经过广西、广东、湖南、贵州、云南、四川、西康、甘肃、陕西，自1934年10月到1936年10月，历时两年，经过两万五千里终于胜利结束了。下面大家看一份资料，想一想红军在长征的过程当中，除了敌人的围追堵截之外，还遇到了哪些困难？

（第二组抢答）

师：也就是说，红军在长征途中，除了敌人的围追堵截之外，还遇到了恶劣的自然环境，比如说终年积雪的雪山、一望无际的草地，还有在长征途中缺衣少粮。

师：1936年胜利会师，长征取得了胜利，请看资料，想一下，红军在如此艰难的条件下，为什么还能够取得长征的胜利？请思考一下。

（材料：红军长征几乎每天就有一次遭遇战，路上行军一共有368天。剩下来的100天，大多在战斗中度过，有56天在四川西北，在五千英里的路上只休息了44天，平均每走114英里休息一次。平均每天行军71华里，即近24英里，一支大军和它的辎重，要在一个地球上最险峻的地带保持这样的平均速度，可说近乎奇迹。）

（第二组抢答，加十分。）

师：在以往上课过程中，我说过，每一次战争的胜利都少不了正确的指挥、正确的战略战术，所以红军长征之所以取得胜利，原因是：(1)战略战术能够及时地调整过来。(2)领导阶层及时调整过来。因为在王明、博古的错误指导之下，导致了第五次反围剿的失败，红军被迫长征，在这样的情况下，红军的处境非常危险。在遵义会议之后，确立了毛泽东的领导地位，在毛泽东的正确领导下，红军取得了一个又一个的胜利。(3)士兵们的英勇作战。所以红军取得了胜利。

在如此艰苦的条件下，红军取得了胜利。我们今天能够过上如此幸福的生活，可以说是红军为我们打下了基础，由此看出红军长征，对我们来说意义非常重大，那么红军长征带来了怎样的重大历史意义呢？

（第一组抢答，加十分。）

师：大家在课本上画下来，红军在长征过程中，打破了国民党围剿的企图，保存了红军的主干力量，使中国革命转危为安。

下面大家看一份资料：长征胜利是历史记录上的第一次，长征是宣言书，长征是宣传队，长征是播种机，长征是以我们的胜利敌人的失败的结果而告结束。——毛泽东

今天，对于我们大家来说，还需不需要这样的长征精神呢？

谈体会：我们仍然需要长征的这种精神，我们应该学习他们这样的精神。

（第三组抢答。）

师：这是我们初中部分重点考试的内容，在以往的考试中都讲到了现实的意义。在学习的过程中，请同学们自己概括出来，尽量先不要看资料书，可以作为参考，但不要过于依赖资料书。

乐观向上、积极进取、艰苦奋斗、不怕困难的精神，引申一下，同学们在学习中要有怎样的精神？我们在学习中也要有红军长征精神，不害怕任何困难，坚强地克服它，因为只有这样，我们才能不断取得进步。

红军长征不是一般意义的行军，不是战役，它不是胜利，它是一曲人类求生存的凯歌——长征使毛泽东及其共产党人赢得了中国。(美国作家哈里森·索尔兹伯里)

"伟大的长征给党和人民留下了伟大的长征精神，这种精神，就是把全国人民和中华民族的根本利益看得高于一切，坚定革命的理想和信念，坚信正义事业必然胜利的精神，就是为了救国救民，不怕任何艰难险阻，不惜付出一切牺牲的精神；就是坚持独立自主，实事求是，一切从实际出发的精神；就是顾全大局，严守纪律，紧密团结的精神；就是紧紧依靠人民群众，同人民群众生死相依、患难与共、艰苦奋斗的精神。"(江泽民)

这节课的内容，我们主要从三大板块学习：(1)长征的原因；(2)长征的过程；(3)长征的历史意义。其中，遵义会议是重点的重点。

同学们，今天我们不用撞枪眼、冒弹雨，但今天的路并不比长征路好走，从我做起，从现在做起，为把我们的国家建设得更加美好，更加强大，大家一起努力吧。

第二节课上课教师：琼海市嘉积中学韩老师

上课，起立，老师好，同学们好，请坐。

师：关于红军长征的历史，我们或多或少都了解一些，红军长征堪称人类军事史上的奇迹，红军长征给人类留下了一个典型的案例。今天我们就再来重温一下这段曾经让人惊心动魄的历史。那么，在学习这节课的时候，我们先来欣赏一段影片，在欣赏的时候，大家可以思考这样的问题：第一，跟长征相关的有哪些重要的历史人物；第二，围绕这些历史人物发生了怎样的历史事件。

(欣赏一段影片资料)

好了，我们来回顾一下跟长征相关的重要的历史人物：毛泽东、周恩来还有朱德等。还有呢？江泽民，是我们新中国的第三代领导核心，当代的领导人。围绕着一系列的历史人物发生了哪些重要的历史事件，比如说，我们从影片中看到哪些历史事件呢？遵义会议、爬雪山、过草地，飞夺泸定桥，还有四渡赤水，等等。长征到目前为止已经过去了70多年，但是这70多年来后人还是不断地沿着革命前辈的足迹重走长征路。那么,今天,如果我们是导游的话,该怎么安排这条重走长征的路线?老师给出几个地点,作为参考。大家考虑下这条长征路线我们该怎么安排,结合课本内容,我们该从哪里出发再到哪里,最后到哪里?

先思考一下,结合课本中关于红军长征介绍的那段内容。自己把这条路线安排出来,大家动笔,在书上标出来。

大家在标的时候,在安排路线的时候,不一定是老师给出的几个地点,比如说在上面给出的地点有些是没有涉及的,但有些是我们课本介绍的或者说是我们知道的,也可以把它补充得更加完整。

(学生动手画线路)

师:我找个同学来说一下。你给大家介绍一下。

生:先到瑞金、再到湘江、再到遵义、然后到赤水、再到泸定桥、爬雪山、过草地、再到吴起镇。吴起镇后面还有甘肃。

师:说得非常好。好了,这位同学安排这条路线到底合不合理、对不对,是不是按照原来的长征路线走的,我们通过一幅图来看一下。首先,出发地点应该是瑞金,江西的瑞金,1934年10月中央红军就是从江西的瑞金开始出发。他们本来是想到什么地方去?

生:贵州。

师:他们想去贵州吗?

生:湘西。

师:对!这位同学说得对,是去湘西,与那里的一部分红军会合。但是敌人在路上设立了四道封锁线,特别是第四道封锁线,有一场非常激烈的战役,湘江战役。红军从瑞金出发的时候还有八万多人,但是经历湘江战役后只剩下三万多人,但是这三万多人却是我们日后革命的主干力量,是我们革命的精锐部队,过了四道封锁线之后,这个时候红军遇到了一个问题:到底是去湘西还是去其他地方?当时我们党内出现了严重的分歧,看一下有什么分歧。博古、李德等人打算去什么地方?去湘西,到这个地方去会合红二、六军团。但毛泽东、周恩来等人打算去贵州这个地方,那么去湘西好不好?

生：不好。敌人在红军去湘西的路上布下了好多军队。

师：说得非常好。这个时候蒋介石早就预测红军可能要到湘西，所以就在这里布下了一个口袋子。把这个口袋打开，就等着红军钻进去，好集中他们的力量歼灭红军。所以，这时候大多数人支持谁的意见？

生：毛泽东。

师：所以这个时候按照毛泽东的正确意见，转移到敌人力量比较薄弱的贵州，然后渡过乌江，到达贵州遵义。到了这个地方，由于党内的分歧还是比较大，所以为了解决这个分歧，当时召开了一个非常重要的政治局扩大会议，这就是历史上有名的遵义会议。我们看一段有关遵义会议的介绍的视频，在观看的时候，大家思考这几个问题：第一，遵义会议到底解决了什么问题；第二，遵义会议对这些问题的解决对当时的中国革命具有什么重要的意义。

（播放视频）

师：从这里面我们可以看出遵义会议到底解决了什么问题？你起来说一说。

生：取消了博古的指挥权，肯定了毛泽东的正确主张。

师：还有没有其他的？解决了什么方面的错误呢？

生：军事上、政治上、组织上的一些错误。

师：最终领导权转移到谁的手里呢？

生：毛泽东。

师：注意，刚才那个视频里有个三人领导小组，是哪三个人？

生：毛泽东，还有周恩来、王稼祥。

师：三人领导小组，肯定了毛泽东的正确主张。那么这个问题的解决最后给我们的革命带来了什么好处呢？起到了什么效果？

生：挽救了党，挽救了红军，挽救了革命，是党历史上生死攸关的转折点。

师：既然说它是一个转折点，那它转折了什么？请你起来说一下。

生：确立了毛泽东在党中央的领导地位，会后又由毛泽东、周恩来等负责军事指挥，进一步表明毛泽东在党和红军的领导核心地位得到确立。

师：那么以前是谁领导？

生：博古等人。

师：所以第一个转折是由于什么发生了变化呢？

生：领导权发生了变化。

师：从此在毛泽东的正确领导下，整个革命的形势有什么变化呢？

生：红军从失败走向胜利。

师：很好，刚才视频里有一句话，从这个胜利走向下一个胜利，从胜利走向胜利。从什么样的胜利走向什么样的胜利？原来是经历了失败，然后正是由于毛泽东的正确领导，走向了胜利，你觉得这个胜利可能是什么胜利？

生：长征的胜利。

师：很好！正是由于长征的胜利为以后一个更大的胜利奠定了基础，你觉得更大的胜利指的是什么胜利？

生：中国的解放，新中国的成立，中国人民从此站起来了。

师：什么会议是党的历史上生死攸关的转折点？

生：遵义会议。

师：就是遵义会议，我们说遵义会议是党的历史上生死攸关的转折点，我们一会儿还会提到。

在遵义会议召开的时候，敌人的大部分力量开始向这个地方集结，遵义会议之后，在毛泽东的正确领导下，红军四渡赤水，打乱了敌人的部署，后来红军由贵州转移到云南，到了云南，再往上走又到了金沙江，红军用了 7 天 7 夜，靠着当时仅有的 7 艘小船，日夜抢渡，终于渡过了金沙江，所以我们经常说巧渡金沙江。过了金沙江之后，红军就基本上跳出了敌人的包围圈，而后红军继续北上，这时又碰到了一个非常大的困难，要渡过水急浪大的大渡河。大渡河这个地方，历史上曾经有一个不好的例子。前面我们曾经学过的太平天国起义。太平天国起义军中曾经有一支军队在这里全军覆没，就是石达开领导的一支起义军。所以当时蒋介石就叫嚣要让毛泽东在这里成为石达开第二，打算在这里把红军全部歼灭。大渡河上面只有一座泸定桥，所以要渡过此河必须要夺得此桥，但是在泸定桥上敌人有重兵把守，当时红军是怎么夺得这座泸定桥的？请你起来说一下。

生：红军首先挑选了22名突击队员进行强渡，后面的那些战士就背着武器和手挽着木板，边爬边铺桥板，把桥板固定，后面的红军就能踩着桥板冲过泸定桥。

师：非常好，请坐下。但是快要过桥的时候发生了什么问题？敌人燃起大火阻止红军，但是当时22名红军冲过火海，终于夺下这座泸定桥。在这里大家思考一个问题，从红军飞夺泸定桥的这个过程中，我们看出红军身上具备一种什么样的优秀品质？

生：坚强、勇往直前，还有不怕困难、团结合作。

师：前面明明是火海，但是他们毫不犹豫地冲过去，这是一种视死如归的革命英雄主义精神。好了，这就是飞夺泸定桥。

那么夺下这座泸定桥，渡过大渡河之后，摆在红军面前的却是高耸入云、白雪皑皑的大雪山，第一座雪山叫夹金山。当地老百姓这么形容夹金山："夹金山夹金山，鸟儿飞不过人不可攀，要想越过夹金山，除非神仙到人间。"但是我们的红军却越过整整8座像夹金山这样的雪山，而且他们身上穿的是非常单薄的衣服，很多人是没有棉衣穿的，甚至很多人脚上还穿着草鞋，所以在这些雪山上留下了很多可歌可泣的感人事迹。有一篇课文大家应该学过，请这位同学简单介绍下，能回忆起多少就说多少。

生：老战士坐着冻僵了，嘴里抽着烟……

师：请坐，再请一位同学说一下。

生：那位老战士是管理军营伙食和衣服的，因为棉衣的数量不够，他把自己的棉衣给了一位小战士，自己穿着单薄的衣服过雪山。最后他坐下来，抽着烟，安详地死去了。

师：说得非常好，就是这样一个场景，(展示一幅图)大家看，一位冻僵的老战士，依靠着光秃秃的树干，坐在雪山上，身上飘满了雪花，看起来像一座雕塑。但是他的神情却十分安详、十分镇定，他的手微微向前伸直着，好像在向其他战士借火。这个时候，一个将军走过来，看到被冻成这样的老战士，他马上让战士快叫军需处长把棉衣拿过来，他后面的战士没有一个回答。将军非常生气。这个时候，一个满脸泪水的战士告诉将军，这位冻僵的老战士就是军需处长。将军沉默了，慢慢举起他的手，向老战士敬了一个军礼，许久，将军迈着大步走进漫天的风雪当中。他似乎听到无数这样坚定而沉重的脚步，这些脚步声似乎在诉说着：如果胜利不属于这样的队伍还将属于谁？那么从这位军需处长老战士的身上，我们可以看出红军战士身上还有什么样的精神品质？

生：舍己为人的品德。

师：老战士自己本来是军需处长，发棉衣的，应该说他最有可能穿上棉衣的，但是却被冻牺牲了，除了舍己为人，还有就是为了集体而牺牲个人，这叫顾全大局。另外，他那么安详，那么镇定，是因为他认为自己死得有价值，他相信革命一定会胜利。这是一种革命的乐观主义精神。

那到底是什么样的力量支撑着这些人能够做出如此大的牺牲呢？是因为他们为了挽救残破的中国而具有的一种崇高的远大的目标、信仰，或者说是一种理想。只要有希望，痛苦也会变成快乐；只要是有理想的地方，地狱就是天堂！那么好不容易征服了大雪山之后，红军进入了一望无际的、茫茫的大草地，这里人迹罕至、鸟兽无踪，红军大约用了一周的时间，终于跨越了生命的极限，走出了这片大草地，但又有无数的生命永远地留在了这里。过了这片草地之后，红军进入了甘肃。

1935 年，红军进入了甘肃，也就是说 1935 年 10 月红军到达了陕甘宁革命根据地吴起镇。在这里红军与当地的陕北红军胜利地会师。1936 年 10 月，红一、二、四方面军到达了会宁。至此，红军三大主力胜利会师，标志历时两年的二万五千里长征胜利结束。

长征结束后，很多人发表了对长征的看法。一位美国学者对长征如此评价：

它不是一般意义的行军，不是战役，它不是胜利，它是一曲人类求生存的凯歌，是为避开蒋介石的魔爪而进行的一次生死攸关、征途漫漫的撤退，是一场险象环生、危在旦夕的战斗。（美国哈尔森·索尔兹伯里）

从这里面看出：红军为什么要长征，是什么原因促成他们一定要长征，这个材料里哪些字句给我们提供了这样一个信息？

生：是为了避开蒋介石的魔爪而进行的这样一次撤退。

师：那当时蒋介石对红军做了什么事情？

生：围剿。

师：总共有几次围剿？

生：五次。

师：共有五次围剿，但是前四次我们都胜利了，唯有第五次失败了，蒋介石认为他的心头大患不是日本侵略，而是国内红军给他带来的威胁，所以虽然已经有了"九一八"事变，对日本侵略中国这样的一个巨大事件，但是蒋介石却是不管不问，他把主要力量放在了剿灭红军方面，他喊出个什么口号啊？

生："攘外必先安内。"

师：集中力量围剿红军，但是我们红军在毛泽东等人的领导下，集中优势兵力，诱敌深入，各个歼灭，都取得了胜利，唯有第五次给红军造成巨大的创伤，那么大家考虑一个问题，为什么第五次反围剿就会失败呢？有同学说是博古、李德的错误指挥，那他们错在什么地方呢？博古、李德他们一直想干什么？

生：他们要与国民党的军队正面对抗。

师：那么大家觉得当时红军有这样的实力吗？在哪些方面我们有比较大的差距呢？

生：红军军队人数比较少，武器装备差，不具备同国民党进行决战条件，在博古、李德的错误的指挥下，我们红军遭受了重大的损失。

师：那么这个错误在什么时候得到纠正呢？

生：遵义会议。

师：遵义会议在谁的正确领导下？

生：毛泽东。

师：博古、李德他们不实事求是，过高估计了我们红军的实力，这种错误就是“左倾”错误。所以进行长征的原因有两个：一是外部原因，蒋介石的攘外必先安内政策，围剿红军。二是内部原因，“左倾”错误。这是我们从一位美国友人对长征的认识中得出的结论。

长征结束后毛泽东也对长征发表了看法，写了一首诗（七律《长征》）那里面第一句就告诉你——难。课本中正好有一个问题是问难在什么地方？有哪些困难？大家刚才看到红军过草地吃的是什么啊？草根、皮带，背后还有追击和围剿，还有爬雪山、过草地，有人为的和自然的一系列困难，但是最终的结果是三军过后尽开颜，“开颜”说明了什么？

生：说明二万五千里长征胜利了，长征的胜利对我们以后的革命有重大的意义。

师：长征胜利的意义有哪些？

生：使红军革命转危为安。

师：这里面说粉碎了国民党反动派企图消灭红军的计划，第五次围剿要把红军怎样？

生：全部消灭。

师：但是我们长征最终取得了胜利，而长征的胜利经历了这么多的苦难，可以说这个过程锻造出一支举世无双的钢铁般的军队，而这支军队的红军就是以后扩大队伍的主干力量，红军以陕甘宁革命根据地为基地，队伍再一次得到壮大。

除了这些以外，还有我们课本上没有提到的，大家还记不记得经常讲红军每到一个地方，就对当地的老百姓怎么样？他会不会像国民党军队一样去抢？不会！他们不拿群众的一针一线，所以这样就得到人民对他们的支持，所以很多人积极地去参军、参战。因此我们红军才是一支真正意义上的人民的军队。

长征胜利距今已经 70 多年了，但是我们今天还重提这个长征，说明长征对我们有重大的现实意义，这种意义就是“长征精神”！

长征胜利60周年大会上，国家领导人江泽民说，长征给我们留下的最宝贵的是什么？长征精神。那长征精神有哪些呢？就是：艰苦奋斗、勇往直前、乐观主义、顽强的生命力、舍己为人、团结互助还有集体主义，从这节课我们看到了很多的英雄主义和乐观主义精神，他们这些精神对我们今天来说具有非常重要的意义。

下面大家对上述所学的内容总结一下。

（学生总结）

师：当然长征的精神还有很多，不止这些。当年红军就是靠着这些精神、这种信念，经受住了严峻的考验。天将降大任于斯人也，必先苦其心志，劳其筋骨。一位重走长征路的军人曾经写下这样一段话，他说："地址变成了遗址，笑容已经变成了遗容，长征是他们的苦难，但是苦难却是他们的光荣。红军正是靠着他们坚不可摧的意志才换来了我们今天的幸福和安宁。所以作为今天的我们，一定要记住这些最可爱的人，学习他们身上优秀的品质，并且将其发扬光大。我们一定要去弘扬这种精神，所以我们进入本节课的最后一个环节——弘扬长征精神。作为新时代的中学生，我们应该怎么去弘扬这些精神？在我们的生活中、学习中怎么去发扬这种精神？

我们坐在这里，要有一个学习目标，要有理想和信念。理想是要通过具体行动才能实现的，在理想实现的过程中会遇到挫折和困难，我们应该怎么办？我们一定要坚持，不要随便放弃，要通过自己的汗水和努力去换取我们理想的实现。

除了这些还有什么？在长征过程中遇到很多，比如说老红军、青年红军，甚至还有小红军，在生活中我们都可以向他们学习。我们课本上有许多小红军故事，都可以向他们学习，比如：孝敬老人，团结友爱，有集体荣誉观念，等等。我们要树立远大的理想，克服怕苦怕累思想，用我们的努力、我们的双手、我们的智慧，去创造我们国家明天的辉煌。

二、自我反思

林老师：我在设计这节课的过程当中考虑到学生的实际问题，因此教学思路并没有按照教材的顺序来进行。我的教学主要是分成三部分，即原因、过程和意义。应该说我对课堂效果不甚满意，感觉不如第一次的好，图片选择、教学设计不够完满。从学生的角度考虑，这节课我采用竞赛的方式进行，主要是想消除以往学生在上公开课时的紧张情绪，调动更多的学生参与教学，但总体来说，效果不太理想。

韩老师：这节课在备课的时候，首先是根据课标要求进行思考和设计。按课标要求，本节课主要介绍长征：困难、故事、精神。而从中国近代史开端到新中国成立这一段整个来说，这一段历史，要特别重视对学生进行情感的教育，长征的精神作为主线贯穿整节课，要紧紧把握这一重点。这里边我主要设置了三个环节：重温长征、感悟长征和弘扬长征。重温长征，因为学生肯定或多或少都知道一些关于长征的事情，所以就打算重温长征，把学生已有的知识调动起来，激发他们学习的兴趣。这个过程中，重点是通过长征过程中所遇到的一系列的困难，发生的一系列的事例、故事，然后从中再次体会它里边蕴含的这种精神。感悟长征主要是让学生感悟和了解长征精神，对学生进行长征精神的教育。最后一个环节是弘扬长征。整个教学内容的安排我基本上是打乱了原来的框架。首先是过程，从兴趣引入过程，这样学生比较容易进入这节课的状态，然后根据过程的分析，把学生已有的知识深化，并让他们生成一些更新的、更深层次的知识，完成我们这节课的教学目标。到最后我才分析它的原因和影响，这节课的一个难点应该是长征的原因和影响，重点是长征精神。所以我基本上是采用先讲过程，然后讲原因和影响这样来安排。最后一个环节弘扬长征，我给出那么多图片，主要是想让学生从方方面面，特别是能够结合他们生活的实际，切实感受一下长征精神，明白在今天的学习、生活中，如何学习和运用这种精神。另外，过程里边还有个点，我把它整个内容浓缩在三部分里面：第一，长征是一幅图，通过这幅图把整个过程串进来，也通过一幅地图来体现长征精神。第二，长征是一首诗，就是说再一次把整个课文放在一个宏观的角度去看，然后得出这样一个定义。第三，长征是一种精神，是这节课内容的一个升华。这就是我这节课大体的一个构思。

三、研讨交流

王向红老师：刚才两位老师说了他们自己上课的一个思路。我想在座的老师跟我一样有很多的收获、感悟，同时可能也有一些困惑和问题，下面的时间就请各位老师交流和发言。

吴老师：我是来自光谷中学的吴小曼。今天听这两位老师讲课，收获很多，这两位老师的课讲得都较好，同时也有些问题。林老师的课，知识点讲得非常细，但口头禅特别多。另外，林老师的课主要以讲授为主，没有充分地调动学生参与到课堂上来。韩老师的课，讲得特别生动，逻辑性特别强，善于去引导学生分析问题。如：讲到遵义会议的意义时，从一个胜利走向另一个胜利，然后去引导学生分析问题，教学方式也特别地吸引人。我本人在讲这一课的时候大多数都是从原因开始讲起，然而韩老师则是先从这个过程讲起，在讲长征的原因时，方式独特，能够使学生更好地理解会议的意义。韩老师在讲到红军爬夹金山时，引用了语文课文《丰碑》中的内容，引起学生的共鸣，使学生就能够非常积极地参与到这个问题上来，再加上韩老师富有深情的讲述，使学生能够有一种身临其境的感觉。韩老师讲的一句“苦不苦，想起长征二万五，累不累，想想革命老前辈。”给我留下很深的印象。

吴燕老师：刚才那个老师已经讲得很好了，我感觉两个老师很大的区别就是在讲述长征的过程上，韩老师能把复杂的变成简单的，难的变成容易的，他能够引导学生把主要经历的一些地方讲出来。

我原来讲这节课是按照导读的形式来上的，因为红军长征是比较复杂的过程，如果以中央红军经过的地方来讲的话，有些内容是很重要的，比如说遵义会议、四渡赤水等，我们老师在这个地方可以略加补充。然后再讲它的原因，让学生从心里比较能够接受。但是我觉得这里面是不是能够添加一些课外知识，比如说遵义会议之后，毛泽东在我们党中央的领导地位，然后把毛泽东去世这个时间讲一下，因为毛泽东是我们中国一个重要的领导人，最重要的是能够把这个课升华到学生对他个人精神的认识和弘扬。韩老师这节课语言感情色彩较浓，特别能调动学生的情感，很值得我学习。

李老师：我是地理老师兼教历史。林老师采用竞赛的方式去构建这节课的流程，可能是因为她比较了解学生的底子；而韩老师则采用了打乱体系的形式。我听了之后，对比起来，感觉韩老师很有亲和力，每一个知识点、每个过程，他都会把一些故事涵盖进去，使学生能够深刻体会到长征精神就是一种革命乐观主义，不怕艰难、不畏艰苦的精神。但是我有个疑问想请教韩老师，当你在没有了解我们学生底子的时候，按这里学生的基础，他们很难把路线说得那么清楚，能让活动进行得那么好。对此，我感觉有点疑惑。

王向红老师：对比课我们用了两个班，第一节课跟第二节课的学生不一样。

韩老师：我认为教学预设是很重要的：教学可能遇到哪些问题，学生不能解决哪些问题，或者怎样去培养。比如说学生能否正确说出路线，这里面我并没有预设学生都能答对，学生答错了可能效果更好，答错了我们可以通过这个地图来介绍整个过程，这样学生的印象就更加深刻了。

王向红老师：在这里学生答错是正常的，要是完全答对了还不正常了，或者是答得非常顺利也不正常。这里的学生学习基础其实没那么好，上课之前必须让学生课前预习，如果经过预习的话，多多少少总会讲一点，虽然答得不完整。

王俊龙老师：今天是带着学习（的态度）过来的。因为这堂课我还没上过，就谈谈我从听课完了以后的感觉或者说我从中得到了什么、学到了什么。对韩老师，第一，我认为他上课有个很大的优势，就是对学生的调动、引导做得非常到位，他的引导不是一下子抛出来，而是采用层层深入的方式。第二个，重视对学生的情感态度价值观的培养。他把长征精神放到整个课堂教学过程当中，从长征过程到长征精神，从长征精神到最后对现实社会、学生的影响，以及对这种精神升华，我觉得这一点做得非常到位，这是我要学习的第二个方面。第三，课堂联系生活，韩老师做得很好。我认为每个老师的教学都应该要联系生活,把历史学当中的知识放到生活当中,为学生的生活态度和思想的形成给予指导和启迪。此外还有很多优点,例如,他的表达能力以及他的亲和力,一直面带微笑,一个老师无论心情好与坏,一到讲台上都应该对学生保持微笑,具有亲和力,这是教师应有的素养。

张老师:我是来自黎安中学的,我是语文专业的,现在既教语文也教历史。我觉得第二个老师的课讲得非常好,他最大的特点就是教学逻辑性很强,通过老师的讲解,学生不用做多少笔记,就可以把课本上的知识点完整记下来,同时他对学生情感态度的教育做得非常好。这节课如果按传统的教学方式教学,我觉得教学效果不会很好,主要是农村学校学生学习基础、知识面问题,如按照书本上面来讲,他觉得可能是比较好的,相对来说比较简单,要是补充一些东西进去,学生就接受不了。比如说我补充"五四"运动,或者讲中国共产党的成立,问学生中国共产党的建党节是哪一天,他们不知道,五四青年节是哪一天也不知道,这让我感到挺苦恼,因为这些都是常识性的问题。想向各位老师请教一下怎么办。

王向红老师:8 年级,建党和"五四"运动不是有一篇课文吗?

张老师:恩恩,是有。

王向红老师:没学之前肯定是不知道的。平时,上语文课也好上别的课也好,你要关注孩子们。对孩子们来说,他们现在初二是过五四青年节,初二已经不过六一儿童节了哦。平时你就要关注他们,这是他们的一个节日,你要给他们适当的关爱。

张老师:因为我刚刚过来教历史,对学生还不是很了解,自己所想的跟学生的真实水平有一定差距,我不知道怎样去缩小距离。

王向红老师:要缩小这个距离的话,你首先要走进学生中间,你要真正地去了解学生,你平时多跟他们聊聊,看他们平时都关注什么东西,有什么问题和困难,这样你的教学才符合学生的实际,也才能调动学生学习的兴趣。在乡镇中学,你千万不能选择太难的,你可以选择些直观一点的形象一点的材料,学生感兴趣的材料,尤其是古代史,学生有的可能是真的看不懂,有的是没有意义、没有效果。我们这里这么多老师是否可以帮他解决这个问题？……现在我们还是回到这节课上来。

王老师：两个老师都讲得很好，说实在的我达不到他们的水平，今天我就借这两节课来谈谈自己的看法。两位老师在课程的设计目的里面都是探究，这是调动学生学习积极性、提高学生学习兴趣的学习方式，这都是符合课堂改革发展方向的。韩老师比较突出的地方：一是较好运用文字材料、音像材料和多媒体展示；二是对教材把握和处理得比较好。从教学的思路我们可以看到他的导入是从经过到原因，而且在一些关键的环节里面还设计了一些能够引发学生兴趣的问题，引导学生自己去解决。林老师这堂课也能很好地体现出新课程改革的方向，她采用了分组抢答这样的方式，但是在讲飞夺泸定桥时，我觉得还需要多补充一些资料，另外，她的板书如用多媒体展现出来效果更好。

陈老师：我谈一点情感态度价值观方面的教育。红军在瑞金的时候打不过国民党，被迫撤出瑞金，然后向湘西前进冲过蒋介石的四道防线，付出了多少生命的代价，那是多么艰难啊！此外，在长征路上，还有很多事例可讲，那个被冻僵的老红军可以讲得淡一点，红军过草地也是个很艰难的过程，艰难在哪里，讲得不详细。

张老师：我简单说两句，我觉得这两位老师讲得都非常成功，我主要就是挑一下他们的毛病。林老师在讲 1936 年 10 月红军三大主力会师时，会宁会师她应该稍微提一下，这样的话，可能更全一点。韩老师的话应该说没什么大毛病，就是板书里面有一个字好像打错了，“勇往直前”的“勇”好像是“勇敢”的“勇”吧，打的是“永远”的“永”。另外就是长征那一首诗，最后一句“三军过后尽开颜”，有几道题就是围绕三军这个主题的，“三军”是哪三大队伍，或者三大主力是哪三大队伍，这个没提，这个提一下也挺好的。今年发的学习指导题里面就有，它是这么说的，“三军过后尽开颜”指的是下面哪一件事情，答案就是会宁会师。我觉得这个有问题，不能说“三军过后尽开颜”指的是会宁会师，因为诗是 1935 年 10 月写的，它里面“三军”是“全军”的意思。

孙教师：我说一点吧，我是今年刚参加工作的，林老师、韩老师教学经验和教学设计有很多地方值得我学习，我是想谈一下这两位老师有意无意中忽略的，而且课本上讲得也很模糊，课本上讲的二万五千里长征是指中央红军，也就是红一方面军，但是课本上最后又有一个红一红二红四方面军会师，那红二方面军和红四方面军的长征呢，课本上没讲。应该给学生讲一下，当时红军长征不止是红一方面军，还有红二方面军、红四方面军以及红二十五军，所以在讲红军长征的时候，到底走过多少路以及经过多少省，在前面应该增加这些内容。

韩众老师：这个过程应该增加两条线，最后三军会师。

严教师：听了韩老师的课之后感觉有四个方面值得我学习：第一是他的教学方法新。新在没有按照教材先讲原因再讲过程再讲这个意义，而是先讲过程和结果，后分析这个原因和意义，并且在过程中利用一些视频资料，我认为这样做可以激发学生的学习兴趣。第二是紧紧围绕红军不怕远征难这个课题，最重要一点是突出那个“难”字，在整个教学过程当中，从那个地图，把过雪山、过草地、四渡赤水全部讲出来，为我们后面讨论价值观、怎样弘扬这个长征精神打下基础。第三是突出了学生的主体性。他在上课过程中始终带着问题，每讲到一个问题，叫学生想一下，然后大家议论一下，最后老师再讲，始终把学生置于问题和解决问题中。第四是突出教学重点和难点。突出了遵义会议，因为遵义会议在我们党的历史上是一个生死攸关的转折点，确认了毛泽东在军事上的指挥路线，只有毛泽东指挥中国革命才能从生存走向最后的胜利。

四、专家引领

王向红老师：接下来我们先请海南省中学历史学科带头人、来自海南中学的程晓华老师来做评析。

程晓华老师：我们都是一线的老师，我也是抱着一个真诚的、虚心的学习目的来听课。这节课我也上过，本来要在这里上，因为有事没有过来。今天听了两位老师的课，我也大致地谈谈我的一些想法，交流一下。这两节课，我觉得从教学目标这个角度来讲应该说都完成得不错,要说的就是两个人的教学风格不一样,还有学生的反映也不一样。可能韩老师今天第一次和我们同学见面,有些学生感觉比较新奇,还有一个角度就是说外来的和尚好念经,学生配合的积极性较高一些,这个应该说有一定的因素在里面。我现在就把这个因素排除掉,就从这两节课本身因素来进行分析。有一次我到白沙上课,一个学生都不认识,他们的教材和我备课的教材不一样,当时拿到这个教材以后,就是说按照正常的没办法上,当时我就折中处理了一下,什么教材都不要,所有的教材都丢了,和他们吹了一节课。最后当时带队的是王献军院长,还有周振维教授。当时周振维教授和院长在下面嘀咕,说晚上都和我在一起,什么时候跑到这和学生见过面呢。当时感觉就是聊天式的这种教法,什么都没有啦,就从学生最熟悉的一些东西入手。因为这次上课王教授给我布置了一个特殊要求,就是不用多媒体,就靠嘴皮子来讲。林老师提到要考虑到学生的实际,应该说林老师对这个地方的学生相对比较了解,这个应该是没有问题的。而韩老师对学生不是很了解,那么在一个老师不了解学生,另外一个老师了解学生的情况下,为什么会出现这样两种教学配合差不多的情况?这个差距是跟两位老师的处理方式有关。这就涉及我们今天听课的三个方面,就是说在同样完成我们教育目标,同样采用新课程的教学方式、教学方法的情况下,出现这样一种教学效果。这课堂的主要环节体现在三个方面,第一个就是设计,第二个就是老师在教学过程当中和学生的互动,第三个就是我们的情感流露。对于林老师来讲,他的课堂设计是以竞赛这种方式着手,在整个教学过程当中,对整个教学内容的设计条理非常清晰,它围绕着原因、过程、历史意义最后来一个升华体会这四个方面,教学过程里面应该突出什么处理得比较周全,关键的地方能够出示材料,而且这些材料很显然都是经过选择的。在运用多媒体教学的时候材料的选择非常重要,有时候一则材料把它弄出来以后摆在这个地方可能比你讲十分钟更管用,很可能起到我们意想不到的效果,林老师在材料的选择这方面下了一定工夫,这个是它的优点,也就是比较突出的地方。不足的地方就是一些细节性的问题，比如关于提问。我举个例子："什么是长征精神？我们应该学习怎样的精神？"你这样一问的话，学生可能就把他的注意力转移到什么是长征精神，答完后应该学习它的怎样的精神这一问就多余了，认为还有一部分是可以不学的，在思维上给学生造成一定的混乱。如果我们把课堂里面每一个问题都进行思考和梳理一下，逻辑性要更好一些。

程晓华老师：我觉得这两节课之所以能上出不同的效果，应该说差别首先是在教学设计上，韩老师采用的是一种倒叙，而林老师是按照正常的步骤，也就是课本的教学结构来设计。由于韩老师上课过程中考虑学生的实际，也就是"三个出发"：第一从学生现有的知识结构出发，这是基础出发。第二从学生生活的现有经验出发。第三从学生现有的能力出发。韩老师以一个短片开始切入问题，学生可以根据平时看的电影以及听到的故事围绕短片来回答，也就是说把我们学生的课外知识收拢到课堂上，为课堂所用。不管学生基础怎么样，都要联系到学生的实际。与下面学生接触后，我总体的感觉是虽然不如海口的学生基础好，但不是不聪明的，包括调皮捣蛋的学生，他们的思维更活跃，这些学生可能不爱学习，但不能说他不能学习。你如果站在这个思考点上，从他们现有的基础以及实际出发，采用各种方法把他们的思维调动起来。根据他们的习惯甚至可以把课堂教学顺序全打乱，学生最熟悉哪一块我就从哪块开始。两位老师的整个设计过程差不多，韩老师情感更投入一些，他的整个课堂设计就是以长征精神来贯穿的，整体来说他设计的基调和林老师的不一样。这个根据老师的个人特长和个人的知识结构可以不一样，根据每个老师的特点来设计。韩老师在讲长征精神时出示了一个材料"…人类求生存的凯歌"，这点在处理的时候如果能根据学生的实际再深入一下更好一点，因为你是求生存的凯歌，红军为什么要长征呢？为什么要爬雪山过草地呢？在现在，在新的时代如何学习长征精神，如果在这个地方突破，这会成为一个亮点。在与学生互动上，这就涉及两位老师个人的风格和性格，韩老师是铺天盖地的情感震动。而林老师通过竞赛进行互动和情感灌输，整个课堂显得还是有些沉闷，问题在于对问题设计的针对性不强，注意力一下子调动不上来，如果把有些问题考虑细点，课堂就很容易调动起来，一问就问到学生的兴奋点，像皮球一样一下就蹦起来了，这是设计的问题。另外，两人对材料选择的角度不一样，也可能影响学生情绪的调动。总体上来看两位老师上课都完成了预设的教学目标，而且都有很多成功的地方，至于不足应该说每堂课都会有，如果多注意点缺陷就会少一些。

王向红老师：海霞，你的风格就是这样，是很有亲和力的一个老师。你不能像韩老师那样激情澎湃，我建议你继续走亲和路线，小桥流水，这就是你的风格，这就是你难能可贵的地方。女老师有这样一个形象很不错，初中学生就喜欢美女加温柔型、妈妈型的老师，这些你做得很好，你就按这个模式走下去，这是第一点。第二就是我们有一个老师提到的板书，"多媒体就不要板书"这个观点是不正确的。我们现在上课，应该是传统媒体与现代媒体的有机结合。林老师把图片资料和音像资料用电脑展示出来，然后用黑板将知识结构整理出来，那么学生看了黑板就知道这堂课主要讲了什么，可以形成一个很强的知识逻辑性。这是她做得好的地方，两种媒体都用上了，并且两种媒体发挥了各自的特色。第三，就是林老师的语言。她的语言过渡比较有逻辑性，很不错。第四，林老师的问题设计与韩老师不一样，站在她的角度很有实效性，适合学生学习同时又紧扣教学内容。同时，我想补充几个问题。从内容处理来看，本节课的课标是"讲述中国工农红军长征的故事，体会红军的革命英雄主义精神，认识中国革命历程的艰难曲折"，那么根据课标，重点应该是长征精神和遵义会议，难点是中国革命历程的艰难曲折。林老师在讲课时，遵义会议是突出了，长征精神讲得显然不够，对中国革命历程的艰难曲折缺乏理性的归纳。另外，她在讲遵义会议确立了毛泽东的正确领导，但在讲课的过程中未能讲出毛泽东领导的正确性究竟表现在哪些方面。从课堂的把握来看，有两个问题可以改进，一是采用竞赛方式很好，但每次学生回答问题后都是由老师来评价，为什么不将评价权交给学生，比如第一组同学回答后，可以让第

二、第三组同学来评价第一组同学回答得怎样、对不对，让学生更多地参与进来，这样课堂气氛也活跃了，学生情绪也能够调动起来。还有一个很小的细节，林老师提了一个问题“红军在哪个地方胜利会师”，一个孩子抢着回答说“会宁”，林老师却以“我还没说抢答呢，你们就说出来了”来阻止学生，这实际上是打击学生的积极性。这是一个很小的细节，但需要我们老师去关注，细节的问题也是很重要的。

韩众老师的课，总的来讲，有这么几个方面很不错：第一体现了三维目标的有机统一。从知识与能力目标来看，重点、难点很突出，长征的原因、长征的经过、长征的意义、对遵义会议的分析等，都比较全面。尤其是对长征原因及博古、李德等人的错误的分析，能够帮助学生理解遵义会议的意义。刚才陵水中学一位老师评价说韩老师的知识与能力目标没有落实，我认为知识与能力目标的落实并不只是依靠做练习来落实。韩老师讲课的过程中，长征的原因有投影，长征的经过对着地图讲得很详细，长征的意义引导学生分析并归纳投影出来了。如果说韩老师在知识与能力目标方面做得不够的话，就是幻灯片切换太快，学生记不下。从过程与方法目标来看，很好地体现了学生的主体地位，引导学生自己去探究、自己去发现和构建知识，让学生自己去体验长征的艰难，如让学生听音乐，“听听哪些人与长征有关”、“听听发生了什么事”；让学生以导游身份来安排重走长征路的路线，是让学生自己去安排，而不是由老师来安排；让学生观看遵义会议的视频材料并思考两个问题；让学生思考小学学过的《丰碑》课文中的内容；让学生自己来探讨长征的原因；让学生畅谈怎样弘扬长征精神，等等，都是让学生自己去构建。从情感态度价值观目标的落实来看，让学生通过飞夺泸定桥、爬雪山、过草地的情景来感悟长征精神，让学生联系自己的实际来谈谈怎么去实践长征精神，都是具体体现。第二，这节课最大的亮点，是把长征精神、红军精神融入到过程中、事例中来讲。本节课对应的课标是通过讲述长征的故事来理解长征精神，实际上课标的要求就是通过长征的具体事件、具体过程来提炼长征精神。韩老师提问“飞夺泸定桥体现了什么精神”、“爬雪山体现了什么精神”、“丰碑的故事体现了什么精神”，把这些精神融入到具体事件中去，让学生自然而然地体会到有这样一种精神。而我们很多老师是在上完新课后说“同学们，我们学习了长征，我们来概括一下长征体现了什么样的精神”，这就脱离具体内容，缺乏史实的支撑。韩老师的做法，不是逼着学生去认识什么精神，而是引导学生自然而然地去感悟。第三，课程资源的利用多元而有效。韩老师使用了三段视频资料，还有文字资料、图片资料，并且围绕着每一则资料都设计了相关问题来引导学生。比如，播放遵义会议的视频资料，设计问题“这次会议解决了哪两个问题？有什么影响？”对《七律·长征》这首诗，抓住其中的“难”字，问“难”在哪里。也就是说，每一则资料都是要解决一些问题的，并且确确实实达到了效果。这体现了新课程的大教材观，同时也丰富了教学内容。两个老师都一样，通过补充很多素材，让学生感受历史是有血有肉的，历史是丰满生动的。第四，对课文内容重新整合。他的整合有新意而且是合理的，体现了课标的要求，并且逻辑性很强。韩老师把课文内容整合成三大块：长征是一幅图、长征是一首诗、长征是一种精神。通过这三大板块的学习，让学生来重温长征、体验长征、弘扬长征精神。三个板块都体现一个主题。并且先讲长征的过程，再来探讨长征的原因，这便于激发学生的兴趣。第五，实现了现代教育技术与教学内容的有机结合。第六，老师的主导作用发挥得比较好。比如课堂的设计：让学生设计旅游路线的时候，老师走到学生中间去看学生，适时地了解学生的情况并及时给予指导；教学过程中始终注意启发学生，诱导学生进行思考，如针对红军为什么不向湘西而改向贵州进军，连续提了几个问题来引导学生思考；在讲红军从胜利走向胜利时，提问学生第一个胜利是什么、第二个胜利是什么；等等。我们绝大多数老师让学生把课本上的三句话念完就行，韩老师不是这样，他逐点进行分析，引导学生理解得出结论。第七，韩老师的语言、情感与教学内容很相符。如韩老师在讲飞夺泸定桥时激情飞扬，讲丰碑时充满人性的温暖。韩老师的课也有一些不足，有些地方可以进一步改进：比如“长征是一幅图”,可以告诉学生长征是一幅充满艰辛、充满曲折但最终取得胜利的历史画卷;“长征是一首诗”,应指出长征是一首具有怎样历史意义的史诗。另外,我建议可以更多地将课堂交给学生,比如长征的故事可以让学生来讲;遵义会议视频材料播放完后,应马上切换,以免分散学生的注意力。

五、地理学科活动纪实

指导教师:海南师范大学地理学科唐少霞教授

兼职指导教师:海南中学李霜老师

课题:经线与纬线

(活动地点:保亭县保亭中学)

一、对比课

第一节课上课教师:保亭县乡镇中学陈教师

生:起立,老—师—好!

师:同学们好!今天上课前先给大家播放一段视频(导入“台风预报”视频)

师:播音员播报台风的位置在哪里?

生:南海。

师:怎么描述台风在南海的具体位置?

生:通过经纬度。

师:很好!

师:为了让大家能在地图上寻找任意地点的位置,今天我们要讲解“纬线和经线”,请同学们打开课本第 5 页,看图,简化地球仪上的点和线。

师:请大家认真阅读图中小方框的介绍,掌握:地轴、经线、纬线、南极和北极。

(学生阅读)

师：什么是地轴？

生：地球自转的轴。

师：北极在哪？

生：地轴北段与地球表面的交点。

师：南极在哪？

生：地轴南段与地球表面的交点。

师：什么是纬线？

生：与地轴垂直并且环绕地球一周的圆圈。赤道是最大的纬线圈。

师：什么是经线？

生：连接南北两极并且与纬线垂直相交的半圆。

师：经线有什么特点？请同学们打开课本第6页看图，地球仪上的经线。

板书：一、经线的特点

师：图中每一条经线呈什么形状？

生：（由于没有辅助图形，学生想象不出，于是没人回答）

师：从图中我们应该很容易看出，经线是一个半圆。

师：请找出0°（本初子午线）和180°经线。

生：老师，图中只有本初子午线，没有180°经线。

师：一个球是360°，180°经线就在本初子午线的正背面。

师：什么是东经？用哪个字母表示？

生：0°经线以东称东经，用“E”表示。

师：什么是西经？用哪个字母表示？

生：0°经线以西称西经，用“W”表示。

师：东、西经各有多少度？

生：（无言）

师：东、西经各有180度。

师：经线指示什么方向？

生：（无言）

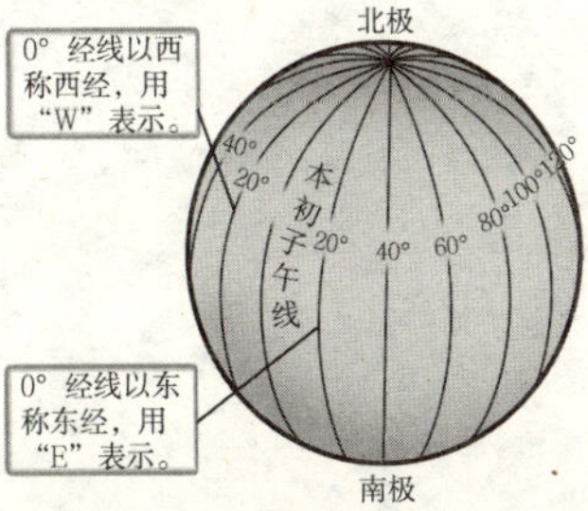

图 6-1　地球仪上的经线

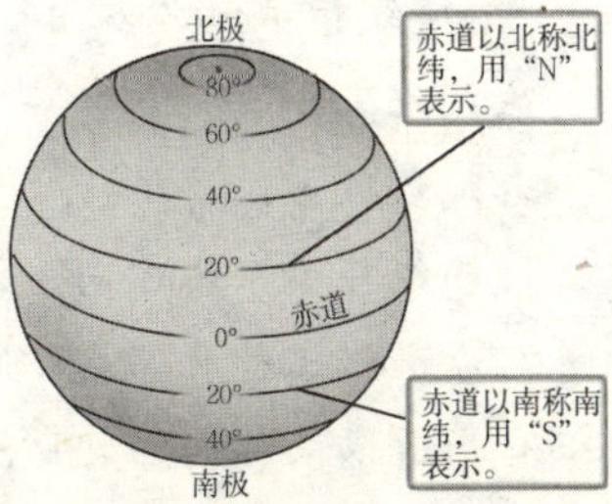

图 6-2　地球仪上的纬线

老师边板书边解释：

1. 经线指示南北方向。

2. 0°经线以西称西经，用“W”表示。

3. 0°经线以东称东经，用“E”表示。

师：希望同学们记住经线的这三个特点。

师：纬线有什么特点？请同学们再看课本第 6 页上的图。

板书：二、纬线的特点

师：图中每一条纬线呈什么形状？

生：（由于没有辅助图形，学生想象不出，于是没人回答）

师：从图中我们应该很容易看出，纬线是一个圆。

师：请找出 0°纬线、30°N 纬线，60°N 纬线，并看一看它们的大小有何变化。

生：0°最大、30°N 纬线比 60°N 纬线圈大。

师：以赤道为界，往北和往南纬线圈是越来越小，到北极和南极缩小成一个点。

师：什么是北纬？用哪个字母表示？

生：赤道以北称北纬，用“N”表示。

师：什么是南纬？用哪个字母表示？

生：赤道以南称南纬，用“S”表示。

师：南、北纬各有多少度？

生：（无言）

师：南、北纬各有 90 度。

师：纬线指示什么方向？

生：（无言）

老师边板书边解释：

1. 纬线指示东西方向。

2. 赤道以北称北纬，用“N”表示。

3. 赤道以南称南纬，用“S”表示。

师：希望同学们记住纬线的这三个特点。

第二节课上课教师：海南中学李教师

生：起立，老—师—好！

师：同学们好！上课前，老师给大家讲一则故事：在一个狂风暴雨的夜晚，波涛汹涌的海面被阵阵闪电撕碎。在狂风巨浪中喘息的豪华巨轮被翻天巨浪吞噬。倾斜不定的船舱内一片狼藉。船长拼命地呼救：“帝国号遇险，我是帝国号，请求支援，我们的位置是……”国际救援总部内一片忙碌的身影，墙上喇叭里传来船长嘶哑的声音：“东经 102°，南纬 38°，请求支援！请求支援！”救援工作人员迅速围在一个大型地球仪前，通过一番熟练地描点画线后果断地说：“它们位于南半球 A 国附近的海域，立即命令 A 国救援分部立即行动！”

师：救援工作人员是凭借什么迅速地判断出“帝国号”位置的？

生齐声答：地球仪。

师：那么为什么在地球仪上能迅速判断出“帝国号”的位置呢？今天我们大家一起来探讨这一部分的知识。

板书：一、经线和纬线的特点

老师将事先准备好的小地球仪和学案发给学生（每两人一个地球仪，每人一份学案）

师：现在每两位同学手里都有一个地球仪了，请同学们打开课本第 5 页，看图，简化地球仪上的点和线。结合手中的地球仪，完成下列活动：

活动板书：

1. 在地球仪上找出地轴、两极、赤道、极圈、回归线、经线、纬线；

2. 讨论并完成手中学案表 6-1。

表 6-1　经线与纬线的特点

性质	经线(子午线)	纬线
圆弧状况	半圆,两条相对应的经线组成经线圈(后填)	圆,每一条纬线自成纬线圈(后填)
长度	每一条经线长度都相等(后填)	就半球而言,每一条纬线长度不等;就全球而言,纬线度数相同的纬线长度相等。(后填)
指示方向	南北方向(后填)	东西方向(后填)

学生在观察、完成任务的同时,老师巡视每一位同学,并及时给予帮助。

老师将事先准备好的"表 6-1"挂在黑板上

师:哪位同学起来将自己的结果呈现给大家?

(有 2/3 的同学举手)

老师请 6 位同学分别完成"表 6-1"中的 6 个空格。并对学生的回答加以点评,正确的加以肯定,错误的加以更正。

师补充:地轴只是一个假想的轴,和地球仪上的经线和纬线一样在地球上是不存在的,只是人们为了方便了解地球而设定的。

(知识拓展)师:请同学们观察手中的地球仪,思考下列问题:

1. 沿着地球上任何一条纬线一直向东,能否回到原地?一直向西呢?

2. 沿着地球上任何一条经线一直向南,能否回到原地?一直向北呢?

学生很认真地看地球仪,并不断地比画着,片刻后大家抢着回答:沿着地球仪上任何一条纬线一直向东或向西,都能回到原地;沿着经线一直向南,最远只能到南极,向北,最远只能到北极,而都不能回到原地。

师:大家观察得很仔细,回答得也很正确。

师:地球上的经线和纬线都有无数条,我们怎么来区分呢?

生:给它们命名。

师：对，我们给这些线都标上相应的经度和纬度，这样就能一一加以区分了。下面我们来介绍经度和纬度。

板书：二、经度和纬度

教师简单补充有关0°经线和0°纬线的知识后，拿出大地球仪。

师：现在请大家继续仔细观察老师手上的地球仪和老师缠绕在地球仪赤道一周的纸条，还有连接南北两极的纸条，请一位同学上来帮老师看一看，纸条上的刻度是否与地球仪上的刻度一致。（有一位学生很高兴地走上讲台帮忙）

师：纸条上的刻度是老师按着地球仪上的刻度标上的，现在老师将这张缠绕地球仪赤道一周的纸条和连接南北两极的纸条展开，并粘贴在黑板上，大家再仔细观察，思考纸条上的刻度有什么变化规律？结合手中的“学案”完成“表6-2”的内容。

学生在观察完成任务的同时，教师巡视每一位同学，并及时给予帮助。

教师将事先准备好的“表6-2”挂在黑板上。

师：哪位同学起来将自己的结果呈现给大家？

（有2/3的同学举手）

老师请5位同学分别完成表6-2中的5个问题。并对学生的回答加以点评，正确的加以肯定，错误的加以更正。

表6-2　经度和纬度的划分及度数变化规律

性质	经度	纬线
度数起点数	本初子午线（0°经线）（后填）	赤道（0°纬线）（后填）
度数划分	向东向西各分180度，本初子午线以东为东经，以西为西经（后填）	向南向北各分90度，赤道以北为北纬，赤道以南为南纬（后填）
代号	东经为“E”，西经为“W”（后填）	南纬为“S”，北纬为“N”（后填）

续表

性质	经度	纬线
半球划分	160°E 和 20°W(后填)	0°(后填)
度数的变化规律	东经向东度数越来越大，西经向西度数越来越大(后填)	北纬向北度数越来越大，南纬向南度数越来越大(后填)

二、自我反思

课后两名授课教师分别对自己的课进行了反思。乡镇中学陈老师认为:(1)本节内容是初中地理教学的基础，知识点较多，学生学习有难度;(2)重点是“经纬线的特点及指示方向”“经纬度的划分”。为了突破重点，教学过程中充分利用课本中的图片资料，通过引导学生读图理解本节所承载的知识。但课堂教学的实际效果与原先预设的差异较大，原本希望学生能积极参考，结果还是教师讲授为主;在对所学知识进行检测时，还是有许多学生对教师所讲授的知识不理解。

海中的李老师认为:“如何判断东经与西经、南纬与北纬”既是七年级地理上册教学中的难点，也是重点，教学过程中如果以教师讲授为主，课后尽管学生都认为掌握了知识点，但一旦测试，学生却常常不知道如何回答。为了破解这个难题，根据本人多年的教学经验及多次的总结反思，认为将课堂还给学生，让学生参与知识的构建，让学生通过亲自观察地球仪上经线及纬线的形状、特点，经度、纬度标示大小的变化规律，然后教师进行归纳总结，有利于学生对知识的理解和运用。为了实现课堂教学目标，本人准备了学生使用的小地球仪及教学示范用的大地球仪，经线、纬线粘贴纸条，由于课前资料准备充分，保证了学生参与知识构建所需的课程资源，因此课堂气氛较活跃。通过知识的检测，可以看出学生不仅掌握了本节课所学的知识，而且学会了对这些知识的运用，由此证明学生拥有了本节课知识的迁移能力。

三、研讨交流

符老师：海中李老师上课充满激情，课程资源准备充分，善于调动学生积极性；教学基本功扎实，图片、板书清楚，把握知识点细致、准确，课堂驾驭能力强。

官老师：海中李老师能讲练结合，注意问题梯度；根据课堂教学需要，及时调整教学进程，课堂教学组织调控有序；概念表达清晰准确；通过列表对比总结，便于学生掌握知识的区别与联系。

吴老师：陈老师的课堂教学之所以没有达到预期效果，主要是因为课前准备不够充分，既然想让学生参与知识的构建，就应该准备一些学生开展活动的材料如地球仪；此外过分依赖电脑，对学生个体的关照不够，但是陈老师充满激情的课堂情结还是值得我们学习的。

黄老师：陈老师的课堂尽管不是太活跃，但对一名乡镇教师来说，能这么熟练地使用多媒体手段开展课堂教学，还是值得我们学习的。海中李老师采用传统手段组织了这么一节精彩的课堂教学，让我们大开眼界，她对课堂的驾驭及对学生的关爱，使学生自始至终积极参与课堂教学活动，更难能可贵的是在知识检测时，有80%以上的学生都掌握了本节的知识点。

何老师：陈老师板书过于简单，只在黑板上写了一个大标题，许多重要内容，如经纬的形状特点、经纬度的划分等内容都是在电脑上展示，由于PPT的频繁切换，不利于学生对知识的理解。

其他15位老师也积极参与了讨论，大家认为：两节课教学手段各异、方法不同，尽管效果差异较大，但都能给大家一种提示，李老师的示范课使乡镇教师明白采用传统手段组织课堂教学时，课前的准备及对知识点的分析是非常重要的。陈老师的课，尽管不是很理想，但至少给大家一种警示：课堂教学的效果与教师所掌握的学科专业知识及学科背景知识是成正比的，要想成为一名县级骨干教师还得加倍努力。

四、专家引领

最后，海南师范大学地理指导教师唐少霞教授对活动过程进行了点评。

她认为农村教师在这节课中的教学行为具有如下特点：

①教师对教材所承载的知识点没有进行深入研究，对东、西经度划分的标准及指示方向没有其他辅助教学图片，不利于学生对抽象知识的理解，本节课是典型的“教教材”。

②教师绝对控制课堂教学行为，师生行为缺乏互动。这主要表现为：所有问答行为都由教师提问、学生反应性答问组成。问题是教师的，学生没有自主提出的问题，而且教师所提问的问题过于简单单一，不利于培养学生的综合思考能力，课堂讨论形式化。

③对东、西经度划分的标准及指示方向本该达到理解水平的，但教师将它降为填空式问答，下降为记忆水平。

④当学生无言时，教师没有及时反思学生无法回答的原因，只是简单地给出答案，不利于学生对知识点的理解和掌握。

省级优秀教师在这节课中的教学行为具有如下特点：

①教师对教材所承载的知识点进行了深入的研究，并体现了课标的要求“运用地球仪，说出经线与纬线、经度与纬度的划分”，课堂教学目标明确，在教学的过程中能充分利用地球仪这个传统的教具。

②教师在教学的过程中体现了学生主体地位的同时，充分发挥了教师的主导作用，利用自制的经线和纬线纸条，将球状的经纬网展开，有助于学生的空间想象，便于学生掌握经度和纬度变化规律。

③教师在课前做了充分的准备，从课堂的教学组织来看，教师对教材进行了认真的钻研，并准确把握知识的内在联系，讲解时思路清晰、通俗易懂、深入浅出、透彻明了，为了让学生听得懂，听得明白，适时地让学生参与知识的构建活动，避免了满堂灌。

④教师能认真做好课堂教学设计，特别是学生活动的设计，不仅给出思考题，而且留足时间给学生思考，为帮助学生思考，教师还提供相应的教具和学案。教学过程中讲练结合，很注重培养学生的动手能力，师生互动较好。

⑤教师的地理教学语言准确，富有激情，并抑扬顿挫；所提问的

内容难易程度适中，富有一定的探究性，对学生的回答能及时给予正确的评价。

从教学片断二所取得的良好教学效果看，有效的教学行为是：教师在教学过程中，为实现一定的教学目标，基于自己的教学思想、人格特征、教学技能与能力、教学实践知识与实践智慧，对具体教学情境与问题的诸多因素所采取的一系列教学操作方式的总和。

六、语文学科活动纪实

指导教师：海南师范大学文学院张所帅老师

兼职指导教师：海南师范大学附属中学蓝茂福老师

课题：《水调歌头·明月几时有》（人教版八年级下册）

一、对比课

第一节课上课教师：陵水思源实验学校周姝老师

师：在上课之前，我们先来听一首歌，会唱的跟着一起唱，好吗？（歌曲为王菲的《明月几时有》，用时约两分钟）

师：好，同学们觉得这首歌好听吗？

生：好听。

师：刚才在听歌的过程当中，老师听到很多同学跟着音乐在一起唱，大家知道这首歌的歌词出自哪里吗？

生：《水调歌头》。

师：好，看来很多同学都预习过课文了，这首歌的歌词就出自我国北宋著名词人苏轼的一首词《水调歌头·明月几时有》。接下来就让我们在这优美的音乐声中一起走进苏轼的《水调歌头》，请把课本翻到185页（教师板书课题）。

师："水调歌头"是这首词的词牌名，对此我们并不陌生，之前我们已经学过了。作者苏轼，大家就更熟悉了，还记得上个学期我们学过他的哪一篇短文吗？

生：（无语）

师：都忘了呀！上学期我们学过苏轼的《记承天寺夜游》，想起了没有啊？最后一句是什么？“何夜无月？何处无竹柏？但少闲人如吾两人者耳。”在短文中，作者表达了乐观的心态。那么这首词《水调歌头》的作者又是在什么时候、什么情况下写的呢？

生1：晚上写的。

师：还有呢，怀念谁？

生2：怀念弟弟。

师：对，刚才这位同学也说了，在中秋节。我们看到课文前面有一段小序：“丙辰中秋，欢饮达旦，大醉，作此篇。兼怀子由。”这里告诉我们时间是中秋，“丙辰中秋”，在八月中秋的时候，赏月。作者大醉，对月饮酒，他怎么样了？“兼怀子由”，怀念他的弟弟。子由就是苏轼的弟弟苏辙，加上他的父亲苏洵，人称“三苏”。大概了解了作者之后，我们先把这首词齐读一遍，在读的过程中，要求大家注意节奏和韵律。“明月几时有”，起——（生齐读）

师：整体来说，大家读得还不错，但有一个字的读音要注意一下，这个字应该怎么读呀？（师板书“绮”）

生：读“qǐ”。（师注音）

师：刚才大家整体读得还不错，下面有没有哪位同学自告奋勇愿意给大家再读一遍呢？大胆一点，给自己创造机会。

师：没人愿意啊，小雅，请你来给大家朗读一遍，大胆一点。

（生读，读完，给予掌声鼓励）

师：这位同学，你来说说刚才小雅同学读得怎么样？有没有字音方面的错误或者节奏把握得怎么样？

生3：不知天上宫阙的‘阙’应该念“què”，她读“quē”。

师：（师板书“阙”）这个字该怎么读？

生：读“què”。

师：还有读错的字吗？

生3：没有了。

师：节奏方面怎么样？

生3：节奏把握得还可以。

师：你能否给大家范读一下，读第一段就可以了。

生3：（朗读第一段）

师：好，请坐。再次给她掌声。刚才两位同学读得都很好，第一位同学除了个别字没有读准之外，其他方面都还不错，尤其是特别注意情感的把握，节奏感比较强；第二位同学声音比较响亮，吐字清晰，特别是注意了"阙"字的读音。我们来给这首词划分一下节奏，便于朗读，下面我把这首词给大家朗读一遍，请注意节奏和韵律。

（师配乐朗读全词，读完学生鼓掌）

师：下面请大家根据划分的节奏，再一起齐读这首词，读时请注意节奏。"明月几时有"，一二读——

（生齐读）

师：这一遍读得比第一遍好多了，在节奏方面把握得更到位了。通过朗读，我想大家对这首词已有了初步的了解，下面我们就一起交流分析一下这首词。大家有没有什么问题要问呢？

生4："我欲乘风归去"，在这里作者是不是想不开啊？

师：还有没有其他问题？没有的话，先让我们一起来学习这首词，然后来回答这位男同学的问题。

师：这首词的上阕写了什么内容？作者的思想感情有哪些变化？

生：明月，天上宫阙。

师：宫阙是什么意思？

生：宫殿。

师：哪里的宫殿？

生：天上的。

师：存在吗？

生：不存在。

师：宫阙是假的，不存在的，是作者看到的还是想象的？

生：想象的。

师："不知天上宫阙，今昔是何年。我欲乘风归去。"作者想归到哪里去？

生：天上去。

师：归到天上去，想上天上的宫殿。那么作者接着又写了什么？他能上去吗？

生：不能。

师：为什么不能上？

生：太高了。

师：哪一句有说明？

生：“又恐琼楼玉宇，高处不胜寒。”

师：太高，太远了，作者上不去，想去，可是却又上不去。那么这里作者想上天，是想死吗？

生：不是。

师：那是想做什么呢？请这位同学来回答刚才那位男同学的问题，苏轼想上天去是不是想不开？

生5：他想乘长风去看他的弟弟。

师：他的弟弟在天上吗？

生：没有。

师：此时此刻，作者和弟弟已经分别了7年，面对这么圆的月亮想起了什么？想起了他的弟弟。这位女生说作者想上天看他的弟弟。那么老师问一个问题，作者想上天，难道他的弟弟在天上吗？

生：没有。

师：我们继续往下看，作者说天上的宫阙太高了，太冷了，上不去，那他的心情是不是很矛盾？

生：是。

师：想去天上，但是天上太高太冷了，上不去，那他最后选择在哪里呢？

生：在人间。

师：哪一句词说明了他选择在人间？

生：何似在人间。

师：“何似在人间”，什么意思？

生：哪里比得上人间。

师：由此可以看出作者的心情是矛盾的，心情是有变化的，刚开始的时候，他想上天上去，那是对天的向往、赞美和追求。为什么呢？因为天上太美了，天上的月亮是圆的，而此时此刻他和他的弟弟不能团圆。天上的月是圆的，而人间的人却不能团圆，他想登上天去看他弟弟，想在天上能够和他的弟弟团圆。在这里面不是说他想死了，而是他向往天上那种美好的团圆的生活，不要像人间这样，和弟弟分别，见不了面。

（师呈现课件：上阕写景——明月，酒，青天，宫阙，风，清影，赞美与向往天上的宫阙）

师：下面我们来看词的下阕，作者的思想感情又有哪些变化？词的下阕主要是讲什么的呢？在词的上阕，作者主要是望月，通过望月来写看到的景物，抒发了自己对天上的向往，那么下阕主要是写什么呢？

生6：此事古难全，但愿人长久，千里共婵娟。

师：请你说说对这句话的理解，好吗？

生6：虽然相隔千里，作者也希望天下的人团圆，共享美好的月亮。

师：作者的这句话体现了一种怎样的心情？

生6：想和家人团圆，想和弟弟团圆。

师：这位同学主要抓住了最后一句话，“但愿人长久，千里共婵娟”是作者抒发对弟弟的思念，同时也希望天下所有的人都能够团圆，不要像他和他弟弟一样分别。好，其他同学还有没有别的看法？这位女同学请你谈谈自己的看法。

生7：从“人有悲欢离合，月有阴晴圆缺”可以看出作者悟出了人生的道理，人生当中不如意的事情有很多，也很正常。

师：那么作者有没有对生活失去信心呢？

生：没有。

师：刚才这位女同学说了，人世间很多事情不是十全十美的，总有不尽如人意的地方，这是作者对人生的感悟。作者由此希望天下所有的人都能团团圆圆，以乐观的心态去面对人生中所遇到的磨难和困难。作者此时是在密州担任太守，在政治上是失意的，心情并不开心，但是作者一直都是这么不开心的吗？

生：没有。

师：从词的开头“转朱阁，低绮户，照无眠”，月光透过楼阁的窗户照进来，作者怎么样？

生：不能入睡。

师：不能入睡，自然而然地起来走一走，想一想，看一看。作者为什么睡不着？

生8：太想他的弟弟了。

师：此时此刻，作者的心情是怎么样的？

生8：很消沉，很忧郁。

师：忧伤之后，作者又发出什么样的感慨？

生8：作者看着月亮，想到人间难免有分分离离，然后就想开了。

师：“照无眠”，作者的心情是忧伤的，因为他怀念他的弟弟，然后接着下一句“不应有恨，何事长向别时圆”，谁不应该有怨恨？

生：月亮。

师：作者饮酒对月，问月亮是不是有怨恨啊，作者为什么要这么说月亮？月亮会有怨恨吗？

生：不会。

师：那他为什么要这么说呢？

生9：因为自己伤心的时候，月亮却很圆。

师：很好。月亮啊月亮，你为什么对人间要有抱怨呢？你为什么偏在我和弟弟分离的时候就圆了呢？作者此时此刻心情有没有好转一些？

生：没有。

师：作者的心情依然是忧伤的、惆怅的，但是作者的心情一直都是这样的吗？

生：不是。

师：接下来写道“人有悲欢离合，月有阴晴圆”，刚才这位女生解释得相当好，人生没有十全十美的事情，有悲也会有喜，有合也会有离。正如月亮一样，它有圆的时候，也有缺的时候，我们都知道，月亮并不是始终都是圆的，作者从月亮想到了人生的哲理，也就是他的感悟。最后一句，他的心态达到了最高的境界——“千里共婵娟”，此时此刻他已经不仅仅希望他能够和弟弟团圆，也希望天下所有的人都能团圆。此时作者的心态变得乐观，他不仅仅希望能和弟弟团圆，而且希望天下所有的人都能团圆，体现了他豁达的心态。从这里可以看出作者的心情最终变得豁达了，虽然和弟弟分离，但是最终作者想开了。我们学过很多苏轼的文章，比方《记承天寺夜游》，作者尽管被贬官了，但能自我排遣，我们可以将两篇文章联系起来，能够感受到苏轼是个比较豁达、乐观、积极的一个人。通过这首词，我们对他的认识更进了一步。（教师呈现课件：忧伤—惆怅—哲理思考—美好祝愿，作者豁达的胸襟）

师：由此我们可以得出，作者这首词主要是想抒发什么感情呢？

生：对弟弟的思念，对天下所有人的美好祝愿。

师：对，这就是这首词抒发的最主要的感情。我们来看一下这首词的写作手法，上阕主要是写景，下阕主要是抒情，这样一种写作手法我们称为借景抒情、情景交融。作者通过景色来抒发感情，在抒情当中又隐含着景物的描写。不管是写诗还是写词，一般的写作手法都是先写景，然后从景当中抒发感情，在抒发感情的时候又有景物的描写。

师：从这首词中你学到了什么呢？

生10：在生活当中不管遇到什么困难，都应该以积极乐观的心态去应对。

师：那你在生活当中遇到了什么困难？

生10：很多，比如考试的成绩有时比较糟糕。

师：怎么去面对的呢？

生：不断调整自己的心态，告诉自己还有下一次机会。

师：说得很好，我们都应该像苏轼那样，以积极乐观的心态面对万事万物。在生活中会有很多很多的困难，希望大家能跨过人生中那一道道栏杆，越过那一道道障碍，奔向人生胜利的终点。最后老师对大家寄予一点期望：像明月那样纯洁，以积极的心态去面对我们的人生，不断跨越人生中遇到的那一道道栏杆。

师：下面是一些有关“月”的诗句，张九龄的“海上生明月，天涯共此时”，李白的“今人不见古时月，今月曾照古时人”，王昌龄的“秦时明月汉时关，万里长征人未还”，还有王维的、曹植的，大家可以抄一下，记一记，也可以课下再去找一些。

师：在了解了这首词之后，我们再次以作者祝愿天下所有人的美好心情，把这首词齐读一遍，注意把握作者的思想感情。“明月几时有”起——

（生齐读）

师：大家能背了吗？我们一起来试背一下。“明月几时有”起——

（生试背）

师：背得不错，希望大家从这篇文章中能学到一些对人生有用的东西，还不会背的同学，回去之后争取把它背下来。好，我们这节课就上到这里。下课。

第二节课上课教师：海南师范大学附属中学蓝茂福老师

师：在自然界中，月亮是最有浪漫色彩的，最能引起我们的艺术想象。一弯新月让我们想到新生的事物，一轮满月让我们想到美满的生活，皎洁的月光让我们想到纯洁的真情。同学们，月亮是富有诗意的，今天我们有幸一起走进苏轼的《水调歌头·明月几时有》，一起来感受一下月亮给作者带来怎样的启迪和怎样的触动。

师：我们先看一下作者，书中有没有介绍啊？

生：有。

师：把介绍作者的有关文字画下来，读给我听听。

生：（齐读）苏轼，字子瞻，自号东坡居士，四川眉山人。宋代文学家。

师：好，请看屏幕，老师给大家再做一点补充：苏轼不光文学好，书法、绘画也不错，他是一个多才多艺的作家，与父苏洵、弟苏辙合称三苏。苏辙就是文中的谁?

生:(无言)

师:请大家看一下课文,词前面的小序,苏辙是谁啊?

生:子由。

师:看一下脚注是怎么解释的?

生:子由,苏轼的弟弟苏辙的字。

师:非常好!“三苏”同属“唐宋八大家”,这是一个书香家族。大家知道苏轼来过海南吗?

生:知道。

师:在哪里?

生:在儋州。

师:对,在儋州,现在有东坡书院。知道他为什么来海南吗?

生:他是被贬官来的。

师:嗯,他是被贬官才来海南的,苏轼的一生是在贬官的曲折中度过的。下面我们来读读这段材料,会有助于对课文的理解。

生:(齐读)苏轼原来在朝廷做官,由于党派相争,受到排挤,被贬为地方官。他曾多次要求调到离弟弟苏辙较近的地方为官,以求兄弟多聚会。但这一愿望始终无法实现。时值中秋佳节,作者面对一轮圆月,心潮起伏,于是乘酒兴正酣,挥笔写下了这首名篇。

师:刚才大家读的声音很响亮,但是苏轼的弟弟名字还是没有读准,再读一遍。

生:苏辙。

师:请在课本给苏辙的“辙”字注上音。好,请看屏幕上这首词,有几个蓝色的字和词,接下来我们要把蓝色字词的读音、词义弄清楚,然后朗诵这首词,读到能够背诵为止,至少能够背一段。下面请大家边读边看脚注,注意蓝色字的读音、词义。(学生自读,教师巡视指导,约 7 分钟)

师:好,时间差不多了。下面我们齐声朗读一遍课文,用你的理解来朗读。“丙辰中秋”,起——

(生齐读课文)

师：大家读的声音很响亮，也很整齐。有一点点小问题，第二段“转朱阁，低什么户”啊？

生：绮(qǐ)户。

师：第几声？

生：第三声。

师：好，下面我们看看这几个蓝色的字词掌握了没有。“宫阙”是什么意思？

生：宫殿。

师：什么是“绮户”呢？

生：有雕花的窗户。

师：“长向”什么意思？

生：偏偏在，总是在。

师：“但愿”呢？

生：希望。

师：现在能不能背？

生：不能。

师：大家自由再读一下。

(学生自读，约两分钟)

师：好，下面大家不看书，一起来背一下第一段。

(生齐背第一段)

师：非常好，第二段能不能背？

生：能！

师：下面背一下第二段。“转朱阁，低绮户”起——

(生齐背第二段)

师：还真是背下来了，所以要相信自己。刚才我们自己朗读了几遍，并且还一起背诵了一遍，是否已经把握词人的感情了呢？我想恐怕还不能，下面我们一起看一下这首词的朗诵。大家知道诗词的朗诵应该注意什么吗？

生：(七嘴八舌)停顿，感情，声调……

师：看来大家对诗词的朗诵有一点儿感觉，诗词的朗诵要注意语调抑扬，读音准确，要理解内容，还有停顿和感情。老师概括了一下，大家一起看屏幕读一下。

生：(齐读)语音有轻重，语速讲缓急，语调分高低，感情重抑扬。

师：下面我给大家朗读一篇，请仔细听有没有刚才所说的效果。

(师配乐朗读)

师：好，下面大家配乐朗读一遍，“明月几时有”起——

(生齐读)

师：大家看屏幕上红色的字读音有什么特点？(天，年，寒，间，眠，圆，娟)

生：相近。

师：读音相近，韵母相同，叫押韵。古诗词是讲究押韵的，这样读起来有节奏感，朗朗上口。下面我们来理解一下这首词，作者是在什么情况下写这首词的？

生：贬官时期。

师：被贬之后，心情怎么样？

生：沉重。

师：写这首词的时候是在中秋晚上，并且喝了酒。词人问：明月几时有？不知天上宫阙，今夕是何年？苏轼为什么问这些呢？这两句写出了作者对上天的一种渴望，在我们想象中，天上神仙的日子很快活，作者在现实当中不快活，所以作者向往自由、快活的美好生活。“我欲乘风归去，又恐琼楼玉宇”，想去又不敢去，内心很愁苦。“起舞弄清影，何似在人间”，刚才还向往天上的生活，为什么现在不想去了？天上的美好生活存在吗？

生：不存在。

师：能去吗？

生：不能去。

师：苏轼以前在哪里做官？在朝廷做官，受到排挤以后在地方为官，所以这里“天宫”还有一层现实意义，象征朝廷。作者向往天宫就是向往朝廷。能回去吗？

生：不能。

师：朋党相争，又容不下他，只能在地方为官。“起舞弄清影，何似在人间”，既然回不到朝廷，就为官一方，造福于民，也能为国出力，也能为民造福，此时作者想开了，所以翩翩起舞，不再抱那种不可能实现的奢望，心情慢慢淡定下来，回到常态。

师：“转朱阁，低绮户，照无眠”，是什么在转？

生：月亮。

师：既然想通了为什么还睡不着呢？他还有牵挂，政治上想通了，回不到朝廷没关系，但是还牵挂自己的亲人啊，文中说“兼怀子由”。所以这首词既有政治的抒怀，还有怀念亲人的情感。所以想到弟弟不能跟自己在一起，心情又忧愁了，他的思绪是不断地变化的。“不应有恨，何事长向别时圆”，又在责怪谁啊？

生：月亮。

师：月亮你什么跟我过不去啊？我现在是亲人分别的时候，你为何却这么圆呢？这是什么情绪？

生：是作者在发牢骚。

师：对，是发牢骚，是怨恨。苏轼毕竟是苏轼啊，他会一直发牢骚吗？

生：不会。

师：“人有悲欢离合……此事古难全”，什么叫“古难全”？自古以来就没有完美的、周全的事情，此时想通了没有？

生：想通了。

师：亲人分别正常吗？

生：正常。

师：不要把生活想得太完美，生活中本来就有悲欢离合，有愁苦的。真正豁达的人应该想到人生不可能事事如意，不可能处处顺心，有坎坷是正常的，苦难没有错，关键是你如何去面对人生的苦难。最后这句话什么意思？作者表达了什么情感呢？他现在想通了，人生本固如此，心胸变得很豁达。“但愿人长久”这里的“人”是什么人？

生：亲人。

师：再扩大一点儿。

生：人们。

师：什么人们？所有跟他一样离别亲人的人。希望他们怎么样？借助月光维系我们的亲情，即使我们不能在一起，还有月亮为我们传情。此时作者的心情又好很多了。所以这首词中作者的情感是很复杂的，也是很矛盾的，内涵十分丰富。在朗诵时，同学们要注意词人情感的变化，我们再一起读一遍。

（生齐读）

师：比起刚才的朗读这一遍有了一些变化，但还不是很明显，同学们还需要把词人内心的感情变化表达出来。

师：下面我们看一下小序，"丙辰中秋，欢饮达旦"，"欢饮"啥意思？

生："欢"是高兴。

师：刚才分析完整首词，作者高兴吗？

生：不高兴。

师："欢饮"怎么理解？喝闷酒，故作欢颜，强打精神，借酒消愁。好了，整首词我们讲完了，请读一下老师给大家作的小结。

生：（齐读）这首词反映了作者复杂而又矛盾的思想感情，一方面，作者怀有远大的政治抱负，对现实、对理想充满信心；另一方面，由于政治失意，理想不能实现，才能不得施展，加之离愁别绪，更让作者情绪低落。因而对现实产生一种强烈的不满，滋长了消极避世的思想感情。不过，贯穿始终的却是词中所表现出的那种热爱生活与积极向上的乐观精神。

师：下面我们来做一下学习检测。

1. 根据拼音写汉字或给加黑的字注音。

苏轼遥问天上宫**阙**（　　　　），何事长向别时圆？在月光低照**绮**（　　　）户之间无眠，chán juān（　　　　　）有意，必定起舞弄人间清影。

2. 解释加黑的词。

把酒问青天（　　　　），高处**不胜**寒（　　　　　　　　）起舞

弄清影（　　　　）何事长向别时圆（　　　　　）。

3. 苏轼，字__________，号__________，与《水调歌头》一词的小序中提到的“子由”（即弟弟__________）及父亲__________同为“__________________”，水调歌头是这首词的______________。

4. 下列诗句朗读节奏划分不正确的一项是（　　　）

A. 不知/天上/宫阙，今夕/是/何年？

B. 我欲/乘风/归去，又恐/琼楼玉宇。

C. 不应有/恨，何事/长向别/时圆？

D. 但愿/人长久，千里/共婵娟。

5. 下列对《水调歌头》理解有误的一项是（　　）

A. 词的上阕写出了作者寂寞的心情及对美好生活的向往与追求。

B. 词的上阕刻画了一个空灵澄澈的境界。

C. 词的下阕点明题旨的句子是“人有悲欢离合，月有阴晴圆缺，此事古难全”。

D. 词的下阕表达了作者旷达豪迈的情怀。

6. 在月圆之夜，如果要给远方的朋友发条祝福短信，你可以借用《水调歌头》里的__________，__________。

（师生共同完成）

师：下面把一首小诗送给同学们，以期我们共勉：

人生不可能事事顺心，
当你感到幸福时，
要心存感激，
要倍加珍惜。
生活不可能处处如意，
当你遭到挫折时，
要积极乐观，
要不懈努力。

（生齐读）

师：课后作业题

1. 有感情地诵读课文。

2. 搜集写月的诗句。

感谢同学们的合作,今天的课就上到这里,下课。

二、自我反思

周姝老师:今年我教初三,一直在上复习课,好久没上阅读课,特别是公开课了,感觉有些陌生。这堂课主要是想让学生通过朗读来体会作者的感情,从中把握作者的感情变化。在词的上阕,作者的思想感情有明显的变化;下阕作者的思想感情也是有明显变化的。设计这堂课的主要意图就是让学生把握作者感情的变化,最终理解作者想要表达的思想感情。

上完这节课后,我发现了很多问题:我总担心时间不够用,怕讲不完,有些内容没有展开。比方我之前的设计内容里面也有作者简介、朗诵的要求,但怕时间不够,只好把重点放在把握作者的思想感情变化上。这样一来导致讲解不透彻,学生对有些问题不够理解,而我仅仅是一带而过,学习的效果不够理想。在朗读方面,我也是担心时间不够,刚开始的时候让学生读一两遍,然后我又范读了一遍,课堂最后的时间让学生再读两遍,只用这么短暂的时间让学生来掌握课文,效果也不够理想。在讲解词句"起舞弄清影,何似在人间"的时候,不透彻,学生当时的理解是很浅的,我没有很好地引导。

听了蓝老师的课,我很受启发。蓝老师的课虽然容量多,但整堂课有条不紊、不慌不忙,而我上课的时候有点急,总担心时间不够,所以讲课的时候速度快了一些,显得不够成熟,这可能是年轻教师的通病。通过上这堂课,我学到了很多东西,发现自己很多的不足,尤其是在听了蓝老师的课后,发现有经验的老师上课,课堂中表现出的那种沉稳的状态确实老练。以后在内容的取舍上也要把握好,详略得当,该讲的讲,不该讲的不讲,要相信学生。希望大家能对我的课提出宝贵的意见,也希望自己的课以后能上得更好,谢谢!

蓝茂福老师:我今天上的这节课有些拖堂了,当时的想法是想给老师们呈现一堂完整的示范课,所以超过了常规课的教学时间,在学生自学环节里,我想可以再缩短一下时间,缩短到5分钟,整个时间的安排或许会更合理一些，这是这节课的一个败笔。现在备课重点关注的是目标的问题，一个是目标意识，一个是达标意识，达标意识必须具体落实在课堂上，所以这节课的目标我是这样设定的：第一是学习朗诵，并且背诵，这些是需要花时间的，如果没有足够的时间，不可能达到；第二是理解词人复杂而矛盾的思想感情，这是本课的一个重难点。怎样让学生理解词人复杂而又矛盾的思想感情，是需要花心思的，所以我在前面花了大量时间给学生自学，这期间进行点拨和指导，要让学生学得真实一些，扎实一些，这样才能学出效率。

课改之前，我们学得也很扎实，但是比较死板；课改之初我们很灵活，但比较辛苦；现在回归语文的本真，既要教得活，也要教得实，这是我们追求的目标。课堂学习不能太沉闷、太压抑，如果这样学生容易厌学；但如过分追求课堂气氛，则像是表演，也没有效果。所以我在课堂上通过一个练习来检测学生的学习效果，从课堂的反馈来看，大概有80％的学生学得还不错。我们的课堂教学离不开考试，虽然为考试而教学是很不应该的事情，但是我们不能不面对这个现实，所以在教学时还是要落实每个教学点。

另外，课堂上我发现前来上课的学生中，很多人只是带一本书来，没有笔，没有笔记本，这样上课是不行的，学生学习习惯的培养还是需要教师落实到位的。接下来互动交流时，希望大家畅所欲言，通过互相学习，互相交流，达到互相促进，谢谢大家。

三、研讨交流

张所帅老师：两位老师给我们呈现了两节课，同一篇课文，不同的班级，不同的老师来上。在教学内容上，两者有交集，也有分离的地方，那么“交集”是不是就是大家英雄所见略同呢？“分离”的地方又到底是谁对谁错，或者说谁离文本的教学价值更近一些呢？应该怎么处理？这是我们首先要探讨的问题。刚才蓝老师说了“目标意识”、“达标意识”，目标定位要准确，目标定位不准确，后面再怎么折腾也基本上等于零。第二个问题是两位老师给我们呈现了不同的教学风格、样式，那么，其中哪些做法是不错的，值得你借鉴的，或者值得我们去思考的；哪些个环节处理得还不够得体、不够完善，应该怎么处理才能更好一些？我们通过这样的交流互动，彼此增进对这篇课文和课堂教学的认识以及把握。下面的时间就把交流的话语权交给在座的每一位老师，希望大家畅所欲言。

师1：下面就我自己的理解，谈谈对这篇课文的看法。我觉得上古诗、古文，教学目标当中，朗读和背诵是不能少的，所以《水调歌头》这篇文章，朗读、背诵肯定是它的教学目标之一。本文我觉得它的重难点，第一在背诵上，第二在词的理解和词人复杂的情感变化上。刚才蓝老说对词人苏轼复杂的情感理解是教学的难点，对此我有不同意见，我觉得这应该是重点，不能算是难点。为什么这么说呢？通过对《水调歌头》的讲解之后，学生显而易见知道作者的情感是不一致的，这种复杂的情感是可以理解的，不需要老师过多地讲解。反而我觉得文中的难点有两个，其一就是文中的一个词，"欢饮达旦"的"欢"字作何解？对词理解之后，我们体会到作者的情感是如此的多变，他怎么会是欢快的呢？在这里词人是强颜欢笑，借酒消愁，这一点学生可能会弄不懂。还有一个是文中的"归去"，根据以往古文的学习经验，学生理解"归去"就是诸如回家之类的意思，在这两节课里，特别是第一节课，学生就此提出了问题——为什么要归去？要去哪里啊？有同学说是去天上，为什么去天上呢？他有自己的依据，就是词人要去看子由。我听了以后就想：学生为什么会认为词人是飞到天上去看子由呢？我认为这种疑问的产生可能是因为文章前面的序中有"兼怀子由"的语句而造成的。可能学生以为这时候的子由已经不在人世了，认为作者写这首词是想自己到天上去看子由。当时周妹老师在讲这里的时候，可能没有去考虑学生为什么会提这个问题。我个人认为，可能60%以上的学生理解这个"归去"是到天上去，他们可能认为作者与子由不是距离的离别，而是生离死别，所以他们才有这样的一种疑问。"归去"在这里更多是一种精神寄托，一种精神家园，这是我的理解。听了这两节课后，我感触很深，特别是听了蓝老师的课后，我觉得这是大师风范，因为《水调歌头》这首词，是很委婉的，听蓝老师的课，给人的感觉是心情很平静。讲完之后，能消除学生这种浮躁、焦虑，我觉得这就是这堂课的最高境界了，以上是我的个人的理解，不当之处，请各位指点。

蓝茂福：我一直都坚信，理解词人复杂而矛盾的思想感情是个难点，也是重点。相对于这首词来说，背诵其实是很简单的，朗诵的难度相对更高。真正的难点是在引导学生理解词人复杂、微妙、矛盾的思想感情。他不是简单的愁苦、苦闷，词人的情感是不断反复变化的，在反复中，既有很消沉的情绪，又流露出他那种比较乐观、激昂的豁达情怀。词人最值得称颂的就是面对苦难能够乐观。如果教师不认真地去准备和引导，学生很难理解其中微妙的变化，几乎每一句词都是一种情感，既有政治失意，又有亲人离别，很愁苦又不失乐观，不是简单的，肤浅的。如果教师引导得好，学生理解得就深透一些，对词人内心世界的把握会更深入、全面一些。

张所帅：这位老师从文本本身来谈自己的认识和理解，很难得，很珍贵。语文的教学也好，教学的评课也好，不能脱离文本谈问题，必须立足文本，立足语文。刚才两位老师都说到了古诗词的学习第一要朗读、背诵，我相信大家对这种认识应该是赞同的。这位老师认为本文的教学重难点是背诵和理解词人感情的变化，我觉得背诵不是大问题，为什么这么说呢？因为有流行歌曲的存在，王菲的《明月几时有》已经流行很多年了，学生耳熟能详，这个目标可以不用费很大力气。反倒是理解课文的思想感情则是本课的教学重点和难点。这里涉及一个问题：重点和难点怎么来区分？重点是相对于谁来说的？难点是对谁来说的？对不同的人来讲，难点是不同的。重点是相对于课文的内容来说的，难点是针对于学生而言的，是重点不一定是难点，但难点肯定是重点。

两个字词，一个是“欢饮达旦”中的“欢”，一个是“我欲乘风归去”中的“归去”，我觉得这个“欢”字不能解释为“强颜欢笑”，而是一个人喝酒，没有人劝我，也没人拦我，自斟自酌，喝得很尽兴，喝醉了，所以才有后面的诗兴大发。那么“归去”呢？陶渊明有一首词叫《归去来兮辞》，这个“归”是从哪里来，到哪里去。从哪里来呢？从朝廷里面来，此时此刻作者被贬官了，贬到地方，所以想要归去，归到朝廷去。

刚才老师说这首词很婉约，婉约体现在哪里呢？一个人对着明月来抒怀，他已经把内心敞开了，敞开到宇宙里来了，你觉得婉约吗？

蓝茂福：老师们上课有没有关注过“欢饮”这个词，我不同意张老师的理解和解释，你是怎么理解的？我想听听大家的见解。

师2：我比较赞同张老师的看法，对“欢饮”中的“欢”，我认为可以理解为“痛饮，痛快地喝”，我不高兴了也可以喝，该喝的时候就喝，喝醉了再说，喝得痛快再说。

师1：我觉得这里的“欢”不能停留在字面的意思，应该从整首词的意思来理解，苏轼在喝酒的时候，他的内心是比较苦闷的，这里的“欢”我理解为是“皮笑肉不笑的样子”，表面上是欢乐的，内心是痛苦的。

张所帅：你说如果酒喝得不爽快，不尽兴，不痛快能大醉吗？

师3：我同意蓝老师课堂里的解释，我们不能断章取义，我觉得这里的“欢”只是行为上的痛快，内心里还是不痛快的。

张所帅：看来大家对这个字的理解还是有歧义的，这样，我们回去以后查找相关的资料，下一次再交流。

师4：蓝老师你为什么在课堂上要引导学生探究“欢饮达旦”中“欢”字的意思呢？

蓝茂福：对“欢”这个字的深入探究，是出于我对学生理解能力的考虑，我觉得他可能读不懂“欢饮”是什么意思，因此在学习完全文之后，再回过头来看看这个词他是不是已经理解了。“欢饮”不代表苏轼在开心地喝酒，学生容易望文生义。作者看到月亮触景生情，想到他的经历，想到他的亲人，他的心情就像打破五味瓶的感觉，所以“欢饮”需要当做难点来处理。

陈泽瑞（陵水县教育局教研员）：对“欢饮”的理解，我想到了一个词“放开”，不管是怎么样，苦也罢，愁也罢，今天这个日子我没办法，我就一切都放开，放纵一下，不管怎么样，今天就是喝，至于是高兴还是痛苦呢，不能一概而论，词里所表达的感情是复杂的，只要体会这层意思就可以了。我觉得在这方面可以放开一些，教师不必非得明确词人到底是高兴还是痛苦，让学生自己去理解，每个人都有自己不同的理解，让学生说说自己理解的理由，从而引起大家的讨论。

张所帅：新课程理念提出要尊重学生的阅读体验，鼓励学生个性化解读，我觉得一方面教师要尊重学生的阅读理解，另一方面教师可以引导学生走向更深入的解读，但不管怎样不能以教师的理解代替学生的理解。只要不是原则性的问题，不影响对文章总体把握，我们应该尊重这种意见的多元性。

师5：蓝老师对课文的讲解非常到位，上课的过程中，尽管没有让学生提问题，但我觉得讲解的内容都是学生比较难理解的，能说说你是怎样做到这一点的吗？

蓝茂福：之所以能达到这种效果，首先得益于课堂开始时学生的自学，在这一过程中，教师要了解学生的学习进程、学习情况，要保证他是真的在学。在学生自学的过程中，教师通过巡视指导，了解到哪些内容他们已经会了，哪些内容还不会，这样才可以有针对性地展开教学。

张所帅：我有个问题想问刚才两位上课的老师，也想问大家：两位老师上这节课，基本上都是从第一句串讲到最后一句，从上阕到下阕，从第一句到最后一句，大家觉得诗词是不是非得这样讲不可？

蓝茂福：根据我的教学经验，这首词如果不做词义的理解学生是读不懂的。

张所帅：这一点我同意，但我不赞成上课的方式。如果我来上这节课，你看这样上行不行：前面基本的准备工作比如朗读等都已经完成了，甚至学生基本上可以熟读成诵了，接着我问，同学们你觉得这首词表达了作者怎样的思想感情？请你说说你是从哪个地方看出来的？假如我是一名听课的学生，我说：老师，我觉得词人表达了一种美好的愿望。老师问：请你说说是从哪里看出来的呢？学生说："我觉得'但愿人长久，千里共婵娟'就是在表达对美好事物的祝愿。”可能别的同学有不同的意见，或者从另外的语句里读出别的意思，这样学生你一句我一句，你一点儿我一点儿，整首词的思想感情就在大家的交流过程中显现出来了，不必从头到尾一句一句来拽着学生学。刚才我们在谈重点和难点的时候，我说有的问题学生已经明白了，为什么还非得牵着学生在上面打转呢，反而学生不明白的，我们还来不及甚至没有足够的时间给解决，一堂课的时间只有40分钟，要把它用在刀刃上。

蓝茂福：张老师刚才所说的上课方式之前我也想过，但是出来上课这样做会有一定的风险，因为对学生的了解不充分。这种做法在我自己的班级是可以的，到别的学校对别的学生来上课就不敢放得太开，课堂不容易驾驭，特别是在基层上课，学生不一定参与进来，参与不进来，就很被动。我今天呈现的是一个比较传统的上法，不过张老师所说的上课方式值得大家一试。

张所帅：在听课的过程中，我发现个别学生的提问和回答是非常有价值的，我们要相信学生，整首词的思想感情无法把握，但或许他可以把握一句话，可以把握一段话，应该放手让学生去交流。

比方两位老师在教学过程中，每一部分结束后都会在屏幕上呈现一段总结归纳的文字，并让学生齐读一下，但大家想想这些东西是学生自己的吗？当然即使不是自己的，老师给学生归纳的，他读了，也懂了，理解了，也无妨，就怕情况不是这样。但是如果提出问题，学生进行交流学习，学生回答的状况直接反映了他的学习状况，老师就可以有针对性地给学生讲解，这样的讲解是基于学生的不懂，已懂的不必再花时间讲，这就是因材施教。

师6：张老师你刚才说的课堂设计很好，但这可能适用于海口地区的学生，不适合我们下面市县的学生。你刚才说老师讲的不一定是学生需要的，但试想一下如果老师不讲这些，问一下学生，几个学生能知道“苏轼是唐宋八大家之一”，有多少个学生能知道“三苏是谁”呢。

张所帅：我打断你一下，我刚才说的是就把握词的思想感情而言的，我没有否认有关作者知识、背景知识需要老师提供讲解。

师6：那你认为前面的作者简介要不要讲呢？

张所帅：你觉得要不要讲呢？

师6：我觉得有必要讲。

张所帅：我完全同意你的看法，在这方面，蓝老师做得比周老师要好。

师6：我是站在学生的角度上来听的，我觉得周老师的课是"让我这样学"，蓝老师的课是"教我这样学"，周老师的课让我产生疑惑、不明白的地方，我在蓝老师的课中全明白了。

张所帅：刚才老师提出了一个问题，本首词的背景以及词人的有关知识要不要介绍？我觉得还是应该介绍。那么再问大家是不是每篇课文都要介绍呢？什么样的课文需要？什么样的课文不需要呢？

蓝茂福：老师不讲学生就不能理解的就需要讲。苏轼这篇文章，如果老师不讲写作背景，学生就会读不懂；如果是讲《敬畏自然》这篇课文，就不需要讲写作背景，也不必过多关注作者。

张所帅：概括一下，我觉得古诗词的学习肯定要讲写作背景，要知人论世嘛！第一节课，周老师没有充分注意这一点，只是在后面点了一下作者被贬到了密州，课堂为什么会这么闷呢，我觉得跟学生不了解背景有很大关系。不理解背景，相隔几千年，谁能真正明白词人是在说啥呢？为什么要讲苏轼呢？从最简单的方面来说这是文学常识，也可以说是文学素养。读诗也好，读词也罢，不能简单地就诗说诗，就词说词，我觉得学习古诗词应该是读懂诗人(词人)，读懂作品，了解作者可以让我们更好地理解诗词；通过学习诗词也可以让我们具体地认识作者。一般情况下，说明文就不需要讲背景了。

师7：刚才蓝老师的课超时了，蓝老师说是想把一节完整的课呈现给大家，时间放在次要的位置了，但是我觉得课堂上老师都有很多想法，我更想学习的是在有限的时间里给大家呈现一个完整的课例，我觉得蓝老师的课驾驭得很好，能压得住场。周老师呢还比较年轻，课堂上存在很多的不足，但是我觉得她很谦虚，只要努力，会进步很快的，我们应该给她一些掌声。(全体鼓掌)

师8：蓝老师我想问一下，你为什么不把分析诗词放在前面，而把朗读放在前面呢？我觉得学生理解诗词以后再朗读可以更好地把握词的基调。你认为呢？

蓝茂福：我为什么让学生先读后讲呢，就是想他能读懂的地方我不讲，读不懂的地方我再讲。词读千遍，其义自见，学生在读的过程中，可以解决一些问题，并且我想趁此摸一下学生的底，通过朗读、自学能掌握多少内容，还有什么问题，从而有侧重地教学。当然像你所说先解释后诵读，也未尝不可，但是我还是想体现学生学习的主动性，让他们先去努力，完不成的地方，老师再帮他一把。

陈泽瑞（陵水县教育局教研员）：蓝老师这节课，从目标、设计等其他方面都是很完整的。这样的一节课，因为学生配合不上来，所以在时间上拖延了几分钟。如果用海口的学生来上，就不会在朗读上花那么多时间了。所以上课最好还是要落实到具体的学情上，了解学生之后再备课，就能够更好地达到教学目标。

我们的课该怎样上，由所教的学生来定，两位老师的课只是给我们提供一个借鉴，不能盲目地照搬照套。

四、专家引领

张所帅：最后我来总结一下大家讨论的结果，这首词的教学目标是不是可以概括为这么三条：第一，认读并掌握词中“欢饮、宫阙、归去、绮户、长向、但愿”等字词的音义；第二，理解作者的思想感情的变化（苦闷－矛盾－超脱－思念－豁达－祝愿）；第三，熟读成诵。

语文课程标准在“课程性质与地位”部分明确地指出：“语文是最重要的交际工具，是人类文化的重要组成部分。工具性与人文性的统一，是语文课程的基本特点。”这里说语文课程是人类文化的重要组成部分，那么文化体现在什么地方呢？首先表现在古诗文，这是我们的传统文化。要把这些文化继承好，就要熟读成诵，了解它，记住它。作为一名中国学生，应该知道我们的民族文化，对待这样的文章，读懂它，学会它，本身就是学习的目的。

刚才两位老师的课各有千秋，都有值得我们学习的地方。两位老师也都在上课的过程中有一定的板书，但我觉得还不够，下面我给大家看一下我对本课板书的设计：

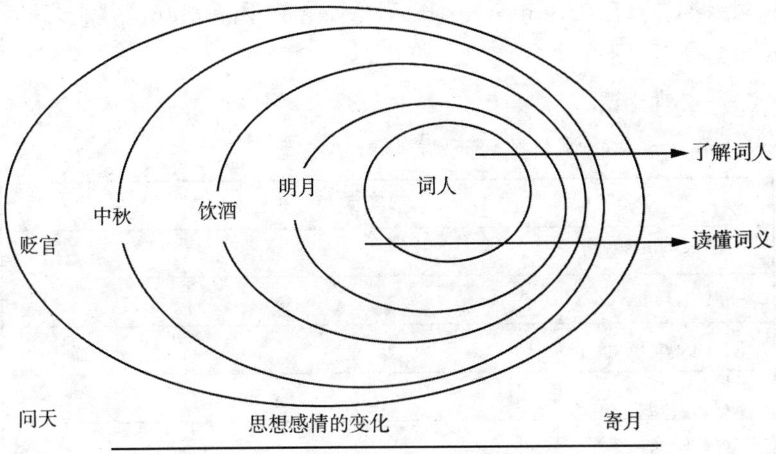

图 6-3

学习古诗词(文),要在了解作者的基础上读懂作品;在读懂作品之后反过来进一步认识作者。

“贬官”、“中秋”、“饮酒”、“明月”这几个因素的“巧遇”是促使词人写下本首词的原始动因,词人从开头的问天到最后的寄情于月,中间经历了丰富的思想情感变化,这一心路过程是需要好好把握体会的。

同时,两位老师都注意了词的朗诵指导,相对而言,蓝老师做得更为到位一些,包括语调、轻重、缓急、节奏、情感等方面,点到了,是不是就能落实到位了呢,恐怕还需要教师把理论具体转化为学生的实践操作。还有,两位老师在教学的过程中都进行了配乐朗读,是不是只要有音乐就算是配乐朗读了?怎样使音乐与词所表达的感情相辅相成,相得益彰,互为共振,最终共鸣,还需好好下一番工夫。

七、英语学科活动纪实

指导教师:海南师范大学外国语学院韩刚教授

兼职指导教师:海南实验中学曾妍妍

课题：Have you ever been to an amusement park?

一、对比课

第一节课上课教师：三亚实验中学王坚

课堂实录	
1	We can say...
2	No，I haven’t.
3	I have never been there.
4	No.
5	There.
6	OK，then you stand up.
7	You look cool.
8	Have you ever been to Haikou?
9	No，neither.
10	What about you?
11	No.
12	OK，maybe one day you can go to Hainan.
13	Haikou is a beautiful city.
14	What about you?
15	Yes.
16	Yeah，how many chances?
17	Once，twice，three times?
18	Oh，three times.
19	How did you get there?
20	By bus or by bike?
21	By bus.
22	Have you ever been Binhai Park in Haikou.

课堂实录	
23	No.
24	No.
25	Neither have I been to Binhai Park?
26	Neither have I.
27	Mean that neither.
28	I have been to many places in Haikou.
29	Of course，right.
30	I love Haikou.
31	And I like Sanya too.
32	I think Sanya is also a beautiful city.
33	I have been to some places in Sanya.
34	Can you say some places of them.
35	Yalong Bay.
36	You know Yalong Bay.
37	Can you spell it?
38	And Yalong Bay. Anywhere else?
39	...sea.
40	And...
41	Nanshan Park.
42	I like Sanya.
43	And does Sanya have a...park?
44	Now look here.
45	This is a picture in...park.
46	Does Sanya have a ... park?
47	No.
48	I have been to a...park.

课堂实录	
49	Hong Kong.
50	Do you know Hong Kong?
51	Yeah.
52	I have been to a...park in Hong Kong.
53	Now, let's see...again.
54	You can see many different kinds of species, ...or there.
55	OK, group one and group two.
56	Number three. Go surfing.
57	Water Park.
58	Group 1.
59	The next one.
60	It's easy.
61	There are many kinds of animals in there.
62	Zoo.
63	It's easy, right?
64	What's the next?
65	You can borrow some books there.
66	Library.
67	Library, right.
68	And next one. Let's change it.
69	Have you been to see Beijing?
70	You can go there.
71	Theater.
72	Theater, right?
73	You are right.
74	OK, the last one.

课堂实录	
75	You can see some flowers.
76	A museum park.
77	All of you did good job，OK?
78	And I like you even more.
79	And here is a map of another beautiful town.
80	Look here in the books.
81	Turn to page 69.
82	Look at the map.
83	What places can you see in the map?
84	Who can tell me?
85	What places can you see?
86	You can see water world.
87	You can see a library，and what else?
88	Okay，go on.
89	The Space Museum，right?
90	And a river park.
91	Zoo，water world.
92	Please read these places together.
93	Listen to the three conversations.
94	And circle the places.
95	OK.
96	Listen to the three conversations and circle places.
97	Do you understand?
98	Understand?
99	In conversation 1
100	It is between Tina and John.

课堂实录	
101	Is this a boy or girl?
102	A girl.
103	And John?
104	A boy.
105	Where have they been, where have they never been?
106	Conversation 1
107	Let's check the places.
108	What places do you hear?
109	Water world.
110	And space museum.
111	OK.
112	What places are they talking about?
113	Let's listen and circle them out.
114	What places are they talking about?
115	Conversation 2
116	OK, what places can you hear?
117	Zoo.
118	Can you hear "Water World"?
119	Yeah, the Space Museum.
120	Let's listen again.
121	Let's begin conversation 1.
122	OK, what place do you hear?
123	Space museum.
124	OK now, conversation 3.
125	It's between Tom and...
126	What places are they talking about?

课堂实录	
127	Let's listen.
128	Conversation 3.
129	Teacher—T　Student—S
130	T—Now conversation two，listen carefully and answer：Has Linda been to the aquarium? And when did she go to the zoo? Listen.
	[Tape]—Have you ever been to the aquarium，Linda?
	— No，I haven't. But I'm going there next week. Would you like to come?
	—Sure. How will we get there?
	—We can ride our bikes.
	—Where is the aquarium?
	—It's on Green Street，behind the zoo.
	—Have you been to the zoo?
	—Yes，I have. I love the zoo. I went there three times last year.
130	T—So，understand? Yes? Has Linda been to the aquarium?
131	S—No，she hasn't.
132	T—No，she hasn't. And when did she go to the zoo? Didn't you hear it clearly? OK，now listen again，the last sentence.
	[Tape] —Have you been to the zoo?
	—Yes，I have. I love the zoo. I went there three times last year.
133	T—So，when did she go to the zoo?
134	S—Three times last year.
135	T—Three times 是多少次呢?
136	S—三次。
137	T—But when? 什么时候?
138	S—去年。

	课堂实录
139	T—So, we would say, she went there last year. Right? Yes. OK, conversation three. Listen and answer: Has Harvey's friend been to the Water World? Are they going skating? Listen carefully.
	[Tape] —Have you ever been to the Water World, Harvey?
	—No, I've never been there.
	—Neither have I. Let's go!
	—I'd really love to go, but I don't have any money.
	—Well, let's go skating instead. There is a great new place for skating on Center Street in the park.
	—That's a great idea! Could I borrow your bike? I want to go home to get my skates.
140	T—OK, I think it is difficult for you. I'd like to ask you, can you understand? Has Harvey's friend been to the Water World?
141	S—No, he hasn't.
142	T—He and they? 有人懂吗？记得他说的那句话吗？
143	S—They neither.
144	T— Yes,neither have I…so, ask like: No, he hasn't. And what about question two? Are they going skating?
145	S—Yes, they are.
146	T—Yes or no?
147	S—Yes.
148	T—OK, good. OK, now look at your books, page 69, look at two B. OK, listen. Understand? Listen and circle two or four sentences. In conversation one. Tina went to the space museum last year. True or false? Jone has never been to the space museum. They are going to take the subway. Can you understand the sentences? 理解吗？ Tina 去年去了太空博物馆。Jone 从没去过太空博物馆。第三个，他们打算乘地铁去。

课堂实录	
	[Tape] —Have you ever been to the Space Museum, Tina?
	—Yes, I went there last year. Have you ever been there?
	—No, I haven't.
	—Well. I'd really like to go there again.
	—Great. What bus shall we take to get to the museum?
	—We can take the subway. The station is near the museum.
148	T—OK, true or false? Circle. Yes or no?
149	S—Yes.
150	T—OK, and the first sentence is true, right? And the second one? True or false?
151	S—True.
152	T—Here,第二句话应该是正确的。我们再来核对一遍,Have you ever been to the Space Museum? No, I haven't. OK,第三句话 True or false?
153	S—True.
154	T—True. OK, go to conversation two. OK, let's read the sentences together.
155	S—Linder has been to a preview. Linder went to the zoo three times last year. Linder is going to the zoo again next week.
	[Tape] —Have you ever been to the aquarium, Linda?
	—No, I haven't. But I'm going there next week. Would you like to come?
	—Sure. How will we get there?
	—We can ride our bikes.
	—Where is the aquarium?
	—It's on Green Street, behind the zoo.
	—Have you been to the zoo?

课堂实录	
	—Yes, I have. I love the zoo. I went there three times last year.
156	T—So, Linder has been to a preview. True or false?
157	S—False.
158	T—Linder went to the zoo three times last year. True or false?
159	S—True.
160	T—Linder is going to the zoo again next week.
161	S—False.
162	T—OK, now conversation three. Harry has a visit at the Rock and Roll. Now listen.
	[Tape]—Have you ever been to the Water World, Harvey?
	—No, I've never been there.
	—Neither have I. Let's go!
	—I'd really love to go, but I don't have any money.
	—Well, let's go skating instead. There is a great new place for skating on Center Street in park
	—That's a great idea! Could I borrow your bike? I want to go home to get my skates.
163	T—OK, the first sentence, true or false?
164	S—False.
165	T—What about No 2?
166	S—True.
167	T—So, what dose he say? 他说了什么? OK,我们注意一下他说了什么。我也没听过,neither have I... OK, it's a long sentence, right? What about the third one?
168	S—True.
169	T—Now, let's continue.
	[Tape]—Have you ever been to the Space Museum, Tina?

课堂实录	
	—Yes, I went there last year. Have you ever been there?
	—No, I haven't.
	—Well. I'd really like to go there again.
	—Great. What bus shall we take to get to the museum?
	—We can take the subway. The station is near the museum.
170	T—So, have you written down the words? First one...
171	—Have you ever been to the Space Museum, Tina?
172	—Yes, I went there last year. Have you ever been there?
173	—No, I haven't.
174	—Well. I'd really like to go there again.
175	—Great. What bus shall we take to get to the museum?
176	—We can take the subway. The station is near the museum.
177	T—OK, conversation two.
	[Tape] —Have you ever been to the aquarium, Linda?
	—No, I haven't. But I'm going there next week. Would you like to come?
	—Sure. How will we get there?
	—We can ride our bikes.
	—Where is the aquarium?
	—It's on Green Street, behind the zoo.
	—Have you been to the zoo?
	—Yes, I have. I love the zoo. I went there three times last year.
178	T—OK, now let's turn to the book.
179	—Have you ever been to the aquarium, Linda?
180	—No, I haven't. But I'm going there next week. Would you like to come?

课堂实录	
181	—Sure. How will we get there?
182	—We can ride our bikes.
183	—Where is the aquarium?
184	—It's on Green Street, behind the zoo.
185	—Have you been to the zoo?
186	—Yes, I have. I love the zoo. I went there three times last year.
187	T—OK.
	[Tape]—Have you ever been to the Water World, Harvey?
	—No, I've never been there.
	—Neither have I. Let's go!
	—I'd really love to go, but I don't have any money.
	—Well, let's go skating instead. There is a great new place for skating in the park.
	—That's a great idea! Could I borrow your bike? I want to go home to get my skates.
188	T—OK, now check your answers.
189	—Have you ever been to the Water World, Harvey?
190	—No, I've never been there.
191	—Neither have I. Let's go!
192	—I'd really love to go, but I don't have any money.
193	—Well, let's go skating instead. There is a great new place for skating in the park .
194	—That's a great idea! Could I borrow your bike? I want to go home to get my skates.
195	T—Now, it's difficult for you to take so many conversations. Are you tired? 累了吗?

	课堂实录
196	They are very famous in Sanya. They are Dadong Sea, Yalong Bay and Luhuitou Park. They are very interesting. Now I will allow you to talk with you partner about where you have been and when? How to go? 讨论一下你们曾经去过的地方,何时去的,如何去的。I will give you three minutes. 三分钟。You can use these sentences. 可以用上面的提示。OK,talk with your partner. You can talk about any place you like. 可以是三亚的,或者是其他你曾经去过的地方。
197	T—OK, now, I will ask some students to come in. 谁愿意起来和大家分享一下? And when this student start talking, listen. 这个同学讨论的时候大家注意听。告诉我他们去的地方是哪儿。
198	S(A)—I have been to...
199	S(B)—Have you ever been to...
200	S(A)—No, I haven't.
201	S(B)—I went there yesterday. I want to go to Yalong Bay.
202	S(A)—Yes, let's go to Yalong Bay tomorrow.
203	S(B)—How will we get there?
204	S(A)—We will take the bus.
205	T—OK. Can you hear clearly? Dadong Sea or Yalong Bay?
206	S—Yalong Bay.
207	T—Good. OK, this time, volunteers? Any volunteers? OK.
208	S(A)—I have ever been to Yalong Bay.
209	…
210	T—OK, sit down please. OK, I have never been there. Any volunteers? And what about you? OK,来看看我们今天学的内容,I have ever been to...是什么意思?
211	S—我曾经去过……
212	T—Me too. /So have I. 我也是。I have never been to...

课堂实录	
213	S—我从来没有去过……
214	T—Me neither. /Neither have I.
215	S—我也是……
216	T—Have you ever been to ...? 你去过……吗? Yes, I have. /No, I haven't. Next. She has ever/never been to ... 她曾经或者从没去过……OK, has she been to ...? 她去过什么地方吗? I went there three times last year. 这个地方用 I went there. OK, read together.
217	[一起读]
218	T—OK, exercise for your homework. 这个作业留给大家。Thank so much for you today. Class is over. Good bye.
219	S—Good bye.

第二节课上课教师:海南实验中学曾妍妍

课堂实录			
	T	Ss	Notes
1	Class begins.		
2		Good morning, Miss Liu.	
3	Hello, boys and girls. Nice to meet you.		
4		Nice to meet you, too.	
5	My full name is Zeng Yanyan. That word means beautiful, understand? Stand up, please. What's your name?		
6		Lin Guozhen.	
7	Nice to meet you, Lin Guozhen. How about you? What's your name? Can you tell me what's your name?		

课堂实录			
8		Lei Yan.	
9	Nice to meet you, Lei Yan! She looks beautiful. Thank you very much! I teach in Hainan Middle school. Is it in Sanya ?		
10	Have you heard about Hainan Middle School. It is in Haikou. Have you ever been to Haikou?		
11		Yes.	
12	Oh, when did you go there?		
13	Last year?		
14	When? Two years ago?		
15		When I was ten years old.	
16	We can say...		
17	No, I haven't.		
18		I have never been there.	
19	OK, then you stand up.		
20	You look cool.		
21	Have you ever been to Haikou?		
22		No, neither.	
23	What about you?		

课堂实录			
24		No.	
25	OK, maybe one day you can go to Haikou. Haikou is a beautiful city. What about you?		
26		Yes.	
27	Yeah, how many chances?		
28	Once, twice, three times?		
29	Oh, three times		
30	How did you get there?		
31	By bus or by bike?		
32		By bus.	
33	Have you ever been Binhai Park in Haikou?		
34		No.	
35	OK, Neither have I been to Binhai Park.		
36	Neither have I, Mean that neither.		
37	I have been to many places in Haikou.		
38	Of course, right?		
39	I love Haikou.		
40	And I like Sonya too.		
41	I think Sonya is also a beautiful city.		
42	I have been to some places in Sanya.		
43	Can you say some places of them.		
44		Yalong Bay.	
45	You know Yalong Bay.		

课堂实录			
46	Can you spell it?		
47	And Yalong Bay. Anywhere else?		
48		Sea.	
49	And Yalong Bay. Anywhere else?		
50	And...		
51		Nanshan park.	
52	I like Sanya.		
53	And does Sanya have a ... park?		
54	Now look here.		
55	This is a picture in ... park.		
56	Does Sanya have an amusement park ?		
57		No.	
58	I have been to an amusement park in Hong Kong.		
59	Do you know Hong Kong?		
60		Yeah.	
61	I have been to an amusement park in Hong Kong.		
62	Now, let's see amusement again.		
63	You can see many different kinds of species.		
64	OK, group one and group two.		
65	Number three. Go surfing.		
66		Water park.	
67	Group1		
68	The next one.		
69	It's easy.		

课堂实录			
70	There are many kinds of animals in there.		
71		Zoo.	
72	It's easy, right?		
73	What's the next?		
74	You can borrow some books there.		
75		Library.	
76	Library, right.		
77	And next one. Let's change it.		
78	If you go to see Beijing opera or Hainan opera?		
79	You can go there.		
80		Theatre.	
81	Theatre. Right?		
82	You are right.		
83	OK, the last one.		
84	You can sit some lower.		
85		A museum park.	
86	All of you did good job.		
87	And I like you even more.		
88	And here is a map of another beautiful town.		
89	Look here in the books.		
90	Turn to page 69.		
91	Look at the map.		
92	What places can you see in the map?		
93	Who can tell me?		

课堂实录			
94	What places can you see?		
95	You can...		
96		The Water World...	
97	You can see a library, and what else?		
98	OK, go on.		
99	The space museum, right?		
100		And a river park.	
101	The zoo, the Water World.		
102	Please read these places together.		
103	Listen to three conversations.		
104	And circle the places.		
105	OK		
106	Listen to the three conversations and circle places.		
107	Do you understand?		
108	Understand?		
109	In conversation 1.		
110	It is between Tina and John.		
111	Is this a boy or girl?		
112		A girl.	
113	And John?		
114		A boy.	
115	Where have they been, where have they never been?		
116	Conversation 1		
117	Let's check the places.		

课堂实录			
118	What places do you hear?		
119		The Water World	
120		And the Space Museum	
121	Okay.		
122	What places are they talking about?		
123	Let's listen and circle them out.		
124	What places are they talking about?		
125	Conversation 2.		
126	OK, what places can you hear?		
127		Zoo.	
128	Can you hear the Water World ?		
129		Yeah, the Space Museum.	
130	Let's listen again.		
131	Let's begin conversation 1		
132	OK, what place do you hear?		
133		The Space Museum.	
134	OK, now, conversation 3.		
135	It's between Tom and ...		
136	What places are they talking about?		
137	Let's begin.		
138	Conversation 3.		
139	What places do you see in the map?		
140	What places are they going to talk about? Let's listen.		
141	OK. Let's begin.		

课堂实录			
142	OK. What place?		
143		and through the car.	
144	OK. That's good. Now look at B, listen again, and choose true or false.		
145	Chanel went to the Space Museum last year. It is especially to a cycle. Do you understand?		
146		Yes.	
147	Has Zhong been to the Space Museum, too? And it is raining today, are they going to take the subway? If you want to know: yes or no, let's listen to conversation 1 again. And then I would like you to read the sentences together.		
148	T: Chanel went to the Space Museum last year. One, two, begin.		
149		Chanel went to the Space Museum last year. Has Zhong been to the space, too? They are going to take the subway.	
150	OK. Now let's begin. Listen carefully and choose true or false.		
151	Video: conversation 1		

课堂实录			
152	It rained heavily. I really want to go out today. Oh, well. Have you ever been to the Space Museum? Yes, I once went there last year. Have you ever been there? No, I have not. Well, I really don't like to go there again. What shall we take to go there? We can take the subway.		
153	T: OK, Let's treat the answers together. Zhong has never been to the Space Museum, true or false?		
154		True.	
155	OK, that is good. That is true. They are going to take the subway. True or false? And now, look at conversation 2. Conversation 2 is between Linda and who, do you remember? And read some sentences first. Linda has been to... one, two, begin.		
156		Linda has been to ... Linda went to last year. Linda is going to ...next week.	
157	OK. Now let's begin.		

课堂实录			
158	Video：conversation 2. Have you ever been to…? No，I have not… But I am going to go there next week. Would you like to take the car? Sure. How would you get there? We would like to go by bus. Where is the station? It is behind the zoo. Have you ever been to the zoo? Yes I have. I went there 3 times last year.		
159	OK. Linda has been to the … true or false?		
160		False.	
161	Linda went to the zoo three times last year. True or false?		
162		True.	
163	Linda is going to the zoo next week，true or false?		
164		False.	
165	Listen to conversation 2 once again.		
166	Video：conversation 2. Have you ever been to…? No，I have not…，but I am going to go there next week. Would you like to take the car? Sure. How would you get there? We would like by bus. Where is the station? It is behind the zoo. Have you ever been to the zoo? Yes I have. I went there three times last year.		
167	OK. Linda is going to the zoo next week?		

课堂实录			
168		False.	
169	Where is Linda going to next week? 琳达下个礼拜要去哪里? Linda is not going to the zoo and do you know where? 她下个礼拜不是去动物园,她要去哪里?		
170		…	
171	OK, now look at the conversation 3. The dialogue is between Henry and Tom. What places are they going to talk about? Read the sentences first. Have you ever been … one, two, begin.		
172		…	
173	OK, are you ready?		
174	Video: conversation 3.		
175	Have you ever been to…? Henry? No, I have never been there.		
176	Let's go.		
177	I really want to go, but I can't … any way.		
178	Well. Let's go…		
179	That's a great idea. Could I borrow your bike? I want to go home to take my boat.		
180	Tom's friend has never been to…		
181		True.	
182	That is true. Tom and his friend is going to…		
183		True.	

课堂实录		
184	Yes. That is true. Who did the right absence all the 3 conversations? 谁三个对话全答对了? OK, very good. How did you make it? Stand up please. For example, before you listen, what should you do? 听之前做些什么事情呢? 他说集中听,还有吗? You are great. What about you?		
185	Before you listen, read the questions and then ...恩,刚才同学说得很好,听之前我们先要把提供的信息看一下,对吧。And should we predict what they are going to talk about 我们是不是也要预测一下下面将要说什么? 根据信息去预测. And while listening what should we do? 在听的过程当中应该怎么做呢? Did you take the notes? 做笔记了吗? And write down something important. 把一些重要的东西记下。For example, you can circle and underline . Do you know underline? 就是下划线, write down. 把一些重要的词做一下标记。Right? Ok. And if you do like this, I think you can do better. OK, now look at the papers. Now look at the position one . You can see two men and three questions while at the Beijing . Where do they want to go? How are they going? And now please get to the page 93. Do you to see the two dort? Look at two A and two B. OK, let me ask you.		

课堂实录			
186	OK，do you know? Where do they want to go?		
187	How are they going there? OK.		
188	Do you have never been to...?		
189	OK and where to go? And how to go? And Linda have never been to...? She has been to the zoo. OK，and Linda had been to the zoo，and how did they go?		
190		By bikes.	
191	Right，by bikes. Next the three，they have never been to the waterfall. Waterfall. They have never been to the waterfall. Where do they want to go?		
192		River harve.	
193	OK，river harve. How will they get there? What in pairs? 模仿这个例子变一下这个对话。Do you understand? You can talk about this on the blackboard. You can talk about other things if you like，do you understand? 有没有愿意讨论其他的，ok，look at the cycle，模仿这个 cycle，先跟我读。Tomorrow is Sunday.		
194		Tomorrow is Sunday.	
195	I want to go a water park.		
196		I want to go a water park.	
197	Have you ever been there?		

课堂实录			
198		Have you ever been there?	
199	I have never been there.		
200		I have never been there.	
201	Me neither.		
202		Me neither.	
203	Let's go tomorrow.		
204		Let's go tomorrow.	
205	Good idea.		
206		Good idea.	
207	How are we going there?		
208		How are we going there?	
209	We can get there by bus.		
210		We can get there by bus.	
211	See you tomorrow.		
212		See you tomorrow.	
213	See you.		
214		See you.	
215	OK, look at these places. Now, who can have a try? Anyone? 哪位同学呢? Can you have a try?		
216		Tomorrow is Sunday. And I want to go to the library.	

课堂实录			
217	OK, very good... Look at it. Have you ever been to the library?		
218		Yeah.	
219	Have you ever been to the library?		
220		Yes.	
221	How to get there? How are they going ? How are they going ? 听到了吗?他说的是 How。Good,怎么去呢? By No. 1 bus. Yes. OK, today we have learnt how to go to the zoo. These are the places. Please read them again. 再读一下。		
222		Library,zoo,waterfall.	
223	And now look at this one, read it again.		
224		Have you ever been to the new park?	
225		Yes,I have.	
226		No, I haven't, I have never been there.	
227		Neither have I.	
228		Me,neither.	
229	OK,now,write down the coversation. 将刚才的对话写在这个本子上。Do you understand?		
230		Yes.	
231	OK, now, goodbye everyone.		
232		Goodbye,teacher.	

二、互动与交流

韩老师：王老师的第一个活动，首先是 greeting students，introduce herself and revision some words 对吧。现在首先 review，你写这个活动可以简单地写 greeting and revision。greeting and revision 首先是与人打交道，对吧。这个课首先给同学们一个规定，然后再有一个 revision，revision of word 对吧。那么第二个活动是一个 word study，通过图片来呈现或指导学生复习一些句子和词汇，这些词汇主要是它展示的图片里的一系列地点 interesting places，可以叫“presentation of words about interesting places in fine pictures”。老师学会描述这个活动本身就是整理思想，你能够用关键词把这个活动准确地描述出来，就说明你已很清楚地知道这个活动的内容、性质、特点，如果你不能那么清楚地描述这个活动，请跟我把这个活动准确地描述出来。第三个活动 look and say about，第 69 页有个 street map 接着一个地图，老师提了一个问题，通过这个问题让同学们了解地图上有什么。王老师问的主要是这些人要到某地去，用什么样的方式，How can you get to 什么 places，这是他的主要问题。所以可以把它描述成为第三个活动是 look and say about the street map。第四个活动 listen and circle the places。他叫学生听，然后从听到的三个 conversations 里面 circle 这些 places。所以你写的时候主要词汇是听和 circle，so listen and circle places students heard from the conversations，这是他的第四个活动。第五个活动 listen to the three conversations one by one and answer the questions。一个一个听这些对话，听完以后让学生完成 question，每个 picture 和 conversations 里面有两个 questions。第六个活动是书上的，也就是 listen and do true and false questions。他的第七个活动是 listen again，fill in the blanks with the information students can hear and read。这实际上是让学生填空，一边读一边听录音，这里我们可能会觉得目的不是很明确，到底是听了这些信息填呢还是读了这些信息填呢。那么如果听的话，学生的注意力在听的上面，信息过快能不能去填这些词？如果读的话，就不需要干扰性地听了，因为听和读的这个活动必须是有保证的。第八个活动显然是一个先听后说的活动。王老师其实是说一些三亚有趣的地方，然后让学生 make dialogues，我们可以说是 talking about the interesting places in Sanya，这是他的第八个活动。第九个活动就是让同学们来 act out student conversations for questions and answers。他让学生表演这个对话，表演后，老师很快就有一个 check，原来的计划是要提问的，但是因为时间关系就不提问了，实际上就是一个 act out the conversations。最后一个肯定是 summary，就是老师跟大家一起总结今天所学的词汇和句式，布置一个 exercise homework。这就是王老师的全部活动。我记录的大概是这样子。王老师同意我的记录吗？还不会填这些活动的请举手，还有没有不一样的呢？有问题需要解答吗？

那我们再看看第二个老师所作的活动。这个老师是曾妍妍老师。曾老师的第一个活动更加突出。第一个也是 greeting and revision。那么他用一个生活中场景 revision 的方式，复习的也是 Where have you been? Have you ever been to Haikou。因为她说到她是哪个学校的，而这个学校的学生是否到过海口，把问题就呈现出了。她把主句型写在了黑板上。这是她通过问答呈现出的一种句型，实际上是告诉同学们我们今天要学的、要涉及的主要内容就在这里了。第二个活动她也想让同学们关注到 interesting places 的说法，因为今天听的主要是这些，但是她用了一个先听后猜的活动 listen and guess。Listening and guess 之前，她做了很多铺垫，比如前面出现了那些图片，那些图片已让同学看了那些 places，所以猜的时候就是让同学进一步学习，那么为什么老师要用 guess，为什么老师要让同学们猜，大家思考一下这个问题，为什么要听下来再猜，今天我们这个课是不是也是一个猜的方式？我们可以读着猜，也可以跟着图片猜啊，或者用问题猜啊？但是曾老师不是的，她是说一段话来描述这个地点。比如 zoo，you can see many different kinds of animals，many different kinds of animals，就是通过听句子来猜。第三个也是一样的 look and say about，为什么先说 street map 呢，就是因为 street map 已经包含了要听到的很多信息，这对学生很重要的，但是大家是否注意到在老师提的问题中有一点不一样，她的问题 what can you see from the map 你能看到什么东西？而不是说如果你要到哪里去，你应该搭乘什么交通工具，所以这两个问题是有不同的区别。第四个是 Listen and circle。曾老师的 listen and circle 和刚刚王坚老师做的有些不同，我想提醒大家的是，在思考这部分的时候曾老师与王老师唯一的区别是曾老师这个听的过程分了三步，第一步首先是介绍了 situations，谁和谁在谈话；第二步是在谈话的过程中间她们可能要问到什么问题，在学习中预测这个问题；第三就是听和 circle。第五个活动，他们两个有不同的处理，王老师的处理是听完以后回答问题才做 true or false，但是曾老师是做了这个 circle the places 后，接下来就是 circled true or false statements，听了以后直接做 true or false questions，而没有让学生回答问题。那么王老师让同学们回答这个问题的目的是什么？等一下我们会让王老师解释，这是曾老师的第五步。做完这个以后，曾老师增加了一个步骤，这是王老师没有的，就是 summary of listening skills。她数了一下班上的同学有几个全对的，她问学生们刚才是怎么 listening，是怎么 make it，怎么做到的。显然是进行了一个学习方法、一个听力方法的总结。这一步可能是其他老师很少会注意的。在今天听力训练中最主要的一个任务是听清楚，这是听力技能中的一种。因为今天这三个 conversations 大家看得很清楚，信息特别复杂。第一，每一段 conversation 都有两个不同的人物。第二，每个 conversation 都说到了很多他们去过的和没有去过的地方。第三，每个 conversation 的主信息，具有三个不同层面上的意义。如果我们没有搞清楚它的主立意是什么，也许我们就会觉得听出一些 places 就 OK 了，但是如果真正听懂这三段对话，应该达到什么目标呢？应该让同学们知道他们这三组人说什么。他们三组人无非是想说将要去哪里玩，用什么方式去，只不过他们提到了哪些地方去过，哪些地方没去过。第一个

conversation 说两个人都没去过这个地方，所以应该去。第二段是有个人去了，有个人没去，所以应该去这个地方。第三段是两个人都没有去，但是没有钱。两个人都没去想去的地方，但是最后选择什么地方呢？老师有没有关注到这一点呢？我觉得这是一个点，所以听的时候老师不但要总结听的技能、听的方法，还应该总结听的内容。第六个活动是老师让同学们完成一个任务，fill in the table。Fill in the table 实际上是对听的内容进行新的拓展。你在做这个功课、做这个活动的时候有没有想到这个活动的内容是什么？这个活动的目的什么？不只是你听出来这个地方，而是两个人为什么要这么说，要练这个句型。我评价一下她这个 table，在她这个 table 里面大家看看为什么老师在听之前都列出了人的名字，就是为这个做准备。如果同学们直接听录音，而不知道谁和谁在谈话，这个是没办法做的，它有整理思想的作用。这些 speakers？所以这里出现了 6 个人，每个人都会遇到这样的问题 Where have been…Never been 。Where they want to go？这是核心句，“他们最终要去什么地方”。他们共同商议要去什么地方，共同去一个地方，三个共同的地方选出来。怎么通过听的活动来获得这些信息呢？实际上必须通过读。因为听的信息消失得太快了，所以两个老师都不约而同地让学生读。王老师是读的时候还在听，然后继续填信息。曾老师是直接让学生去选择信息，然后填一下。王老师的主要目的在于听了以后选择填关键词句，说明王老师关注的是这个对话里面的字词句。曾老师关注的是整个内容的总结，她用一个表格把三段录音的所有主信息进行了一个完整的归纳，这个才是我们让学生理解立意最需要做的一步。所以除了总结听的能力听的技巧。曾老师还总结了听的内容的。这是他的第七个活动。但是遗憾的是曾老师随后并没有提问同学们。第八个活动是 paragraph。后面两个活动是类似的，老师让同学 try to say about where to go？Where have you been to？然后给学生做了一个现场的检查。

曾经去过什么地方，没有去过什么地方，从他们没有去过的地方中挑选一个他们想去的地方，作业就是要创造这样的一段对话。

老师在课堂上让学生说的目的现在清楚了吗？老师布置这个家庭作业，除了要同学们总结一下今天学的重要词句，还有一个目的就是让同学们说出写出我们去过什么地方、没有去过什么地方、还想去什么地方。这是个模拟，今天课堂上让学生表演，给学生展示一个 model。课堂上学生的表演实际上就是回去做作业的 model。曾老师布置的作业大家还记得吧，她要求写一段话说明家里有多少人、去过什么地方、没有去过什么地方，写的就是课堂上的对话。既然是写这段对话，让同学们表演这个对话就成为家庭作业直接的 model。而王老师不是如此，他显然是想在课堂上检测一下学生，看学生今天是否掌握学的内容，所以王老师是在做一个检测。大家想想看，一个检测，一个 model，做法有什么不一样呢？如果是做检测的话，他应该怎么做呢？第一，检测的对象一定是班上有代表性的也就是中等偏下的学生。但是王老师叫的那位穿黄衣服的男孩和坐在前面的这个显然是班上的好学生。至少我发现他们是敢于开口的，愿意说话的。这样的检测显然没有效果。第二，检测一定要关注学生的回答是正确还是错误，如果是错误的话老师应该及时更正，这样才能引起全班同学的注意。有一个同学说 I went to ... places，这样的句子是错的，但王老师并没有及时对错误进行讲解，显然没有达到检测的目的。曾老师做这个活动的目的很清楚。既然回家要把课堂上老师没有说的这段对话写出来，显然课堂上找的这个人应该是一个 model，既然是一个 model，应该选最好的学生。曾老师找了坐在前面的两个学生发言，这是对的。而且曾老师在做的时候还注意到一点，把他们说的关键词写在黑板上，同时问全班同学是否听懂了，这样的处理就显然起到了 model 的作用。

活动之后，两位老师都布置了 homework。现在回过头来看两个老师做的活动，首先是王坚老师，王老师的教学强调了哪一类的教学目标？首先第一项是听前活动、听中活动、听后活动。你们认为刚才哪几个活动是听前活动呢？One two three，that is right. 凡是写 one two three 的请举手！Look and see 这个活动可能老师不是很清楚，这是听前的准备活动，是为了让同学们知道听的关键信息所做的活动,1～3 是听前活动。4～6 是听中活动,就是正在听的过程中的活动。所谓听中活动就是对学生本身听的训练,让学生通过听来获取信息。那么听后活动呢?7、8、9、10 都是听后活动。上一讲我们讲到了 4 个不同的目标,你们现在能不能对这些活动的目的进行一个梳理?你们觉得王老师是强调字词句,还是强调学生的关键句型,或是强调交际目的,或是强调听的技能,或是强调学习的态度及对意义的拓展呢?请做出选择并填写。不一定只填一项,但是要讲出最强调什么。王老师最强调的是词汇,但今天要训练的技能是什么呢?听说,以听引导的说,听是它的主要活动,听说课的基本技能王老师强调了吗?如果你觉得没有强调,请写出原因,如果一下子写不出,可以听完报告下课后写给我。再看老师在听前为学生做了哪些准备?比如听力材料背景介绍,两位老师有吗,有就勾上。呈现听的材料中的关键词句有吗?有就勾上。有没有强调过学生听的兴趣,就是为什么要听这段话?老师有没有呢?有就勾上。是否对听的过程进行了预测性的引导?如果有,你认为哪些活动属于预测性的呢?老师对这个课本上听的活动进行了改编吗?如果有,王老师主要进行了什么样的改编呢?你认为他这个听的活动改编得怎样?合理吗?为什么合理?请写下你的理由。最后是听后活动,王老师的课是根据内容填空。听后活动应该强调语言的形式还是语言的意义?你为什么这么认为?

再看一下曾妍妍老师的同样的一个问题。听前的活动表是 1、2、3,对吧。听中活动 4～9、summary of listening skill 可以看成听后活动。这些活动里你认为曾老师最强调什么?词汇关键句型及交际目的吗?语言技能和策略吗?她最强调的是什么呢?她听前做了 4 项准备。曾老师对听的活动进行改编,改了最后一个填空。这两项活动一个总结听的技能,一个总结听的内容,这两个活动都说明老师对这个 conversation 的改编。曾老师更注重形式还是内容?要注意的一点是这节课没有太多的生词,所以这一课应该从语言形式来看,他的重点是复习和语言形式运用,所以我们更应该关注的是语言意义还是更应该关注语言的形式?我认为是意义。所以老师根据不同的课及出现在那个单元的几个课的相互关系进行讲解。前面的课意义是什么，后面紧跟着的课又有什么意义，联系起来就可以看清楚这节课的价值在哪里。

在我开始作报告之前，我想请两位老师来说一下他们自己这节课。他们这节课要达到的目的是什么？因为刚才都是我说的。他们自己还没发言呢……我们要听听他们怎么发言，然后我们再继续好不好。现在我们以热烈的掌声欢迎王坚老师。

王坚：这节课因为是听力课，这节课活动的目标是学生对重要句型的应用，have been to 和 I have never been to，you have never been to 这是听力目标 。circling and translating in answering the question 这是听力能力，这是我的两个听力目标。通过这节课让学生能用现在完成时 have been to 和 have never been to 谈论经历，用一般过去式谈论过去的经历。这是我这节课的目标。我这节课听力部分没有突出，所以上这节课感觉准备不够充分，中间还有一个环节觉得自己做得不够，对学生的了解不够。我觉得曾老师做得很好，特别是听力设计得很好。另外，学生操练这块，我的作业形式跟曾老师比起来也不够好，希望老师可以帮忙指点。

韩老师：谢谢。我认为王老师是一个非常谦虚、非常优秀的老师。总结出现的问题，包括：

1. 听前主要做什么？

要以意义为主要内容，有真实意义和逻辑性。老师不要做机械性的准备。

2. 听前的词汇准备有没有一个度？

如果在听前把知识点都弄熟，到底有什么用——能够识别语音。

3. 能不能成功地引导学生的注意力？

4. 听的结构对吗？

听首先是耳朵接受信息，然后识别关键词。听和回答问题哪个更难，当然是回答难。这个涉及的步骤更多，要听懂关键句，明白意义。因此之前要有铺垫，要展示给学生核心句，减轻一定的难度，多给一些提示，要适合大多数学生。

5. 听的具体过程，不应该只是注意总结经验。

曾妍妍：首先，在完成句组 A 时，我没有及时地在黑板上跟同学对答案，有疏忽。另外，感觉在备课前的一些活动还是做得不够细。其实我们说细节决定成败，我备课时是看着光盘，因为在海中上课时候我们很多时候是用多媒体，所以我就直接看答案，但我自己没有回去重新听一遍；再就是我觉得师生互动方面还是没有王老师好，王老师的整个课堂还是挺活跃的，谢谢。

韩老师：曾老师总结了一些问题，刚才我也顺便提到，她没有仔细对答案，这个真的是一个比较大的失误。另一个问题就是她发现学生听的信息有误的时候，没有仔细确认一遍。同时我觉得她展现了好的一面。我们老师在讲课的时候如果出现这样问题的时候，如果能像曾老师那样鼓励学生再听一遍，就是在课堂上听的时候，有不确定的内容倒带再听。曾老师这两次倒带再听的行为对听力教学很重要，其实在听的过程中老师应该比学生更仔细听，你听不明白的东西绝对不能让孩子去听。我发现我们有时候太赶了，当我们老师以个人为中心而去教学的时候，是不管学生听懂听不懂的。有个会的同学把答案一说，我就 OK 了，我的任务完成了。用这种方式是没有效率的，这就是为什么很多老师说他们也做了一些听力，但是学生一点提高都没有。我觉得曾老师的做法反映了一个问题，给了我们很好的一个启示，那就是我们在听的过程中要关注听的质量，关注听的过程，关注信息。要在听的过程中确认学生是听到还是没听到，养成听的好习惯，不要让学生一听就紧张，听不懂就让它过，不听了。在听的过程中我发现许多学生是拿着 test read 去直接读的。想想看，我们的学生如果不听，只是关注读的话，那我们的学习能力是有缺失的。曾老师做得比较好的就是：第一个，听前准备。我觉得她值得大家借鉴的地方，就是在听前做了耐心的准备。相对于录音带，教师直接说的话学生比较容易理解，原因是现场有老师的动作表情。现场的气氛，已经给学生提供了一个听懂的可能，所以用老师的话语让学生听，给学生后面听的活动做好了充分的准备，这是第一点。第二点，曾老师对听做了具体介绍，谁和谁在说，他们可能在说什么，这给了学生一个很好的听前的预测。第三，听的任务，每一次听的任务不能太多太难。孩子们之所以认为听比说难，就是因为听的信息转瞬即逝的，于是要求学生听的时候要有很好的注意力，而训练学生注意力就是听力训练中间的主要内容。如果你不能在每次听的过程中间把学生的注意力集中到恰到好处的地方，你提太难的问题或者提太多的问题，学生注意力分散以后是不可能听清楚的。同时听的过程中，老师可以用停止键帮助学生很好地找到听的位置。第四，曾老师不但做了充分的准备，而且给预测做了很多工作。所谓预测就是通过提问或其他的方式预先浏览相关信息，这些方式都可以让学生预测等一下听的是什么。因为听的速度快，所以要让学生形成听的习惯，最好有意识地引导学生学会预测将发生什么，将会说什么，这些细节的东西都会很好地帮助学生训练很好的技巧。在曾老师关于听的教学过程中，我觉得还有一些做得不错的地方，一是听的背景介绍，二是怎么去预测。听的过程中间他发现信息不够，因此进行反馈性的听，同时提出一些问题，引导学生重听的动力，也就是说他将听的过程深入到做题的每一步，帮助和支持学生找到关键信息。对于学习方法总结，我建议今后老师在总结学法时不要用英文。

填空的时候我觉得也有一个值得肯定的地方。为什么要读呢？读了以后能帮助学生更好地理解，就激励学生读，填写的任务也更好地完成。虽然老师没有直接下达读的任务，但是给了学生自己想读的动机，所以我认为边读边填空的任务很好。

两位老师教学上各有千秋，都是非常优秀的老师，他们之间的差距在哪里。我觉得主要是王坚老师对听说这个课尤其是听的特点可能有一些理解上的不到位，这就是我今天要做这个报告的原因。实际上我就是针对王老师或者更多的在座的英语老师对听本身的特点不是特别了解来做的。

两位老师的案例我们不再重复，我们也对听说课的目标和结构进行了填写，针对目标和结构进行下面的提示：第一，听到底有什么样的特点。第二,课堂教学要注意什么。

首先上一次课我们谈到了目标,也谈到了结构,把两者综合起来就会发现不同的课情有不同的目标和结构。刚才填表时要求写出王、曾两位老师的目标,很显然王老师的目标是强调字、词、句记忆,而曾老师虽然也强调字词句,但她的主要目标是听力技能。听说课里面听是首要的。目标不同,那教学的焦点就不同了。如果把王老师的课只是当做一个操练课来看,应该是全面、精心地准备了各种活动内容。可惜今天不是操练课,而是听说课,我们只能按照听说课的要求来说。听说课中听说技能是主要的目标,曾老师恰当地表现了这个目标。王老师的课经历了三个活动,为什么他的课程结构不太合理呢?为什么他把难的活动放在前面把比较容易的活动放在后面呢?实际上是因为老师对听的本质了解不透彻。两位老师在目标上都谈到了 listening skill and listening structure。大的结构两位老师都没有问题,但是在听的具体环节就出现了问题。课堂中的听与生活中的听是不同的。生活中的听比较容易,说者会根据听者的反应调整说话的速度和内容,以达到与听者的沟通,所以在课堂上面对面的时候,学生较容易明白老师说的英语的意思,因为老师会根据学生的反应重复或是通过肢体语言进行解释,帮助学生理解。课堂的听的内容是根据训练目标选择的,无场景的信息增加了听的难度。播出一段 Tom 和 Harvey 的对话,但是我们既看不到 Tom 也看不到 Harvey,我们不知道他们要说什么,也不可能预测他们将要说什么。降低难度只有一个办法,由老师介绍这个环境。老师介绍说下面这个活动我们将听到两个人对话,一个人是谁,另一个人是谁,他们可能会谈到要去什么地方。这个解释非常重要,所以无场景信息增加的难度要由老师来理。听者和说话者之间没有直接的交流,增加了学生的理解难度。Tom 没有直接跟我们说话,是我们通过听录音听到他的声音。如果播放器不是特别好的话还可能给听制造麻烦,所以在听的过程中间,我们特别要注意。首先,学生他能不能听清楚这个事情。你们今天的三段录音,我觉得它的速度稍快,至少对海南的孩子来说是速度稍快。在这种情况下，你一定要判断清楚学生对听的信息，哪些不清楚，能不能identify。如果他不能对语音信息进行identify，老师就要停下，就要再给他识别这个信息。其次，在所有的感觉里，听是很重要的。如果没有注意听，就不能够形成短期记忆，没有短期记忆就不能形成长期记忆，就不能够把这个意义听明白。每一次的活动，必须让学生注意一两个最核心的信息，尤其是问答题的核心信息。我想如果你听到一段一个医生和病人的对话，你觉得核心信息是什么？第一，你得的什么病。第二，你要采取的措施是什么。如果你听到的是飞机场的一段录音，旅客要登机了，你觉得要听的核心信息是什么？航班、时间、登机口。今天这两段对话要听的核心信息是什么？核心信息就应该是他们想到哪里去。如果我们设计这个课的时候，把他们想到哪里去作为核心信息先提出来，那么效果会更好。两位老师都没有把核心信息提出来，而是按照书上的circle，所以只有提出核心信息的问题，才能把学生的注意力集中到最应该注意的地方，也才是对学生听力的最有效的训练。为什么？因为当学生习惯用核心信息来找对错的时候，也就是我们的学生听力能提高的时候。学生会告诉自己这第一段是关于飞机场的对话，他马上就想到要抓住什么，这就是训练。第三，听的本意与借用。所谓借用意义是什么，就是对听到的这些信息进行个人的加工。每个听者要把这么多的信息经过加工以后把它的核心意义归纳出来，建立起它的信息，所谓真听懂就是要找到这一点。有的人会总结建立听到信息的意义，他根本不去听那些不重要的信息，老师就是要帮助学生学会总结听的信息的意义。学生不是天生就会的，像今天曾老师做的表格就是通过填表帮助学生学会建立意义，可惜她总结的时候没有提出来。第四个就是紧记。因为听的信息是一听而过的。如果不留下一个文字材料，很难记得听了些什么东西。所以，老师在设计听力活动的时候，一定要给学生一些可操作的措施来记忆听到的信息，所以我们听力的活动常常会有listen and circle，listen and match，listen and fill，等等，这些就是我们帮助学生记忆的一些手段。在设计听力活动的时候，建议大家能够采用这种迅速能够让孩子记下来的活动，千万不要让学生听了以后再回答问题，他从哪里去找这个答案呢？听是瞬间而过的，要让他记住刚才听到了什么，要他迅速地记，谈何容易。我建议我们的老师今后如果要设计自己的听力活动，一定要注意听后的那个动作，是听了 match，还是听了就 circle。

大家知道了听的这一系列要素，我想大家对设计听力活动，可能就有了整体的了解了，就不会盲目地去碰运气。我们很多老师在设计活动的时候是碰运气的。如果我们把听的活动做全，把王老师的那个操练放到后面做，听完以后再让孩子说我去过那里，我觉得那才是一个非常好的设计。这是关于听的认知的要素。另外告诉大家，低级听力和高级听力是不一样的。低级听力的目标，首先是培养学生听英语的习惯。如果我们不是很细心地让学生听懂每一个 point，让学生有意识地去理解它，那么学生在听时往往紧张。因为每次堆砌大段材料，只检测学生读的结果而不是听的结果，所以会造成学生紧张，形成心理障碍，因此我希望从初一开始就让同学们在轻松的氛围中养成好的听力习惯，达到听的目的。第二，培养学生基本的听的能力。第三，利用教材进行听说训练，低年级的听往往是和说在一起的，所以老师先让同学听他说，听懂以后再自己说。最后，通过听，操练语言，不是操练一些单独的句子，要和内容结合起来。听为我们操练语言提供了一个有意义的 situation。

听力常用的技巧和策略：第一，预测；第二，听大意；第三，写，把听到的写下来，快速记录及写，type，circle，match，这都是训练学生快速记录的方式，学会后在生活中听到一些内容会用自己的方式来记录；第四，先听后说，建议听了后马上问而不是听了一大段再问。第五，先听后写，听了以后填写是常用的手段，听要给学生一个合适的 feel，一个形式。如果真的要写，一定要给他时间，让他写上去后再播放。听写重构，听了一句后不一定是把原句写上去，根据理解把句子写出来，然后再根据原文判断，老师再修改。创造更丰富的更适合你的学生的学习方法。

最后，听力的准备很重要，一个是动机和兴趣。第二，听力所需要的语言水平，可以准备但不要过度，只要学生能分辨出来就可以了。听是允许有生词的，锻炼学生通过猜测来回答。第三，背景知识。然后是能力和策略。最后，是老师的课堂管理，老师可以在听前做哪些事，听中、听后做哪些事。引导学生去预测，无论预测是否正确，学生都会更加关注听力的材料，带着浓烈的兴趣去听。听中，充分利用录音机的暂停。听后，通过听来理解问题。

参考文献：

[1]皮亚杰. 发生认识论原理[M]. 北京:商务印书馆,1997.

[2]列夫·维果茨基. 思维和言语[M]. 北京:北京大学出版社,2010.

[3](美)约翰·杜威. 杜威全集[M]. 上海:华东师范大学出版社,2010.

[4]张建琼. 课堂教学行为优化研究[D]. 兰州:西北师范大学,2005.

[5]中央教育科学研究所比较教育研究室编译. 简明国际教育百科全书—教学(下)[M]. 北京:教育科学出版社.

[6]金生鈜. 理解与教育——走向哲学解释学的教育哲学导论[M]. 北京:教育科学出版社,2001.

[7]郑葳. 学习共同体——文化生态学习环境的理想架构[M]. 北京:教育科学出版社,2007.

[8]赵昌木. 教师成长论〔M〕. 兰州:甘肃教育出版社,2004.

[9]佐藤学. 教师的难题——走向反省的实践[M]. 东京:世织书房,1997.

[11]郑彩国. 教师的实践性知识及其培训策略[J]. 中小学教师培训,2005,(6).

[12]梁影,倪其育. 基于情境学习理论的学习环境设计原则[J]. 扬州大学学报(高教研究版),2009,(1).

[13]贺中元. 情境学习理论研究的最新进展[J]. 上海教育科研,2004,(11).

[14]陈威. 建构主义学习理论综述[J]. 学术交流, 2007,(3).

[15]陈大伟. 教师的专业生活与教师的实践性知识[J]. 成都教育学院学报,2005(5).

[16]高文. 情境学习与情境认知 [J]. 教育发展研究,2001,(8).

[17]王文静. 基于情境认知与学习的教学模式研究[D]. 华东师范大学, 2002.

[18]陈向明. 实践性知识:教师专业发展的知识基础[J]. 北京大学教育评论,2003,(1).

[19]夏惠贤. 论教师的专业发展[J]. 外国教育资料,2000,(3).

[20]郑彩国. 教师的实践性知识及其培训策略[J]. 中小学教师培训,2005,(6).

[21] Edited by David H. Jonassen & Suan M. Land (2000). Learning Environment, Laurence Erllbeum Associate. P28.

[22]See: Marcy P. Driscoll(2000), Psychalogy of Learning for Inscruction A Pearson Education Company. Chapter 5 Situaled Cognision.